JN458143

서울대학교 자유전공학부
주제탐구세미나

사랑

서울대학교 자유전공학부 주제탐구세미나

사랑

초판 1쇄 발행 2014년 11월 30일
초판 3쇄 발행 2023년 1월 30일

지은이 주경철·정재승·박지현

펴낸곳 서울대학교출판문화원
주소 08826 서울 관악구 관악로 1
도서주문 02-889-4424, 02-880-7995
홈페이지 www.snupress.com
페이스북 @snupress1947
인스타그램 @snupress
이메일 snubook@snu.ac.kr
출판등록 제15-3호

ISBN 978-89-521-3217-8 04000
978-89-521-1492-1 (세트)

ⓒ 주경철·정재승·박지현, 2014

이 책은 저작권법에 의해서 보호를 받는 저작물이므로
무단 전재와 복제를 금합니다.

서울대학교 자유전공학부
주제탐구세미나

사랑

주경철 · 정재승 · 박지현 지음

서울대학교출판문화원

발간사

자유전공학부 주제탐구세미나 시리즈는 서울대 자유전공학부가 자랑하는 〈주제탐구세미나 1〉 강좌의 기록인 동시에 또한 이정표이기도 하다. 액티브 러닝과 학생들에 대한 밀착지도를 강조하는 자유전공학부가 처음으로 1학년 신입생을 입학시키면서 탄생한 것이 2009년 3월이니, 거의 6년이 되어가는 시점에서 성과물을 출간하는 셈이다. 이를 통해 그동안 자유전공학부 학생들과 강의를 담당했던 교수들이 맛보았던 즐겁고 짜릿한 지적 탐구 경험을 공유하는 동시에 자유전공학부 교육의 질적인 도약을 위한 계기로 삼고자 한다.

자유전공학부는 설립 첫해인 2009년에는 '생명'과 '시간'이라는 두 개의 주제로 〈주제탐구세미나 1〉 강좌를 개설했고, 2010년에는 '사랑'을 추가해서 모두 3개의 주제로 강좌를 운영했다. 이어서 '공간'과 '지식'을 개설했고, 2013년에는 새로이 '문명'과 '행복'을 다루었는데, 담당 교수의 확보 등 현실적인 제약 때문에 새로운 주제를 도입할 때는 기존의 주제를 퇴장시키는 방식으로 운영하였다. 첫해는 네 분의 교수가 하나의 주제를 맡기도 했으나 그 이후는 항상 세 분의 교수가 하나의 주제를 같이 맡으면서 주제의 수는 3개를 유지해왔다. 주제는 여러 가지를 다루었는데 일단 '생명'과 '사랑'을 이번에 발간하게 되었다.

나머지 주제들도 출판 준비가 완료되는 대로 발간할 것이다.

〈주제탐구세미나〉는 자유전공학부 설립추진단(단장은 강명구 당시 기초교육원장)이 신입생들을 위해 설계한 독특한 수업이다. 자유전공학부에 입학한 학생들은 〈주제탐구세미나 1〉과 〈주제탐구세미나 2 또는 3〉을 반드시 수강해야 하는데 이들은 자유전공학부의 설립 취지를 잘 반영하는 독특한 수업인 동시에 학생들로 하여금 자신의 관심 분야를 발견하고 전공을 탐색하도록 하는 기능도 하고 있다. 〈주제탐구세미나 1〉은 매우 중요하면서 인문사회과학과 자연과학 또는 공학과 예술 등 여러 학문 분야에서 두루 다룰 수 있는 큰 주제들을 선정하며, 각기 다른 학문 분야의 교수 3명이 대학원생 조교 3명을 데리고 50여 명의 수강생을 3개 팀으로 나누어 진행한다.

국내 대학에서 흔히 접할 수 있는 팀 티칭 과목들은 대개 매주의 주제에 따라 각기 다른 교수가 들어와 강의를 하고 있으나 자유전공학부의 〈주제탐구세미나 1〉은 이와는 달리 진정한 팀 수업으로 이루어진다. 즉, 인문, 사회, 자연계를 아우르는 하나의 큰 주제에 대해 3명의 서로 다른 학문 분야를 전공하는 교수들이 각기 자신의 학문 분야에서 해당 주제를 어떻게 접근해왔는가에 대한 강의를 하는 동시에 서로의 강의를 빠짐없이 듣고 질문도 한다. 이를 통해 자유전공학부 신입생들은 다양한 전공의 강의를 동시에 접하는 한편 강의 관련 문헌을 읽고 보고서를 쓰고 주제에 대한 토론 등을 하게 된다. 또한 다양한 관심사를 가진 동료들과 함께 팀 과제를 수행할 기회를 갖게 된다. 학기말 발표는 모든 학생이 참여하는 가운데 강좌의 특성에 따라 영상, 연극, 발표 등 다양한 형식으로 이루어진다. 이렇게 다양한 주제를 접하면서 본인의 관심 분야를 발견하고 이후 〈주제탐구세미나 2 또는 3〉 과목에서 하나의 주제를 선택해 좀 더 깊이 있게 탐색하게 된다.

〈주제탐구세미나 1〉을 담당하는 팀의 구성은 매우 다양하다. '시간'의 경우 영문학자, 서양철학자, 사회학자가 팀을 이루기도 했고, 그 다음해에는 영문학자, 문화인류학자, 천체물리학자로 팀의 구성이 바뀌기도 했다. '지식'의 경우는 서양철학자, 정치학자, 이론물리학자가 팀을 이루었고, '공간'의 경우는 문화인류학자와 이론물리학자와 공대 건축과 교수가 팀을 이루었다. '문명'의 경우는 서양사학자, 문화인류학자, 진화학자가 팀을 이루기도 했고, 그 다음해에는 중문학자, 문화인류학자, 공대 교수(기술경영경제정책 과정)가 팀을 이루기도 했다. '행복'은 동양철학자, 사회학자, 음악학자가 팀을 이루고 있다.

이번에 출간하는 '생명'은 면역학자 우희종 교수(수의대 수의학과), 진화학자 장대익 교수(자유전공학부), 그리고 미술교육 전문가 김형숙 교수(미대 동양화과)가 팀을 이루어 진행한 수업을 기반으로 한 것이다. 한편 '사랑'은 역사학자 주경철 교수(서양사학과), 중문학자인 박지현 교수, 그리고 물리학자 정재승 교수(KAIST 바이오및뇌공학과) 등이 하나의 팀을 이루어 진행한 수업을 기반으로 하고 있다.

주제탐구세미나 시리즈 책들의 내용을 살펴보는 것은 흥미진진한 지적 여행이지만 여기에는 모든 여행이 그러하듯이 놀라움과 혼란과 당혹스러움이라는 약간의 위험도 따른다. 하나의 주제와 관련하여 서로 다른 분과 학문들이 어떠한 세부 주제들을 문제로 삼거나 의문을 제기했으며 무엇을 발견했고 강조해왔는가 등을 알아보는 것은 재미있는 일이기도 하지만 무척 혼란스럽고 당혹스러운 일이기도 하다. 특히 항상 뚜렷한 정답이 있고 이를 알아맞히는 공부에만 익숙한 사람들에게는 약간은 고통스러울 정도의 불편함을 줄 수도 있을 것이다. 우리는 이러한 여행을 통해 과연 분과 학문이란 무엇인가, 분과 학문이란 왜 필요하며 그 장점은 무엇인가를 파악하는 동시에 그 한계는 무엇인가에 대해서도 생각할 기회를 갖게 될 것이다. 학문의 경계를 넘는다는 것이 무엇인지, 학제적(學際的) 연구와 융합 연구는 과연 어떻게 가능한 것인지 등에 대해서도 고민하게 될 것이다.

자유전공학부는 "21세기의 한국사회의 요구에 부응하여 서울대학교가 하나의 답변으로 제시한" 고등교육의 혁신 모델이며, 이 책은 그렇게 출범한 자유전공학부의 교육의 기록인 동시에 이정표이다. 즉, 지식과 정보를 가르치고 방법과 기술을 훈련시키고 연마하는 과거의 교육 패러다임을 넘어서 스스로 탐구하고 능동적으로 학습하는 새로운 인재를 키운다는 자유전공학부의 노력이 구체적으로 나타난 것이며, 고전과 첨단을 넘나드는 폭넓은 기초교육을 실현하는 방안으로 제시된 것들 가운데 하나인 것이다. 분과 학문적 지식도 제대로 습득하지 못한 학생들에게 학부 수준에서 무엇이 가능할 것이며 무엇을 해야 할 것인가 등에 대한 자유전공학부 설립추진단과 교수진의 고민과 노력이 담겨 있는 것이기도 하다.

그러한 의미에서 이 책의 출간은 자유전공학부의 교육 방식에 관심을 가진 사람들에게 자유전공학부 교육의 내용을 구체적으로 보여주는 것인 동시에 자유전공학부의 교육혁신 노력의 성취와 한계를 스스로 세상에 드러내고 강호제현의 평가와 질정(叱正)을 기다리는 것이기도 하다. 비록 책의 집필은 당시 강의를 담당했던 여섯 분의 교수님들이 맡았지만 자유전공학부 구성원 모두가 이 책의 출간에 가슴을 설레는 것도 바로 그 때문이리라.

주제탐구세미나 시리즈는 초대 학부장을 맡았던 서경호 교수가 결정한 것인데 여러 사정으로 책의 출간이 늦어지면서 현재 학부장을 맡고 있는 본인이 발간사를 쓰는 영광을 누리게 되었다. 자유전공학부의 설립과 〈주제탐구세미나〉 강좌 개발에 참여하신 설립추진단, 실제로 〈주제탐구세미나 1〉 강의를 담당하고 원고를 집필하신 교수님들, 국내에서 처음으로 시도되는 수업에 적극적으로 참여하여 놀랍고 새로운 지적 경험을 같이 했던 학생들, "경계를 넘어, 미래로" 줄기차게 나아가고 있는 자유전공학부의 구성원들, 그리고 원고를 이렇게 예쁜 책으로 만들어주신 서울대학교출판문화원 등 관계자 모두에게 심심한 감사를 표한다.

2014년 10월, 눈부시게 아름다운 가을날

한경구

자유전공학부장

머리말

사랑을 보는 세 개의 시선

이 책은 전공이 다른 세 교수가 사랑을 놓고 벌인 유쾌하고도 치열한 대화의 산물이다. 그런 사랑의 대화 혹은 밀어(密語)를 나눈 곳은 서울대학교 자유전공학부라는 신생 대학이었다. 60명의 파릇파릇한 대학 신입생들을 앞에 두고 세 명의 교수가 돌아가며 사랑 이야기를 하게 된 사연에 대해서는 약간의 설명이 필요할 것 같다.

정해진 전공 없이 입학한 후 자신이 원하는 전공을 선택하거나 혹은 스스로 전공을 만들어서 학위를 취득하고 졸업한다는 다소 파격적인 개념의 학부답게 자유전공학부의 1학년 신입생들은 '주제탐구세미나'라는 생소해 보이는 교양필수과목을 수강한다. 이 과목에서는 '시간', '공간', '생명', '문명' 같은 큰 열쇠어(keyword)를 미리 정하고, 상이한 전공 분야의 교수 세 명이 돌아가며 해당 주제에 대해 강의를 한다. '사랑'이라는 강의를 위해 역사학, 뇌과학, 중국 문학 전공의 교수 세 명이 모인 것이 그런 연유이다.

강의는 매주 두 단위로 나뉘어, 첫 번째 시간에는 각 교수들이 자신의 전공에서 길어온 내용을 설명하고, 두 번째 시간에는 학생들을 20명 단위로 분반하여 교수 및 조교들과 함께 토론을 벌였다. 한 교수가 강의할 때에는 다른 두 명의 교수도 참여하여 때로는 약간 '살벌하게' 토론하는 모범을 보였다. 학기말에는 학생들이 5명씩 조를 짜서, 학기 중에 배우고 생각했던 내용 중에 한 가지 주제를 잡아 세부적인 문제를 제시하고 답을 찾아보는 연극 또는 영상물 제작을 시도했다. 그렇게 꽤나 다이내믹하게 한 학기가 지나가곤 했다. 이 책은 그런 강의와 토론 경험을 정리한 결과물이다.

한 학기 내내 사랑의 열병을 앓았던 학생들은 이제 사랑에 대해 꿰뚫어 알게 되었을까?

전혀 그렇지 않다. 어쩌면 이전보다 더 혼란스러워할지도 모른다. 사실 우리의 목표는 사랑에 대해 논리 정연한 설명을 하려는 게 아니었다. 그보다는 사랑처럼 인간과 자연 혹은 사회의 큰 문제들에 대해 학문세계에서는 얼마나 다양하고도 심오한 연구가 진행되어왔으며, 그런 노력이 어떤 성과를 거두었고 또 그럼에도 얼마나 많은 어려운 과제들이 남아 있는지 알도록 한다는 것이었다. 같은 문제에 대해 다른 각도에서 이야기를 펼치고 그 결과 때로는 서로 어긋나는 주장들을 하는 모습을 보며 학생들이 의문을 갖고 스스로 많은 생각을 해보도록 유도한 셈이다.

이 책에서 보듯, 서양사를 전공하는 주경철은 유럽에서 사랑이 줄곧 공동체와 종교의 규제 하에 있었으나 서서히 변화를 거쳐 뒤늦게 19세기에 가서야 낭만적 사랑이 본격 등장하게 되었다고 주장한다. 뇌과학자 정재승은 그와 같은 역사적 발전 과정보다는 차라리 실험과 통계, 뇌영상촬영 등 과학적 분석을 통해 사랑의 본질에 대해 많은 사실을 알 수 있다고 본다. 박지현은 중국 문학의 여러 텍스트를 통해 동양의 사랑은 서양 문명과는 다른 맥락에서 다른 가치를 지니며 변화해왔음을 이야기한다. 이 접근들은 각각 강조하는 바가 다르고, 부분적으로 서로 모순되기도 한다. 우리가 희망하는 바는 재기발랄하고 사고가 유연하며 성정이 아름다운 청춘남녀 학생들이 그런 강의 내용들을 놓고 서로 토론하고 마음속으로 심사숙고하는 가운데 자신의 시각을 다듬어보고, 더 나아가서 정말로 의미가 큰 문제들을 스스로 제시하면 좋겠다는 것이었다. 주어진 문제에 맞는 답을 찾는 공부보다는 창의적으로 문제를 제기하는 것이 훨씬 중요한 일이기 때문이다.

그런 목표를 위해서라면 꼭 지금과 같은 조합만이 아니라 얼마든지 다른 조합을 생각해볼 수 있다. 인류학·철학·의학 전공 교수들이 모여 사랑을 논할 수 있을 테고, 심리학·미술사학·건축학 전공 교수들이 모여 사랑을 다시 분석해볼 수도 있을 것이다. 그럴 때마다 또 다른 판이 벌어지고, 새로운 '삼각관계'가 만들어질 테고, 더욱 흥미진진한 논의가 나왔을 터이다. 그렇다고 할 때 이 책은 가능한 여러 논의의 첫 단추를 꿴 정도이고, 어쩌면 '사랑 II', '사랑 III'가 나올 수도 있으리라 기대해본다.

우리의 몸과 마음, 영혼을 온통 흔들어놓는 사랑보다 더 아름답고도 잔혹한 일이 어디 있겠는가. 이처럼 중요한 문제에 대해 깊이 생각해보고, 가능하면 색다르게 접근해봄으로써 종국적으로 심원한 사고의 틀을 이루는 데에 이 책이 하나의 단초를 제공하면 좋겠다는 바람이다. 28청춘부터 82세 할머니·할아버지들까지 사랑이 넘치는 모든 분들에게 이 글을 바친다.

2014년 10월

저자 일동

차례

문학 속 사랑의 담론

박지현

사랑의 역사

주경철

주경철

서울대학교 경제학과를 졸업하고 같은 대학교 대학원 서양사학과에서 역사학 석사학위를, 프랑스 사회과학고등연구원(EHESS)에서 역사학 박사학위를 받았다. 미국 하버드대학교 옌칭연구소 초빙연구원을 역임했다. 현재 서울대학교 서양사학과 교수로 재직중이다. 주요 논문으로는 「네덜란드의 조선업」「재판 농노제 연구」「숲의 역사」 등이 있고, 저서로 『역사의 기억, 역사의 상상』『테이레시아스의 역사』『네덜란드: 튤립의 땅, 모든 자유가 당당한 나라』『문화로 읽는 세계사』『신데렐라: 천년의 여행』『대항해 시대: 해상 팽창과 근대 세계의 형성』『크리스토퍼 콜럼버스: 종말론적 신비주의자』『언어사중주』(공저) 등이 있다.

프롤로그:
사랑은 변하는 것!

"사랑이 어떻게 변하니?"

"사랑이 어떻게 변하니?"
영화 〈봄날은 간다〉에서 유지태는
이영애에게 이렇게 말한다.

마치 사랑이 영원히 변하지 않아야 한다는 듯한 그의 소망은 실로 덧없다. 사랑은 원래 변하는 것이다!

오늘날 우리의 사랑과 500년 전 우리 조상들의 사랑은 분명 다르다. 아니, 다른 정도가 아니라, 한국 사회는 워낙 변화가 빠른 곳인지라, 2010년대를 살아가는 젊은이들의 사랑은 예컨대 1970년대 젊은이들의 사랑과는 달라도 너무 다르다. 이 점을 쉽게 확인할 수 있는 방법 중 하나는 그 시대에 유행했던 노래를 들어보는 일이다. 1970년대에 사람들은 이런 노래를 즐겨 불렀다(40~50대는 대부분 이 노래를 흥얼거릴 수 있을 정도로 당시 이 노래의 인기는 폭발적이었다).

> 오 그대여 변치 마오 오 그대여 변치 마오
> 불타는 이 마음을 믿어주세요

말 못하는 이 마음을 알아주세요
그 누가 이 세상을 다 준다 해도
당신이 없으면 나는 나는 못 살아
수많은 세월이 흐른다 해도 당신만을
당신만을 기다리며 살아갈테야
〈남진, '그대여 변치 마오', 1973년 MBC 가요대상〉

순애보(純愛譜)와 같은 절절함이 느껴지지 않는가. 이에 비해 2010년에 유행한 노래를 들어보면 벌써 분위기가 확 다르다.

똑바로 얘기해 날 보고서 내 눈을 쳐다보고 말을 해
헤어지자 그 말이니 나와 끝내고 싶은거니

알아 넌 여자가 생긴거야
알아 넌 내게 싫증난거야
다만 눈물이 차오르지만

꺼져줄게 잘 살아 그 말밖에 난 못해
잊어줄게 잘 살아 나 없이도 행복해
네가 버린 사랑 네가 가져가 남김없이 가져가
미안하단 말도 하지마 내 걱정 하지마
…

oh oh oh oh 사랑하긴 한거니

oh oh oh oh no no no no

oh oh oh oh 잊어줄게 잘 살아…

〈G.NA(지나), '꺼져줄게 잘 살아'〉

똑같이 사랑이라고 말하지만 그 말이 담고 있는 의미는 분명 시대마다 다르다. 현재 우리에게 익숙한 사랑의 태도와 관념은 우리에게는 자연스러워 보일지 몰라도 그것이 언제나 자연스러웠던 건 아니다. 남녀 간에 애틋한 감정이 생겨나고, 결혼하여 가정을 꾸리고, 육체적으로 결합하여 아이를 낳아 양육하는 이 모든 과정이 언제나 똑같을 것 같지만 실제로는 시대에 따라 아주 달랐다는 것이 이 글의 주장이다. 아주 넓게 보면, 먼 과거에는 마을 공동체가 사람들의 삶을 이끌어가는 가장 기본적인 틀이어서 남녀 간이나 부부 간, 혹은 부모 자식 간의 관계처럼 지금 같으면 전적으로 사적(私的) 영역에 속하는 일도 공동체의 규제를 크게 받았던 데 비해, 현대에 가까이 올수록 청춘남녀 간 혹은 부부 간의 친밀함은 전적으로 그들 자신이 책임지는 일이 되었다.

그러나 이런 경향은 현재 우리 시대에 이르러 다시 한번 변화하고 있다. 21세기의 사회는 성이 개방되고 가족의 유대는 이전과 비할 수 없이 느슨해지며 사랑은 한없이 가벼워져가는 것 같다. 이런 변화는 어디로 귀결될 것인가?

이제 우리는 유럽 역사라는 특이한 장(場, field)에서 사랑이 어떻게 변화하고 발전해갔는가를 추적해보려 한다. 유럽은 근대에 들어와서 세계의 패권(覇權)을 차지했고, 세계 각지의 사회와 문화에 큰 충격을 주었다. 우리 사회도 많은 부분에서 서구의 영향을 받으며 변화해왔다. 그렇다면 유럽 역사의 내밀한 부분을 살펴보는 것도 의미가 있을 것이다. 다만, 유럽의 역사라고 하지만, 이같은 심성(心性, mentalité)의 역사적 변화를 추적하는 연구가 가장 크게 발전한 프랑스의 사례를 많이 참조했기 때문에 실제로는 프랑스가 가장 중요한 관찰지역이라는 점은 미리 이야기해 둔다.

유럽에서 사랑은 어떤 변화를 거쳐서 오늘날에까지 이르렀을까? 물론 우리는 수천 년에 걸친 사랑의 역사를 총체적으로 고찰할 수는 없다. 여기서는 다만 각 시대의 특징을 살펴보는 것에 만족하자. 앞으로 설명할 내용의 큰 줄거리는 다음과 같다. 우선 중세(대개 서기 500~1500년 사이의 시대를 가리킨다)에는 남녀 간의 사랑, 특히 육체적 쾌락이 극도로 억압되었지만 동시에 다른 한편에서 지극히 이상화된 사랑의 관념이 탄생했다는 점을 이야기할 것이다. 그다음 시기인 근대 초기(16~18세기)에는 억압적인 가부장제가 공동체의 질서를 엄격하게 규제하는 통에 개인의 사랑이 억눌려 있었지만, 시간이 지나면서 남녀 간 혹은 가족 사이의 관계에서 점차 완고한 성격이 완화되어간 사실을 살펴볼 것이다. 그와 같은 변화는 18~19세기에 정점에 이르러 드디어 사랑이 '해방'되었다. 사랑하는 사람들끼리 만나 결혼하여 따뜻한 가정을 꾸미고 또 부모와 자식 간에 애틋한 애정을 나누는 관계가 확고하게 정립된 것이다.

그러나 사랑은 해방되자마자 곧 폭발하였고, 이상화와 동시에 변질되기 시작했다. 사회의 거대한 변화와 맞물려 남녀 간의 관계도 복잡한 양태를 띠면서 20세기로 진입한다. 이 글은 대체로 이 지점에서 멈출 것이다. 그 이후 현대 사회에서 일어난, 그리고 지금도 계속되고 있는 사랑의 흐름에 대해서는 다음 장인 정재승 교수의 글에서 자세히 살펴보게 될 것이다.

사랑이 억압된 중세 유럽에서 이상화된 사랑이 탄생하다

중세(Middle Ages)란 역사학에서 말하는 시대 구분상의 용어이다. 각국의 역사학 전통마다, 심지어는 개별 역사학자마다 중세가 언제부터 언제까지를 가리키는지 조금씩 다르지만, 유럽의 중세는 대개 서기 500년부터 1500년까지 천년간의 시대를 가리킨다.

중세 유럽은 기독교 문명이라 해도 무방하다. 당시 기독교는 의식, 의미체계, 감수성 등 인간 내면세계뿐 아니라 정치·경제·사회·문화 등 인간 삶의 모든 면을 지배했다. 개인과 사회 모두 기독교의 '결'을 따라 흘러갔다고 해도 좋을 것이다. 사랑 역시 기독교(종교개혁 이전의 시대이므로 구체적으로는 가톨릭교회를 가리킨다)의 결정적인 영향을 받았다.

중세 시대의 사랑은 크게 두 흐름이 있다. 하나는 기독교가 육체적 쾌락과 개인적인 사랑을 극도로 억압한 것이고, 다른 하나는 정반대로 지극히 이상화된 새로운 사랑의 관념이 형성되었다는 것이다. 사랑의 억압과 동시에 새로운 사랑의 탄생! 중세는 이 두 상반된 흐름이 긴장관계를 이루던 시대였다.

아내를 열정적으로 사랑하지 마라

중세 기독교의 가장 큰 특징 중 하나는 쾌락의 거부, 육체의 거부, 남녀 간 사랑의 거부라 할 수 있다. 사람들은 순결을 찬양했고, 육체관계는 죄악시했으며, 연애를 금지했다. 동성애나 수간(獸姦) 같은 행위는 영원히 지옥에 떨어지는 벌을 면치 못할 대죄(大罪)였다. 이런 태도를 보인 이유는 얼마 안 있어 종말이 닥쳐오리라고 믿었기 때문이다. 조만간 말세가 되어 예수가 재림할 것이며, 모든 산 자와 죽은 자가 심판을 받아 선한 사람들은 천국으로 가고 사악한 자들은 지옥으로 가게 될 것이다. 그러므로 진정한 기독교도라면 순결하게 종말의 날을 맞이할 준비를 해야 한다. 남녀가 서로 희희낙락하고 있을 때가 아닌 것이다.

> 형제들아 내가 이 말을 하노니 때가 단축하여진 고로 이후부터 아내 있는 자들은 (아내) 없는 자같이 하며… (고린도전서 7:29)

"아내 있는 자들이 (아내) 없는 자같이" 한다는 것은 성 관계를 피한다는 뜻이니, 섹스리스(sexless)의 삶을 권하는 것이다. 세상이 곧 끝장난다는데 그 절박한 상황에서 부부간에 육체적 쾌락을 즐기고 아이를 낳아 기르는 것을 권할 일은 분명 아니다.

심지어는 아예 스스로 거세할 것을 권하기까지 한다.

> 어미의 태로부터 된 고자도 있고 사람이 만든 고자도 있고 천국을 위하여 스스로 된 고자도 있도다. 이 말을 받을만한 자는 받을지어다. (마태 19:12)

교회는 "천국을 위하여" 일부러 생식기관이 불완전한 남자인 고자가 되는 것을 권유하기까지 했는데, 실제 그렇게 했다는 초기 기독교 신학자인 오리게네스(c.185~254)는 지극한 찬미의 대상이 되었다.

이런 성경 구절을 문자 그대로 받아들이면, 사람의 육체가 곧 죄와 가깝다는 것이다. 즉 우리가 몸을 가지고 있다는 그 사실 하나로 우리는 어쩔 수 없는 죄인이라는 것이다. 이건 너무 심한 것 아닌가?

그렇지만 성경 전체가 그렇게 주장하는 건 아니다. 『구약』에서는 이보다는 너그러웠다. 성 관계에 관한 규례(規例)의 대표 사례인 〈레위기〉 18장에 따르면 근친상간, 하체의 누드, 동성애, 수간, 월경 중인 여인과의 성교 등만 금지하고 있어 비교적 이해할만한 수준이라 할 수 있다. 그런데 『신약』에서는 성과 육체적 쾌락에 훨씬 엄격해서, 피할 수 있으면 모든 성 관계를 피하라고 권한다. 남녀 간 성은 아예 하지 않는 것이 좋으나, 다만 인간의 본성이 워낙 나약하여 어쩔 수 없는 측면이 있으니 할 수 없이 부부간에만 성 관계를 하라고 말한다. 그것도 제한적으로 말이다.(이것은 〈고린도전서〉 7장의 내용인데 이는 뒤에 좀 더 자세히 살펴보기로 하자).

육체는 악한 것이고 죄와 관련이 있다고 주장하다 보니 심지어는 원죄 개념도 어느 샌가 여기에 맞추어 해석했다. 원래 〈창세기〉를 보면 에덴동산에서 인간이 저지른 사악한 행위는 '앎에 대한 욕망'이 그 본질이었다.* 말하자면 원죄는 정신적인 죄였다. 그런데 이것이 점차 육체적인 죄로 초점이 이동하더니 급기야 '원죄=섹스'가 되고 말았다. 아직 준비가 안 된 상태에서 섣불리 신의 지혜를 알고자 한 것이 원래 죄의 의미였는데, 서로 육체적으로 알고자 한 것이 죄인 것처럼 해석한 것이다. 섹스 그 자체가 죄라면 모든 사람은 죄를 통해서 태어난 것이고, 또 태어난 것 자체가 죄가 될 수밖에 없다. 이런 상황에서 인간이 마땅히 해야 할 의무는 금욕이다. 육체를 아예 억압해서 죄를 짓지 못하게 만든다는 것이다.

중세 기독교는 이런 측면을 크게 부각시켰다. 이후 '쾌락의 거부'는 1800년 동안 서양을 짓누른 윤리가 되었다. '정신적 쾌락'의 추구가 행복이라는 주장은 있을 수 있더라도 '육체적 쾌락'을 당당하게 주장하는 쾌락주의는 여간해선 찾아볼 수 없다. 중세 기독교 문화에서 인간은 본질적으로 죄인이며 그 죄가 육체에서 비롯되었다고 보았으므로, 살아있다는 사실 자체가 늘 속죄를 필요로 하게 된다. 중세 유럽의 문화는 '속죄의 문화'

* 여자가 그 나무를 본, 즉 먹음직도 하고 보암직도 하고 지혜롭게 할 만큼 탐스럽기도 한 나무인지라 여자가 열매를 따먹고 자기와 함께 있는 남편에게도 주매 그도 먹은지라. 이에 그들의 눈이 밝아져 자기들이 벗은 줄을 알고 무화과 나무 잎을 엮어 치마로 삼았더라. (창세기 3:6-7)

라고 해도 과언이 아니다. 안토니우스 성인처럼 일부러 황야에 나가 고행의 삶을 살면서 그에게 엄습하는 유혹과 치열하게 싸우며 극복하는 것이 성스러운 신앙의 지표로 숭앙받았다. 중세 교회의 가르침은 성과 관련된 갖가지 금지 사항으로 가득했다. 11세기 독일의 교회법 학자인 보름스의 주교 부르하르트(Burchard, c.950~1025)가 쓴 『법령집(*Decretum*)』이 대표적이다.

> 그대는 주일에 아내와 결합하지 않았는가. 만약 그랬다면 그대는 나흘 동안 빵과 물만 먹는 고행을 해야 한다. 그대는 사순절 기간에 아내와 음란한 행위를 하지 않았는가. 만약 그랬다면 그대는 40일 동안 빵과 물만 먹는 고행을 하거나, 그렇지 않으면 26수(sous, 옛 화폐 단위)의 자선을 베풀어야 한다. 만약 그대가 취해 있을 때 그런 일이 일어났다면, 그대는 20일 동안 빵과 물만 먹는 고행을 해야 한다. 그대는 크리스마스 전 20일 동안, 매주 일요일, 법에 따라 정해진 모든 재일(齋日), 12사도의 탄생기념일, 주요 제례일, 그리고 공공장소에서는 순결을 지켜야 한다. 만약 그대가 이런 날이나 장소에서 순결을 지키지 않았다면, 40일 동안 빵과 물만 먹는 고행을 해야 할 것이다.[1]

신앙심 두터운 부부가 이런 온갖 금기를 정말로 충실히 지켰다면 1년 중 그들이 섹스할 수 있는 날은 90일 남짓이 된다. 게다가 여성이 '더럽혀진' 날, 즉 월경, 임신, 출산 직후 등은 여기에서 다시 빼야 한다.

이런 식으로 남녀 간의 육체적 결합과 쾌락을 부정하고, 아예 남녀 간의 만남을 막으려고 한 것이 중세 기독교의 기본 태도였다. 심지어 고대 그리스의 철학자인 섹스투스 엠피리쿠스(Sextus Empiricus. c.160~210)는 "아내에 대한 지나친 사랑은 간통"이라는 주장까지 했다. 아내를 열정적으로 사랑하지 마라! 교회의 극단적인 가르침은 이 지경까지 갔다. 프리섹스(free sex)의 시대인 오늘날과는 얼마나 다른가.

물론 모든 사람이 교회의 가르침을 있는 그대로 따랐다고 할 수는 없으리라. 그렇지만 기독교가 삶의 모든 측면을 강하게 통제하는 시대에 교회가 제시하는 기준은 매우 중요했음이 틀림없다.

아가페도, 에로스도 아닌 내면의 특별한 경험

여기서 한 가지 의문이 든다. 통상 기독교 교회의 가르침은 사랑이라고 하지 않는가? 그런데 오히려 교회가 사랑을 억압했다니? 도대체 어떤 사랑을 권하고 어떤 사랑을 억압한 것인가?

우선 아가페(agape)와 에로스(eros)를 구분할 필요가 있다.

에로스는 육체적 욕망의 사랑을 뜻한다. 큐피드의 화살로 상징되는 에로스는 우리 내면에 잠재한 생명력의 근원으로서, 상대방과 결합하고자 하는 강렬한 욕망이다. 중세 교회가 억압하려 한 것은 무엇보다도 이 에로스적인 사랑이다. 사실 고대에는 에로스적인 사랑은 억압하기는커녕 숭상의 대상이었다. 폼페이 유적의 놀라울 정도로 에로틱한 벽화들을 보면 고대 로마인이

● 폼페이의 유적지에서 발견된 벽화들. 에로틱한 형상이 거침없이 표현되어 있어서, 성적 욕망이 억제되기보다 숭앙되었음을 알 수 있다.

얼마나 성적인 쾌락에 긍정적이었는지 알 수 있다.

중세 교회가 권한 사랑은 그런 에로스적인 사랑과는 거리가 먼 아가페적인 사랑이었다. 아가페란 원래 인간에 대한 신 또는 그리스도의 사랑을 뜻한다.

> 하나님이 세상을 이처럼 사랑하사 독생자를 주셨으니 이는 저를 믿는 자마다 멸망치 않고 영생을 얻게 하려 하심이니라.
>
> (요한 3:16)

이는 가장 널리 알려진 성경구절이며, 성경의 핵심 내용을 잘 짚어주는 부분이기도 하다. 여기에서 말하는 사랑이 바로 아가페적 사랑이다. 그것은 신성하고 무조건적이며 희생적인 사랑이다. 이 구절을 잘 생각해보자. 여기에서 사랑하는 주체는 하느님이고, '세상', 즉 우리들은 하느님의 사랑의 대상이다. 하느님은 우리가 사랑받을 자격이 있는지 없는지를 떠나서 우리를 무조건 사랑한다. 교회는 하느님과 그리스도의 사랑을 본받아 우리도 그와 같은 사랑을 실천하라고 가르쳤다.

> 나는 너희에게 이르노니 너희 원수를 사랑하며 너희를 핍박하는 자를 위하여 기도하라. (마태 5:44)

심지어 원수마저 사랑하라는 것이다. 이런 사랑은 당연히 젊은 남녀가 자기네들끼리 좋아하는 통상적인 의미의 사랑과는 거리가 멀다.

아가페는 카리타스(caritas)라는 말과 비슷하다. 카리타스는 흔히 '자애'라고 번역한다. 카리타스는 영어의 'charity'라는 말과도 통하는데, 실제로 제임스 국왕 판 성경에서는 앞에서 인용한 구절의 사랑을 love 대신 charity로 번역하였다. charity는 현재는 '자선'으로 번역하곤 하는데, 원래는 그보다 넓은 의미로 쓰였다. 가난한 사람에게 물질적인 도움을 주는 것이 오늘날 사용하는 '자선'의 의미라면 원래 뜻은 더 넓은 의미에서 —물질적이든 정신적이든— 결핍된 것을 충족시켜준다는 함의를 가지고 있다. 근본적으로 약하고 무력하고 부족할 수밖에 없는 인간에게 그 모든 것을 채워주는 것이 신의 속성이 아니겠는가. 신의 사랑은 곧 무상(無償)의 선물이다. 신은 우리에게 모든 것을 다 주려 하고, 우리는 단지 그것을 받아들이기만 하면 된다. 인간 역시 그런 사랑을 본받아 따르라는 것이 교회가 우리에게 권하는 사랑이다.*

그런데 에로스나 아가페 모두 우리가 생각하는 남녀 간 사랑과는 분명 다르다. 단적으로 말해서 에로스나 아가페는 '개인적(personal)'이지 않다. 이웃을 사랑하고 심지어 원수마저 사랑하는 아가페는 그야말로 모든 인간을 대상으로 한다. 단지 내가 아는 특정한 사람만이 아니라 인간이면 누구나 이 고귀한 사랑의 대상이 되어야 마땅하다. 그런 점에서는 에로스도 다르지 않다. 에로스적인 사랑은 대상이 누구인가를 가리지 않는다. 우리의 육신 저 깊은 곳에서 용솟음쳐나오는 강렬한 욕망은 또 다른 육신을 찾을 따름이며, 따라서 어느 특정한 사람만을 대상으로 하지는 않는다. 원론적으로 이야기해서 에로스의 대상은 이 세상 누구라도 매력적인 몸만 가지고 있으면 충분하다.

그 점에서 에로스적인 사랑은 우리가 이야기하는 사랑과는 다르다. 내가 누군가를 진정으로 사랑하여 그 남자/여자를 생각

* '모든 것을 다 준다'는 것을 달리 표현하면 어떻게 될까? 영어 혹은 불어의 pardon이 그것이다. 이 말은 라틴어 perdōnāre에서 왔는데, 라틴어 어원 per-는 '전부, 완전히'라는 뜻이고, dōnum은 '선물로 준다'는 뜻이다(donation(기부) 같은 단어에서 확인할 수 있다). pardon의 원래 의미는 모든 것을 다 준다는 것, 즉 우리에게 결핍되어 있는 것을 채워주는 것이다. 현재는 이 말이 '용서'가 되었는데, 사실 신이 인간을 용서한다는 것은 인간에게 은총을 가득 채워준다는 것과 같다고 할 수 있다. pardon과 같은 뜻의 영어 단어 forgive 역시 유사한 어원을 가지고 있다(for-=completely, giefan=give, 즉 완전히 주다). *Barhart Concise Dictionary of Etymology*.

할 때면 더할 나위 없는 기쁨과 고통을 함께 느낄 때, 그것은 다른 누구도 아닌 바로 그 사람만을 사랑하는 것이지 다른 그 누구라도 상관없다는 것은 아니다. 낭만적인 사랑은 두 영혼 간에 일어나는 유일무이한 관계이지 대체 가능한 관계가 아니다. 물론 청춘남녀 간의 사랑에는 대개 에로스적인 요소가 개입되기 마련이지만, 그렇다고 사랑에 빠진 남녀가 꼭 육체적인 끌림으로만 움직이지는 않는다. 또 사랑하는 사람을 통해 인간 보편에 대한 애정을 확인할 수 있을지는 몰라도 그렇다고 남녀 간 사랑이 꼭 숭고한 것이라고는 할 수 없다. 남녀 간 불꽃 튀는 사랑에는 인간 보편을 향한 선한 태도(아가페)라든지 강렬한 육신의 욕망(에로스)이라는 두 요소와 일부 겹치는 부분도 있지만, 분명 그런 것과는 구분되는 특별한 성격을 가지고 있다.

내가 그 어떤 남성/여성을 사랑한다고 할 때 아가페나 에로스와 구분되는 것은 나 혼자만의 사랑, 달리 형언할 수 없고 설명하기 힘든 내 내면의 은밀한 경험이다. 중세 유럽의 교회는 그런 것을 억압하고 오직 아가페적 사랑만을 주입하려 했다. 그런데 아가페적 사랑 이외의 다른 모든 사랑을 압살해버릴 듯한 거센 흐름 한가운데에서 전혀 색다른 사랑의 관념이 꽃피어났다. 기사도적 사랑 혹은 궁정풍 사랑(courtly love)이 그것이다. 이는 내 영혼이 전력을 다해 다른 한 영혼을 사랑하는 것을 인간이 경험할 수 있는 가장 고귀한 가치로 이상화했다. 어쩌면 이것이 유럽 문명의 특징이라고 볼 수도 있다.

오직 진정한 기사만이 진짜 사랑을

전반적으로 남녀간 사랑이 억압된 중세의 한복판에서 아주 특이한 사랑의 관념이 만들어졌다. 12세기에 모습을 드러낸 궁정풍 사랑은 당대의 그 억압적인 분위기에서 정말로 혁신적인 현상이었다. 이는 남부 프랑스의 프로방스(Provence) 지방에서 형성되었다. 프랑스어로는 트루바두르(troubadour), 독일어로는 민네징어(Minnesinger)라고 하는 음유시인들이 이 움직임을 주도한 주인공들이다. 이들은 기독교 문화와는 완전히 이질적인 사랑의 노래를 만들어냈는데, 이것은 단순히 문학운동에 그치지 않고 엄청난 사회적 파장을 일으켰다.

아마도 이 노래들은 프로방스의 지방 문화에 이슬람 문학의 요소와 중북부 유럽의 기사 문화가 합쳐져서 만들어진 것으로 보인다. 유럽 역사를 잘 모르는 사람은 이 대목에서 왜 갑자기 이슬람 문학이 나오는지 이해가 안 될 수도 있을 것이다. 간단히 설명하면 이렇다. 7세기에 성립된 이슬람교는 곧 동서남북 모든 방향으로 엄청난 속도로 팽창해갔다. 인류 역사에서 그처럼 광대한 지역에, 그처럼 빠르게 팽창한 종교는 예를 찾기 힘들 것이다. 이슬람 교도들은 곧 북부 아프리카를 석권하고 그 여세를 몰아 8세기에 지브롤터 해협을 넘어 이베리아 반도 전체를 지배했다. 그후 기독교 유럽 세력이 이슬람 세력을 점차 몰아냈는데 그것이 완성된 때는 다름 아닌 1492년이었다. 보통 콜럼버스의 해로 기억되는 1492년은 여러모로 인상적인 해이다. 이 해에 이베리아 반도 최남단의 그라나다에서 이슬람 교도들이 항복하고 아프리카로 물러남으로써 유럽에서 이슬람 세력이

● 콘트라 폰 림부르크가 귀부인으로부터 무장(武裝)을 수여받는 모습. 14세기 초의 노래집 삽화

완전히 사라지게 되었다. 그러기까지 무려 800년 가까운 세월을 스페인과 포르투갈 땅은 이슬람의 지배 아래에 있었다. 그러는 동안 정치·군사적으로는 서로 원수지간이었지만 세월이 흐르면서 이슬람권의 발전된 경제와 과학, 예술 등이 기독교권에 전파되어갔다. 오늘날에도 스페인의 음악에 어딘지 '동양적'인 풍취가 느껴지는 것은 장구한 세월 이슬람의 지배를 받는 동안 아랍의 음악이 영향을 끼쳤기 때문이다. 이슬람-아랍 문화의 발전된 시와 문학 전통 역시 이베리아 반도에서 주변 지역으로 퍼져갔는데, 이렇게 전해진 작품들 중에는 여성에게 고귀한 사랑을 바치는 내용이 많았다. 이런 사랑 이야기의 요소가 다른 한편으로 기사도와 결합한 것이다.

그렇다면 기사도란 무엇일까?

어느 시대나 사회의 엘리트 지배층이라면 마땅히 지켜야 할 규범이 있다. 기사도는 말하자면 중세 유럽 사회의 지배층이던 기사들의 규범이다. 기사(knight)는 후대에 가면 고상한 귀족으로 변모하지만, 아직 야만 상태를 크게 벗어나지 못했던 중세 전반기(대체로 서기 500~1000년 기간)에는 그야말로 '무식한 칼잡이', 그 이상도 이하도 아니었다. 기사들은 목숨 걸고 싸우는 것이 존재 이유이므로 무엇보다도 용감하고 무기를 잘 다루고 말을 잘 타는 등 전투 능력이 뛰어나야 했다. 초기의 기사도는 이처럼 용감무쌍하게 '잘 싸우는 능력'을 가리켰다. 『롤랑의 노래』와 같은 중세 초의 문학 작품에 보이는 기사도의 내용이 그런 사례이다.

그러나 지배계급으로서 기사들은 점차 그런 '싸움 잘하는 능력' 이상의 세련된 가치를 지향하게 되었다. 유럽 사회가 어느 정도 안정되고 사회질서가 잡혀가면서 문명화되어 갔다고 할 수도 있다. 이렇게 된 데에는 교회가 이 단순무식한 칼잡이들을 길들인 영향도 크다. 이제는 칼을 휘두르더라도 어떤 고귀한 목적을 위해 그렇게 해야 하는 것으로 변했다. 자신의 군주를 위해, 예수님의 뜻을 이루기 위해, 혹은 약한 여성을 지키기 위해 무력을 행사하는 것이다.* 기사의 덕목은 명예와 용기 같은 세련된 덕목으로 진화했다. 이제 기사는 단순히 칼만 잘 휘두르는 인간이 아니라 고귀한 덕성을 갖춘 인간, 곧 '진정한 기사' 혹은 '참된 기사'가 될 것을 요구받았다.

그런데 이 대목에서 기사도가 기묘하게 사랑의 요소와 결부

* 기사 문화의 중요한 현상 중 하나가 결투이다. 싸워서 이기는 쪽이 정의라는 것인데, 그 뒤에는 설사 힘이 약하더라도 진정 그가 올바른 사람이라면 하느님이 이기게 만들어준다는 믿음이 깔려 있다. 문제는 결투에 여성이 개재되었을 때이다. 연약한 여성이 칼을 휘두르며 싸울 수는 없지 않은가. 아무리 하느님이 뒤를 봐준다고 해도 이런 결투는 하나마나이다. 이때 남자 기사가 그 여성을 위해 대리로 결투에 나서게 되는데, 이 대리기사(代理騎士)를 영어로 챔피언(champion)이라 한다. 이것이 챔피언의 원뜻이다.

되었다. 진정한 기사는 여성을 비롯한 약자를 보호하며 정의를 위해 싸워야 한다. 더 나아가서 기사는 구원(久遠)의 여인을 사랑하고 그녀를 위해 목숨 바쳐 헌신해야 한다. 궁정풍 사랑과 기사도가 이렇게 결합된 것이다. 바꿔 말하면 사랑은 아무나 하는 것이 아니라 진정한 미덕을 갖춘 기사다운 기사만이 할 수 있다.

기사의 이상에 대해 이야기하는 중세 문학에서 흥미로운 사례로 '가윈 경과 녹색기사' 이야기를 살펴보자.

가윈 경과 녹색기사, 전사에서 사랑의 기사로

이야기는 성탄절 밤에 아더 왕과 왕비, 왕의 조카인 가윈 경을 비롯한 원탁의 기사들이 카멜롯 궁전에서 연회를 여는 것으로 시작된다. 연회가 한창 진행되던 때 갑자기 온몸이 녹색인 거구의 기사가 녹색 말을 타고 홀로 들어온다. 그는 아더 왕의 기사들에게 엽기적인 게임을 제안한다. 기사 중 누구든 나와서 전투용 도끼로 자신의 목을 쳐서 떨어뜨리라는 것이다. 다만 그 기사는 1년 뒤에 똑같은 방법으로 목에 도끼를 맞아야 한다는 조건이다. 기사들 중 누구도 선뜻 나서지 못하는데 가윈만이 일어나 녹색기사의 도전에 응한다. 가윈이 도끼로 녹색기사의 목을 내려치자 그의 목이 떨어진다. 그러나 놀랍게도—그리고 약간 징그럽게도— 녹색기사는 자기 머리를 주워 드는데, 그 얼굴은 눈을 뜨고 가윈을 보며 1년 후에 녹색 성당으로 자신을 찾아오면 똑같이 도끼로 목을 쳐주겠노라고 말한다. 그리고 머리를 손에 쥔 채로 말을 타고 떠난다.*

1년 뒤 겨울, 가윈은 약속을 지키기 위해 길을 떠난다. 녹색 성당을 찾아 헤매던 그는 숲속에서 아름다운 성을 발견하는데, 그곳의 성주는 가윈을 환대한다. 가윈이 자기는 녹색 성당을 찾으러 떠나야 한다고 하자 성주는 그곳은 아주 가까이에 있으니 편히 쉬다가 떠나라고 말하며 가윈을 붙든다. 성에 머무는 동안 성주와 가윈은 재미있는 계약을 한다. 성주는 자신이 사냥을 나가서 잡아오는 것을 전부 가윈에게 줄 테니 그동안 가윈이 성에서 얻은 모든 것을 자신에게 달라는 것이다. 다음날 아침, 성주는 아침 일찍 사냥을 나갔다. 그러자마자 곧 성주의 아름다운 부인이 아직 침대에 누워있는 가윈에게 다가와 노골적으로 유혹한다. 부인은 제대로 옷을 갖춰 입고 대화하겠다는 가윈에게 침대에서 일어날 필요 없다고까지 이야기하지만, 가윈은 정중하게 이 유혹을 피한다. 그러자 부인은 키스를 해 달라고 부탁하는데, 이것만은 피할 수 없다고 생각했는지 그녀에게 키스를 한다. 그날 저녁, 성에 돌아온 성주는 그가 잡은 사슴을 가윈에게 던져주며 당신은 무엇을 얻었냐고 묻는다. 그러자 가윈은 그

* 이 작품을 영어로 읽어보는 것도 아주 흥미롭다. 톨킨이 현대 영어로 옮겨 출판한 책에서 이 부분의 원문은 다음과 같다. 읽어보면 시의 내용과 발음이 얼마나 절묘하게 결합하는지 알 수 있을 것이다.

For the head in his hand he held it up straight,
towards the fairest at the table he twisted the face,
and it lifted up its eyelids and looked at them broadly,
and made such words with its mouth as may be recounted.
See thou get ready, Gawain, to go as thou vowedst,
and as faithfully seek till thou find me, good sir,
as thou hast promised in this place in the presence of theses knights.
To the Green Chapel go thou, and get thee, I charge thee,
such a dint as thou hast dealt — indeed thou hast earned
a nimble knock in return on New Year's morning!

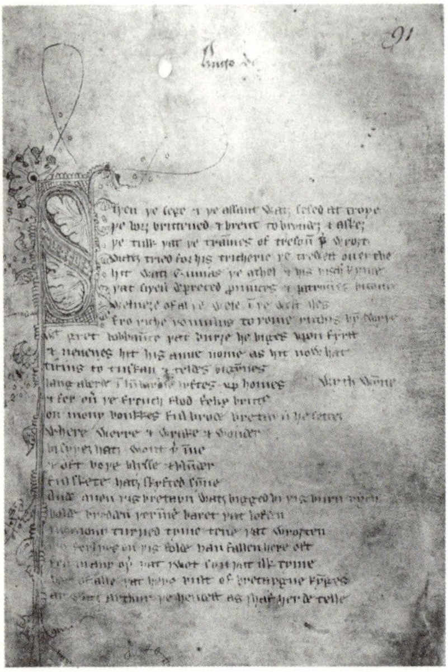

● 14세기 말에 기록된 〈가원 경과 녹색기사〉 초고

에게 다정하게 키스를 해준다. 성주가 이것을 어디에서 얻었냐고 묻자, 가원은 그것을 묻는 것은 계약에 없는 사항이라고 답한다. 그리고 두 사람은 함께 크게 웃는다.

다음 날, 성주는 역시 이른 아침에 사냥을 나가고, 부인은 다시 가원을 유혹한다. 이날은 가원이 그녀에게 두 번의 키스를 한다. 저녁이 되어 성으로 돌아온 성주는 사냥으로 잡은 멧돼지를 던져주고, 가원은 그에게 두 번 키스를 한다. 둘 다 호탕하게 웃고 잠자리에 든다. 마지막 셋째날, 성주가 사냥하러 나간 뒤 어김없이 성주 부인이 찾아오는데, 이날은 앞가슴까지 풀어헤치고 더욱 노골적으로 그를 유혹한다. 그러나 가원은 이번에도 세 번 키스를 할 뿐 구애를 거절한다. 부인은 슬픔을 달랠 사랑의 징표를 교환하자고 요구한다. 부인이 반지를 억지로 주려 하는데 가원이 그것을 받지 않겠다고 하자 이번에는 대님(garter 혹은 belt)을 주려 한다. 처음에는 거절하던 가원은 그를 죽음의 위험에서 지켜줄 것이라는 말을 듣고 그것을 받는다. 저녁에 돌아온 성주는 노린내 나는 여우를 그에게 주고, 그 대가로 가원은 그에게 세 번 키스를 하지만 끝내 대님 이야기는 하지 않는다.

다음 날, 가윈은 성주에게 작별 인사를 하고 녹색 성당을 찾아 길을 떠난다. 물론 갑옷 속에는 전날 부인이 준 대님을 두르고 있다. 드디어 그가 바위 틈 사이에 있는 녹색 성당에 이르자, 멀리에서 숫돌에 도끼날 가는 소리가 서억서억 하고 들린다. 녹색기사는 작년 일을 상기하며 이번에는 가윈이 목을 내놓아야 할 차례라고 말한다. 녹색기사가 도끼로 가윈의 목을 치려는 순간 두려움을 느낀 가윈은 자기도 모르게 목을 움츠리고 만다. 이를 보고 녹색기사는 기사답지 못한 행동이라며 그를 조롱한다. 이에 가윈은 절대 움직이지 않을 테니 다시 내려치라고 말한다. 그런데 웬일인지 녹색기사는 두 번째에도 내려치는 시늉만 할 뿐 가윈의 목을 자르지 않는다. 가윈은 화를 내며 장난하지 말고 제대로 하라고 소리 지른다. 드디어 세 번째에는 녹색기사가 정말로 도끼를 내려친다. 그런데 가윈의 목에 작은 상처만 날 뿐이다. 그때 녹색기사는 자신의 본모습인 성주, 즉 버틸락 드 오우트드저(Bertilak de Hautdesert)로 변하고는, 목의 상처는 대님 값이라고 말한다. 그러니까 지금까지 모든 과정은 성주가 녹색기사의 모습으로 변신하여 가윈을 시험한 것이었고 영주 부인의 유혹까지도 다 알고 있었던 것이다. 가윈은 자신이 영주 부인의 유혹에 굴복하였던 것을 심히 부끄러워하며, 마치 예수의 면류관처럼 참회의 표시로 평생 이 대님을 매고 다니겠다고 서약한다. 아더의 왕궁에 돌아와 궁정 사람들에게 이 이야기를 하니 그들 역시 가윈의 참회에 동참하여 모두 대님을 자신들의 징표로 삼기로 하였다.*

이 흥미진진한 이야기의 의미는 무엇일까?

여러 해석이 가능할 테니, 각자 자기 나름대로 그 의미를 따져보면 좋을 것이다. 나로서는 이 이야기를 인간의 내면적 성장을 상징하는 신화적 이야기로 보고 싶다. 이 이야기에서 가윈은 두 가지 시험을 당하는데, 이는 범속한 인물이 영웅으로 거듭나는 과정에 해당한다. 그는 우선 죽음의 공포를 이겨내야 한다. 녹색기사가 제기한 도전은 진정한 기사(조금 넓게 해석하면 성숙한 인간, 혹은 영웅)가 되기 위한 조건으로서 죽음에 직면하여 용기를 잃지 않을 성품이 있는지 테스트하는 것이다. 그는 실로 영웅적으로 이 시련에 맞선다. 그 다음에 맞닥뜨린 문제는 사랑의 유혹이다. 성주 부인은 노골적으로 그를 유혹한다. 자신을 환대한 성주에 대한 믿음을 저버리지 않고 충절을 지켜야 하는 그로서는 이 유혹을 물리쳐야 한다. 아무에게나 사랑의 마음을 흘려서는 안 되는 것이다. 그러나 어찌 된 일일까, 그는 세 번째 유혹에서 대님을 받음으로써 절반쯤 유혹에 굴복하고 만다(게다가 그 대님이 목숨을 구해 준다는 말에 현혹된 면도 있다). 물론 성주의 사면을 받을 뿐 아니라 그 자신이 깊이 참회하여 더욱 굳건한 심성을 갖춘 기사로 거듭나긴 하지만 말이다. 가윈은 죽음의 공포를 이겨내고 용기와 충절의 덕성을 지닌 '전사(戰士)로서의 기사'를 넘어 사랑과 신의의 덕목을 갖추고 궁정풍 사랑까지 체화

* 영국 최고의 기사단 중에 가터(Garter) 기사단이 있다. 이 기사단의 성립에 대해서는 여러 이야기가 전해지지만, 가윈 이야기도 어떤 관련이 있을 것으로 중세학자들은 본다. 이 기사단의 상징(emblem)에는 프랑스어 고어(古語)로 Honi soit qui mal y pense(여기에서 나쁜 생각을 하는 자는 부끄러워할지어다)라는 말이 쓰여 있다. 이것은 녹색기사 이야기의 마지막 부분에 나오는 말이다.

한 '사랑의 기사'로 진화해가는 과정의 인물이 아닐까?

이루어지지 않아야 고결한 사랑이다

트루바두르들은 이처럼 기사도를 끌어들여 연애 이야기를 만들어냈다. 훌륭한 기사를 논할 때 이제 지고(至高)의 사랑은 필수불가결한 요소로 자리 잡았다. 그것은 너저분한 시정잡배의 사랑 이야기, 그저 그런 통속적 사랑 이야기와는 달리 '고결한' 사랑이어야 한다. 그러니 사랑의 대상도 아무나 되는 것이 아니라 고귀한 귀부인이어야 한다. 인간적으로 최고의 덕성을 지닌 기사와 아름다운 귀부인 사이의 고결한 사랑, 그것은 대체 어떤 것일까?

그 전에 이 점에 대해 한번 생각해보자. 세상에서 가장 아름다운 사랑은 어떤 사랑일까?

이루어지지 않는 사랑이다!

생각해보라. 아름다운 사랑 이야기의 주인공은 대개 드라마틱한 곡절을 겪으며 고통을 당하고 그러다가 끝내 비극적인 종말을 맞이해야지, 그 사랑이 별 탈 없이 순탄하게 맺어지면 아무런 이야깃거리가 되지 않는다. 가장 아름다운 사랑을 꿈꾸는 기사들은 따라서 이루어지기 힘든 사랑을 갈구했다. 흔히 자신의 상사인 기사의 부인을 사랑하는 것이 그 때문이다. 사랑의 대상이 어려워야 빛나는 사랑이 되기 때문이다. 크리스테바의 표현에 따르면 기사는 "좌절의 정도에 따라서 자기 사랑의 가치를 측정한다."[2]

'트리스탄과 이즈'의 사랑이 대표적이다. 트리스탄이 이즈

(독일식 발음으로는 이졸데)에게 운명적인 사랑에 빠진 것은 그녀를 자신의 상사인 마크 왕의 배필로 모시고 가는 도중에 배에서 일어난 일이다. 그것은 맺어져서는 안 되는 사랑, 성립할 수 없는 불가능한 사랑이다. 이 이야기는 처음부터 끝까지 두 사람의 만남이 어긋나는 방향으로만 치닫다가 끝내는 죽음으로 귀결된다. 그들의 사랑은 오직 죽음으로서만 맺어지고, 그럼으로써 영원한 사랑이 되는 것이다. 그들의 사랑은 차라리 저주에 가깝다. 그러나 저주이며 상처이며 치명적 독(毒)인 이 사랑은, 그 무엇보다도 강렬한 기쁨이요 환희다. 궁정풍 사랑 혹은 기사도적 사랑은 하늘나라가 아니라 이 세상에 사는 사람들 사이에 그처럼 강렬한 사랑을 나누는 이야기다.[3]

오직 아가페적 사랑만 강조되던 시대이기에 이런 개인적 사랑은 역설적이게도 문학에서 더 아름답게 그려지는지 모른다. 더 나아가서 이런 새로운 사랑의 관념은 단순히 문학에만 그치지 않고 실제 사람들의 삶에 영향을 미쳤다. 기사들과 귀부인들은 그와 같은 기묘한 사랑의 이념을 실생활에서 구현해보고자 했다. 문학이 아니고 삶에서 그런 사랑은 도대체 어떤 식으로 이루어질 수 있단 말인가? 고위 기사의 부인과 부하 기사 간의 사랑! 오늘날에는 별게 아니고 그냥 '불륜'이라 부르는, 에로물이나 저급한 코미디가 되기 십상인 이 이상한 형태의 사랑이 중세 기사들에게는 아주 진지한 사랑으로 자리 잡았다. 해서는 안 될 불륜 관계를 소재로 그들은 섬세한 사랑(fin amour)을 만들어갔다. 남자들 세계의 주군(主君, lord)과 봉신(封臣, vassal)의 관계가 이 사랑의 세계에 그대로 옮겨져 남성 기사는 상사의 부인(domina, 문자 그대로 '다스리는 귀부인')에게 전력을 다해 사랑의 봉사를 한다. 심지어 그 사랑을 위해 목숨을 바치는 것도 두려워하지 않는다. 그러면 부인은 기사에게 사랑으로 보상(merce)을 준다.

고통스러운 열정을 공유해야만

구체적으로 이런 기사도적 사랑의 '실상'은 어땠을까? 그것은 거의 이해가 안 될 정도로 기묘한 놀이다.

자신에게 전적으로 헌신하는 젊은 기사에게 연상의 부인은 자신의 누드를 보여준다. 그리고 더 나아가면 두 사람 사이에 포옹까지 가능하다. 그러나 딱 여기까지! 그 이상은 절대 넘을 수 없다. 부인이나 기사나 그 이상을 넘지 않는다는 것을 철칙으로 삼고 사랑의 놀이를 시작하며, 실제 그 이상 나아가지 않는다. 육감적이면서도 순결한 기묘한 긴장! 도대체 이걸 뭐라 해야 좋을까? 이들은 끝내 정절을 지킴으로써 욕망을 승화시키고 있다. (피가 끓는 젊은 기사에게는 실로 고통스럽지 않았을까? 그리고 실제로는 일부 연인들은 분명 넘어서는 안 되는 선을 넘지 않았을까?) 이들이 하는 행위는 욕망을 억압하고 정신의 합일을 추구한다는 것이다. 이 이상한 현상을 음유시인들은 꿈처럼 미화했다.

이런 사랑을 할 수 있는 자는 미덕을 갖춘 사람이어야 한다. 욕망에 휘둘려서 힘으로 밀어붙이는 자는 짐승 같은 자이다. 그러니까 기사도적 사랑은 그럴 자격을 갖춘 자만이 할 수 있다. 이 사랑은 다른 어떤 제도에 의해 규제하는 게 아니라 그들 스스로 원칙을 만들어 지키는 방식이다. 따라서 이 미묘한 게임을 하기 위해서는 먼저 엄정한 자격 심사가 있어야 한다. 귀부인은 과연 기사가 사랑의 자격이 있는지, 자신의 사랑을 받을만한 용기와 미덕을 갖추었는지 실험한다. 그러나 때로 그 실험이 너무 과도해서 기사를 죽음으로 내모는 '저질 귀부인'도 있다. 예컨대 '이교도의 땅에 가서 무슬림 10명을 죽이고 와라' 하는 무모한 실험을 하는 여인도 있다. 이런 여인은 프랑스어로 '소바주(sauvage, 영어의 savage에 해당한다)'하다고 표현한다. 반대로 실험을 거치지 않고 바로 허락하는 여자 역시 소바주한 여인이다.

이런 실험을 하면서 두 사람이 서로 묻고자 하는 것은 상대가 연민(compassion)을 가지고 있는가 하는 것이다. 연민의 원 단어는 compassion이다. compassion은 passion을 함께(co-) 나누는 것을 뜻한다. 그렇다면 passion은 무엇인가?

passion을 사전에서 찾아보면 그 뜻이 하나는 '열정' 혹은 '정열'이고, 다른 하나는 '수난'이다. 너무나 달라 보이는 두 가지 의미가 어떻게 한 단어에 들어 있을까? 사실 열정과 수난은 같은 성질의 것이다. 예를 들어 내가 야구에 열정(passion)을 가지고 있다고 하자. 그 의미는 단순히 야구를 좋아한다는 데에 그치지 않는다. 야구가 나를 완전히 사로잡아서 내가 어쩔 수 없을 정도로 꽁꽁 묶인 상태가 되어야 한다. passion은 내가 주체적으로(active) 좋아하는 것이 아니라 수동적으로(passive, passion과 단어 형태가 유사하다는 점에 주목하라!) 잡혀 있는 고통스러운 상태이다. 이는 즐겁고 행복한 사랑의 상태가 아니라 고통스러운 사랑의 상태를 말한다. 12세기의 사상가들에게 사랑은 근본적으로 수동적이었다. 앞에서 제시한 아가페에 대한 설명을 회상해보자. 사랑하는 주체는 하느님이요, 우리는 그 사랑의 대상이며, 따라서 우리에게 사랑은 수동적으로 받아들이는 것이다.

연민은 서로 이런 고통스러울 정도의 열정을 공유하는 상태이다. 내가 당신에게 고통스럽게 사로잡혀 있고, 당신이 나에게 고통스럽게 사로잡혀 있어야 한다. 이런 의미의 연민을 느낄 수 있는지를 확인하는 절차를 밟아야 이상적인 사랑이 가능해지는 것이다. 기사와 귀부인은 그런 의미에서 성숙한 사랑을 원했고, 또 그런 사랑을 통해 성숙해지기를 바랐다. 그렇지 않은 상태의 사랑은…? 짐승 같은 사랑일 수밖에 없다. 〈미녀와 야수〉를 생각해보라. 야수는 사랑을 통해, 아니 그보다는 한 차원 더 올라가서 사랑마저도 뛰어넘을 수 있는 연민을 통해 왕자로 변신하지 않는가. 기사는 원래 칼을 휘두르는 무지막지한 폭력적인 존재요 위험한 짐승과도 같다. 그것을 순치시키는 것이 고상한 사랑의 힘이다.

고귀한 여성의 힘으로 사랑을 고양시키다

이런 이상하고도 숭고한 사랑의 관념과 행태가 12세기에 만들어졌는데, 여기에서 중요한 것은 이 놀이의 주도권을 여성이 쥐었다는 점이다. 이 역시 매우 중요한 의미를 띤다. 당시 지배문화는 철저히 남성중심적이고 가부장적이어서 여성은 주류에 낄 여지가 전혀 없었다. 그 이전 시대의 기사들은 에로스적인 사랑이나 아가페적인 사랑이라면 몰라도, 남녀 간의 애틋한 사랑이니 여성 문제니 하는 것들에 대해서는 아무런 관심도 없었다. 그런데 남성들만의 지배문화의 큰 부분을 여성이 남녀관계 내로 끌어들였고, 그 결과 전사(戰士)로서의 기사가 이제 사랑의 기사로 변모하게 된 것이다. 봉건시대의 남성중심적 논리인 기사들 간의 주종관계를 끌어오되 여성이 상위 군주가 되고 남성이 사랑의 신하로서 봉사하는 새로운 관계를 만들어내는 기적 같은 일이 일어난 것이다.

어떻게 이런 일이 가능했을까? 이와 관련해서 한 가지 염두에 두어야 할 것이 있다. 사실 지금까지 논의에서 중세 유럽 문화, 특히 기독교 문화를 남성중심적이고 억압적인 성향이 강하다고 서술해왔다. 전체적으로 볼 때 그것은 틀린 말이 아니지만 그와 동시에 기독교가 여성의 지위를 높이고 해방시킨 측면이 있다는 점도 언급해야 마땅하다. 11세기부터 시작되었다가 12세기에 본격적으로 널리 퍼진 마리아 신앙이 이와 무관치 않다. 모든 인간을 구원하는 여성의 존재라는 것은 실로 특별한 현상이라 하지 않을 수 없다. 중세 신학자들은 점차 여성이 남성과 동등한 존재라는 점을 기술하기 시작했다. 아퀴나스는 이브를 아담의 갈비뼈로 만들었다는 점을 그 증거로 들었다. 이브를 아담의 머리로 만들었다면 여성이 남성보다 상위의 존재가 될 터이고, 발로 만들었다면 하위의 존재가 될 터이지만, 갈비뼈로 만들었다는 것은 남성과 여성이 동등한 존재라는 신의 뜻을 나타낸다는 것이다. 이런 흐름은 분명 남성 위주의 문화에서도 여성이 최악의 상태로 떨어지지 않고 더 나아가서 여성의 고귀한 측면을 인정하게 만들었다. 여성적 사랑의 힘으로 남성을 고양시킬 수 있도록 한 것이 중세 기독교의 큰 공헌이었다.

그러나 한 시대를 풍미했던 궁정적 사랑 혹은 기사도적 사랑은 13~14세기에 쇠퇴했다. 그렇다고 이런 사랑의 양태가 정말로 완전히 사라지지는 않았다. 이상적인 사랑의 관념은 지하수처럼 유유히 유럽 문화 저변에서 흐르다가 후대에 때때로 지표면 위로 솟구쳐올라 큰 영향을 미치곤 했다.

왜 사랑하는데 결혼하지 못하나?
근대, 낭만적 사랑에 눈뜨다

사랑의 관점에서 보면 중세는 쾌락과 육체성이 철저히 억압된 가운데에서도 지극히 혁신적인 사랑의 관념이 생성된 시대였으며, 그 두 요소의 긴장관계가 이 시대의 특징이라는 점을 이야기했다. 이 긴장과 갈등은 19~20세기에 사랑과 성, 연애와 결혼이 서로 맺어질 때 가서야 해소된다. 그 핵심은 결국 '사랑하므로 결혼한다'는 것이다. 그때가 되면 사랑하는 사람을 만나 결혼하고 가정을 이루며 그 사이에서 태어난 아이를 살갑게 키우는 것이 사람들의 삶에서 다른 어느 것보다도 중요한 일이 된다. 그 이전에는 사랑과 결혼이 서로 맺어지지 않았다. 사랑이 아예 없었다는 것이 아니라 지금과는 매우 다른 방식으로 존재했다는 말이다. 예컨대 사랑은 문학에서 중요한 요소이기는 하되 실제 삶에서는 예외적인 일이거나, 아주 특별한 신분의 여인들에게만 중대사이거나, 혹은 결혼의 틀 바깥에서 일어나는 일탈현상으로만 존재했다.

흔히 서양 문명의 핵심이 개인주의라고 말하지만, 사실 개인의 주체는 아주 느리게 성립되었다. 영혼의 떨림과도 같은 낭만적 사랑은 개인주의를 전제로 한다. 따라서 개인주의가 완전히 자리 잡기 전까지는 그런 사랑은 찾아보기 힘들었다. 오직 하느님의 이름으로 사랑하거나, 아버지의 명령과 지시로 결혼하거나, 내 가정보다는 마을 공동체가 삶의 중요한 기반인 상태에서는 그런 낭만적 사랑은 존립하기 어렵다. 오늘날 우리에게 익숙한 개인적 사랑은 오랜 역사를 거쳐 서서히 형성되어왔다. 그렇게 되기까지 사랑은 가부장적 질서 안에서 숨죽이고 있었다.

개인의 열정, 공동체와 갈등하다

지난날 사랑은 결코 나 혼자만의 일이 아니었다. 사람은 '나 자신'으로도 살지만 동시에 가정의 일원으로, 마을 공동체의 일원으로, 또 국민의 한 사람으로, 그렇게 여러 차원에서 살아간다. 나보다는 상위의 질서가 더 중요한 상황에서 누군가를 만나고 사랑하고 결혼하는 일 역시 전적으로 개인에게 맡겨놓으려 하지 않았다. 내 마음 속의 열정은 나를 둘러싼 사회의 제도와 규범 속에서 적절히 자리를 잡아야 했다.

근대 초(16~18세기)에는 삶의 모든 국면에 공동체가 끼어들어 일일이 통제를 가하여 전반적으로 '사생활(private life, privacy)'이 완전히 보장받지 못했다. 그와 같은 규제로서 가장 널리 알려진 것은 샤리바리(charivari)라는 행위다. 샤리바리는 일반적인 통례와 많이 어긋나는 결혼이 이루어질 때 격심하게 일어난다. 예컨대 홀아비와 과부가 재혼하는 경우 마을 사람들이 몰려들어 종을 치고 나팔을 불고 북을 치면서 소란스럽게 소리를 낸다. 이렇게 시끄러운 소리를 내면 원래 그들과 결혼했던 죽은 짝이 떨어져나가며, 따라서 그들의 행위가 당사자들의 결혼을 도와주는 것이라고 둘러대지만, 실제로는 비난의 의미가 컸다. 홀아비가 과부와 결혼하는 것은 그래도 나은 경우지만, 만일 아주 나이 많은 남자가 젊은 처녀와 결혼하든지, 혹은 이방인이 우리 마을에 와서 제일 예쁜 여성과 결혼한다면 이것은 보통 문제가 아니다. 때로 이것이 얼마나 심한 상태까지 가는지 보도록 하자.

> 1745년 2월 4일 목요일, 64세인 소미에르 시의 무두장이 보드랑 씨가 오베에서 44세인 테레즈 바티포르 양과 결혼했다. … 이 결혼의 당사자인 홀아비 신랑에 대해 오베의 젊은이들은 이 세상에서 가장 특별한 샤리바리를 벌였다. 신랑은 그들에게 마땅히 베풀었어야 할 대접을 하지 않은 것이다. 그의 인색함에 분노한 117명의 젊은이들이 무리를 지어 결혼한 부부가 촌락을 벗어나지 못하도록 방해했다. 그들은 신부의 마차에서 바퀴를 떼어냈다. 결혼식에 참석한 행렬이 짐바리 짐승 위에 다시 올라탔을 때에는 모든 통로가 봉쇄되었다. 신랑 신부와 동료들이 외딴길로 도망가자 어린아이까지 가세한 샤리바리 주동자들은 신혼부부를 골목까지 쫓아갔다. 샤리바리는 말들을 놀라게 했고, 마부들은 사람들이 던진 진흙덩어리들을 씻어내야 했다. 신부는 다른 여자와 함께 조잡하게 단장한 삯마차의 의자에 앉아 있었다. 그 뒤에 10~12명의 불평분자들이 올라탔다. 그 순간 마차와 말을 잇는 봇줄이 균형을 잃고 공중에 들려지면서 마차에 묶여 있던 말이 하늘로 쳐들어졌다. … 목동들은 방울을 가지고 몰려들었다. 그들은 방울과 비슷한

종류의 다른 악기들을 가지고 오베까지 들릴 정도로 샤리바리를 벌였다. 사람들은 목청껏 온갖 욕설을 퍼부었다. 사람들은 그들이 지나가는 길목에 있는 묘지에 온통 촛불을 밝혀놓았다. 지금까지 이 도시에서 이토록 극성스러운 소란이 벌어진 적은 결코 없었다. 군인들이 샤리바리 주동자들에게 총을 쏘았다. 사람들은 그 군인들을 맹렬히 비난했고 즉석에서 체포해 자신들의 잘못을 시인케 했다. … 샤리바리 패들은 신랑을 야유와 조롱거리로 만들기 위해 보드랑 씨의 팔을 끈으로 묶은 다음 행렬의 맨앞에 세운 뒤 도시에 들어서게 했다.[4]

요즘 같으면 상상할 수 없는 지독한 일이다. 나이 많은 사람이 재혼하는 게 마을 사람들과 무슨 상관이란 말인가. 그런데 이 시대에 마을 공동체는 이런 일이 엄연히 자기네 소관이라고 주장하고 있다. 그 뒤에 있는 논리는 아마도 이런 것이리라. 마을 젊은이들은 마을 처녀들을 집단적으로 보유·관리한다. 누군가가 마을 처녀 중 한 명과 결혼하는 것은 그만큼 다른 총각들의 결혼 가능성을 줄이는 것이다. 그러니까 우리 마을의 처녀를 빼앗아가는 것을 그냥 두고 넘어갈 수는 없는 일이다. 특히 재혼이나 나이 차가 많은 사람들의 결혼, 이방인의 개입과 같은 '비정상적인' 결혼에는 더욱 심하게 대응했다. 이것을 피하려면 신랑이 마을 총각들에게 후하게 대접하면 되는데, 만일 그런 것까지 야박하게 하면 극심한 샤리바리를 당하게 된다. 우리나라에도 이 비슷한 관습이 있다. 결혼식을 막 마친 신랑을 친구들이 잡아다가 발바닥을 때리며 돈이나 음식을 받아내는 일이다.

대개는 끈으로 발을 묶어 거꾸로 세운 뒤 방망이나 북어포 같은 것으로 발바닥을 때린다. 이 행위의 이면에 작동하는 논리 역시 누구나 바라던 아름다운 여성과 결혼한 친구는 우리의 공동 보유 목록 중 하나를 취해간 것이므로 그에 대해 처벌한다는 것이리라. 과거에는 때로 신랑이 너무 심하게 맞아 평생 불구가 되는 일까지 있었다고 한다! 동년배 집단이 사랑·성·결혼의 문제를 집단적으로 규제한다는 의식은 그야말로 동서를 막론하고 보편적인 현상인 모양이다.

부부관계에 대해서도 마을 공동체는 심한 규제를 가했다. 무엇보다도 아내에게 쥐여사는 남편, 아내가 바람난 남편, 매맞는 남편을 엄하게 처벌했다. 이런 경우 내리는 가장 일반적인 처벌은 당나귀에 거꾸로 태우고 마을을 돌게 해서 창피를 주는 것이었다. 1593년에 옹부르의 행정관은 남편을 구타한 아내에게 관례에 따라 그녀를 당나귀 등에 거꾸로 태우고 남편은 고삐를 쥔 채 마을을 한 바퀴 돌게 하는 판결을 내렸다. 1729~1756년 파리 고등법원의 판결 역시 여자 포주를 암당나귀 등에 거꾸로 태우고, 남편도 당나귀 엉덩이에 올라앉아 뒤를 따르게 했다. 이런 민중적인 처벌 행위는 마을의 자치 질서를 잡는다는 의미였다. 이런 지방 관습법에 대해 국가 역시 대체로 수용하는 태도를 취했다. 당시 국가로서는 마을 내부의 일에 일일이 개입할 여력이 없으므로 각 마을 단위마다 자체적으로 질서를 유지하도록 하고, 국가는 단지 그 상위 차원의 통치를 관장한다는 입장이었다. 그 결과 샤리바리 같은 대단히 무질서하고 광폭한 소동을 통해 마을의 질서를 잡는 역설적인 현상이 벌어진 것이다.

그 질서의 핵심은 남녀 관계나 부부 관계를 마을 전체의 틀 속에서 통제한다는 것이다.

멋진 이성에게 끌리는 것은 광기다!

중세와 마찬가지로 이 시기에도 교회의 태도는 사랑에 대해 심대한 영향을 끼쳤다.

교회의 태도는 중세 이래 크게 바뀌지 않았다. 교회는 애초에 결혼과 성에 호의적이지 않았다. "결혼은 지상을 만족시키고, 순결은 하늘을 만족시킨다"는 것이 여전한 주장이었다. 종말을 대비해야 하는 우리는 '하늘'의 일을 기다리며 사는 것이 마땅하다. 아우구스티누스는 "결혼은 좋은 일이며, 성은 후손을 보기 위해 좋은 일이다. 그러나 금욕과 순결이 더 좋은 일이다"고 했는데, 이것이 교회 태도의 요체라 할 것이다. 사실 초기 기독교에서는 이런 태도가 더 엄격해서 많은 성인은 차라리 황야로 가서 고행하며 성을 피하고자 했다. 그렇다면 모든 사람이 결혼하지 않고 섹스를 거부하면 결국 인류는 멸망하지 않겠는가? 이 문제를 정리한 것이 교황 그레고리우스 7세(1073~1085)의 개혁이었다. 이에 의하면 성직자는 금욕의 규칙을 준수하고, 일반 신도는 결혼을 하되 교회의 주관 하에 이루어지는 '기독교적 결혼'을 하라는 것이다. 이제 결혼은 엄격한 일부일처제이고 양자의 동의에 바탕을 두어야 하며 결코 해소할 수 없는 것이 되었다.* 하늘이 맺어준 것을 사람이 해소할 수 없다는 것이

* 오늘날 우리에게는 일부일처(一夫一妻) 원칙이 너무나 당연한 일로 보이

니, 이 원칙에 따르면 원칙적으로 이혼은 불가능하다. 한번 맺어진 부부가 정식으로 헤어지려면, 많은 국왕이 정치적인 의미에서 그렇게 했듯이 교회로부터 '결혼무효'라는 것을 받아내야 한다(결혼하고 나서 보니 두 사람이 친척 관계에 있어서 인륜에 어긋나므로 결혼을 원인 무효로 만들어달라는 가당치 않은 주장이다).

하여튼 교회는 결혼을 아예 부정하는 게 아니라 가톨릭 교리체제 내로 끌어들여와서 이것을 성사(聖事)의 하나로 만들었다. 이렇게 되면 원리상으로는 결혼과 성이 축복받는 일이어야 하지만 그럼에도 교회는 여전히 부정적인 태도를 취했다. 결혼식 당시 신랑신부에게 소금을 뿌려서 정화시킨 후 의식을 집전하거나, 혼인 후 3일, 길게는 30일까지 육체적 결합을 하지 말라고 요구하는 일도 있었다. 교회는 여전히 영적인 결합만이 좋은 일이고 육체적인 결합은 더러운 일이므로 성스러운 의식과 어울리지 않는다고 보았다. 때로는 아내와 섹스를 한 사람은 당분간 교회에 오지 말라고 노골적으로 요구하기도 했다.

그렇다면 교회가 생각하는 남녀간 사랑이란 무엇일까?

대체로 중세 기독교 교회의 태도가 여전히 유지되었다. 말

지만 사실 그것은 결코 보편적인 현상이 아니었다. 우선 오늘날에도 이슬람권에서는 한 남자가 여러 명의 아내를 두는 것이 허용된다. 또 반투 지역과 같은 여러 아프리카 지역, 누벨-칼레도니 같은 오세아니아 지역, 수마트라, 케랄라 같은 인도의 일부 지역, 그리고 윈난 주변과 같은 중국 일부 지역에서는 한 여성에게 여러 남성이 남편 혹은 '친구'로서 찾아오는 일처다부(一妻多夫) 관례가 지켜져오고 있다. 고대 유럽과 중동 지역에서는 한 남자가 여러 여성을 아내로 두는 것이 매우 널리 퍼져 있었다. 유럽에서 한 남자와 한 여자가 가정을 이루는 모델이 완전히 정착하는 것은 10세기 이후의 일이다. 여기에는 분명 기독교의 개입이 중요한 역할을 했다.

하자면 교회는 남녀간 사랑에 대해 불신하고 있었는데, 여기에는 기본적으로 기독교적 사랑(아가페)이 인간적 사랑보다 우월하다는 점이 전제되어 있다. 인간적 사랑 가운데에서도 애정(affection)에 의한 것은 그나마 낫지만 이것 역시 위험할 수 있다. 하물며 육욕(肉慾)에 따른 사랑은 실로 사악한 것이다. 육욕에 의한 사랑은 흔히 부모 동의 없는 젊은이들 간의 결혼으로 나타난다. 동양식으로 표현하면 야합(野合, 들판에서 결합하기!)이 되는 것이다. '육욕'이라고까지 할 수는 없지만 그와 통하는 것이 용모에 반해 결혼하는 행위다. 이는 일종의 광기로 보았다. 이런 문제에 대해 신학자이며 주교인 페테르 롬바르(Peter Lombard, c.1100~1160)가 교리를 다듬은 이래 16~17세기의 학자들은 모두 그의 견해에 동조했다. 남녀의 좋은 용모는 흔히 사람들의 마음에 불을 지펴 욕구를 충족시킬 가능성을 찾도록 만드는데, 이것은 인간을 결혼으로 이끄는 여러 동기 가운데 '가장 명예롭지 못한 것(minus honnestis, least honorable)'으로 쳤다. 우리를 충동하는 것에 굴복하는 것은 결코 좋은 일이 아니다. 기억해 두라, 잘생긴 남자, 몸매 좋은 여자와 사랑에 빠지는 것은 광기다!

심지어 결혼한 부부 사이에도 마찬가지다. 부부간에 지나치게 사랑하는 것은 온당치 못한 일이다. 현명한 사람은 부인을 이성(理性)으로 사랑하지 열정으로 사랑하지 않는다. 앞에서 언급했듯이 아내를 음탕하게 사랑하는 것은 일종의 간통이며, 몽테뉴에 따르면 근친상간이다! 이것이 고대와 중세부터 시작되어 근대까지 이어져온 신학자들과 철학자들의 견해이다.

이런 태도의 근저에는 여성을 저열한 존재로 보는 시각이 깔려 있다. 예컨대 당대 의사들은 여자가 '미완성품'이며, 남자가 되기에 모자란 존재여서 약하고 불안정하다고 보았다. 여자는 천성적으로 화를 잘 내고, 뻔뻔하고, 거짓말 잘 하고, 미신을 잘 믿고, 자신들의 병의 근원이 되는 자궁의 움직임에 따라 변하는 존재로 보았다(당시 의학적 견해로는 여자의 자궁은 몸 안에서 이리저리 움직이는데 이 때문에 균형이 깨지는 현상이 히스테리라고 보았다). 이런 의학적 견해는 여성에 대한 종교적 해석과 통했다. 여자는 질투, 허영심, 게으름, 오만함, 그리고 무엇보다 음란함을 지닌 죄의 존재였다. 여성은 악마적인 것과 소통하는 성향이 있으며, 따라서 남성으로서는 쾌락을 좇기 위해 여성과 섹스하는 것은 자칫 악마의 위협에 빠지는 위험한 일이 될 수 있었다.

> 육체적인 사랑은 광적인 열정이고, 거기에 빠지는 사람은 매우 위험해진다. 왜냐하면 그 사람은 더 이상 자기 자신이 아니며, 그의 육체는 쾌락을 찾아 헤매고, 그의 정신은 욕망으로 고통받고, 커져가는 욕망은 광란의 상태가 될 것이다. 여기에 사로잡히면 혼란에 빠지고, 미친 사람과 지혜로운 사람, 인간과 짐승을 합해 놓은 것처럼 된다. 그리하여 지혜와 결단력, 조심성, 심사숙고, 그리고 모든 영혼의 기능을 잃는다.[5]

억압과 규제속에서 눈치껏 사랑하라

그러다 보니 교회는 남녀간 성에 대해 아주 세세한 규정을 마련하여 통제했다. 섹스는 오직 후손을 보기 위해서만 해야지, 정작 임신은 피하고 쾌락만 좇는 행위가 되어서는 안 된다. 따라서 회임에 가장 알맞은 정상 체위, 후대의 작명에 따르면 '선교사 체위'만이 올바른 것이다. 그 외의 다른 체위들은 '자연에 어긋나는' 방식이며 과도한 쾌락을 추구하기 위한 것으로 생각했다. 예를 들면 후방 체위는 사람이 짐승으로 떨어지는 것이며, 여성 상위는 하늘이 정한 남녀간 질서를 무너뜨리는 행위이고, 입이나 항문을 이용한 성 행위, 혹은 임신했을 때의 성 행위는 출산과는 전혀 관계없이 쾌락만을 위한 죄악으로 비판받았다. 성과 사랑에 대한 교회의 금지는 중세보다 근대에 들어 더욱 심화되었다.

16~17세기는 사랑과 결혼이라는 관점에서 보면 철저한 억압 기제가 형성된 시기였다. 유럽의 대부분 지역에서 당사자 간 결합을 금하고 남녀의 결합을 교회의 감시 하에 두려는 운동이 전개되었고, 이것이 대체로 성공을 거두었다. 이로 인해 결혼은 지대한 변화를 겪었다. 스페인의 교회 당국과 종교재판소의 사례를 보자. 원래 종교재판소는 신앙 문제를 관장하는 기구였지만, 16세기 후반 이후 소송의 태반은 일반인들의 성생활을 교회의 통제 하에 두려는 문제와 관련되었다. 중혼(重婚)은 이제 종교재판소의 가장 중요한 관심사가 되었다. 교회 지도자들은 일반인들의 성과 사랑의 문제에 대해 더욱 철저하게 자신들의 통제 하에 두는 것이 사회 질서를 유지하는 데 도움이 된다고 판단했다.[6] 교회와 정치 권력의 강압 하에 사회는 이전에 비해 훨씬 더 남성중심적이고 가부장적 성격을 강화해간 것이다.

그러나 사실 아무리 그렇게 규제하려 한들 애초에 그게 가능한 일일까? 인간 내면의 가장 강렬한 충동을 교리라는 이름으로 완전히 제어할 수 있을까? 성에서 쾌락의 요소를 철저히 부정하려 한들 실제 인간의 조건이 그렇지 않은데 억지로 주장만 한다고 능사는 아니다. 그래서 성적 쾌락을 인정하는 방향으로 사고를 전환한 신학자들도 일부 있었다. 물론 대세를 뒤집는 정도는 아니라고 해도 적어도 부분적으로 그런 흐름이 있었다는 점은 지적해 두자. 사실 토마스 아퀴나스가 이미 부부간의 즐거움이 나쁜 것만은 아니라고 관대하게 인정한 바 있다. 다른 죄를 짓지 않기 위해서라면 배우자 간에 어느 정도 쾌락을 즐기는 것도 무방하다고 본 것이다. 바울의 말대로 결혼은 간음에 대한 치료책이었다. 이런 관용적인 태도를 표명한 대표적인 신학자로는 토마스 산체스(Thomas Sanchez, 1550~1610)를 들 수 있다. 1602년에 출판된 것으로 보이는 『성스러운 혼인서약에 관하여(*Disputationes de sancti matrimonii sacramento*)』라는 책에서 그는 임신을 피하고 과도한 쾌락만을 추구하는 행위는 죄지만 그 외에는 허용되어야 한다고 정리했다. 그렇다고 그가 다른 신학자들과 전적으로 다른 태도를 취한 것은 결코 아니며 아주 약간의 관용을 표한 정도였다. 그런데 그만한 정도의 관용주의마저 거센 비판에 직면하여 그의 책은 출판 후 곧 금서목록에 올랐다.

하여튼 부부간의 성에서 쾌락을 인정한다는 식의 주장을 하려면 그래도 어떤 근거가 있어야지 마음대로 할 수는 없는 일이다. 성행위에 대한 성경의 규정으로는 바울이 쓴 고린도전서가 대표적이다.

…남자가 여자를 가까이 하지 않음이 좋으나, 음행의 연고로

> 남자마다 자기 아내를 두고 여자마다 자기 남편을 두라. 남편은 그 아내에게 대한 의무를 다하고 아내도 그 남편에게 그렇게 할찌라. 아내가 자기 몸을 주장하지 못하고 오직 그 남편이 하며, 남편도 이와 같이 자기 몸을 주장하지 못하고 오직 그 아내가 하나니, 서로 분방하지 말라. 다만 기도할 틈을 얻기 위하여 합의상 얼마 동안은 하되 다시 합하라. 이는 너희의 절제 못함을 인하여 사단으로 너희를 시험하지 못하게 하려 함이라… (고린도전서 7.1-5)

이 문장을 잘 보면 성적 쾌락을 100퍼센트 용인하는 것은 아니며, 다만 인간으로서 어쩔 수 없다는 점을 인정한다는 뉘앙스이다. 그런데 여기에서 성행위는 신이 정한 인간의 의무로 표현되어 있다. 더 나아가서 채권자와 채무자의 이미지가 쓰여서 한쪽이 다른 쪽에 대해 '지불'할 것을 요구하는 식으로 그려져 있다. 결과적으로 이 부분은 후대 신학자들에게 꽤나 골치 아픈 문제를 제기했다. 이 구절을 문자 그대로 해석하면 남녀간 섹스의 평등을 인정하게 되기 때문이다. 남자가 여자에게 사랑의 행위를 요구할 수 있고 똑같이 여자가 남자에게 요구할 수도 있다 하지 않는가. 남성우위의 가부장적 사회·문화에서 하필 가장 민감한 문제에서 남녀평등을 말하고 있어서, 이 부분은 오랜 기간 신학자들이 골머리를 앓는 구절이었다고 한다.

그렇다면 사랑과 성의 문제에 대해 속 시원하게 놔두면 될 것이지 왜 이처럼 답답한 규제를 가하려고 했을까?

인류학자들은 지구상의 많은 지역에서 남녀간의 지나친 사랑을 규제하려 한다는 점을 이야기한다. 청춘 남녀간 혹은 부부간에 자기네들끼리만 사랑에 빠져 있으면 다른 사회적 의무를 소홀히 할 위험성이 있기 때문이다. 멀리 갈 것 없이 우리나라의 전통적인 태도를 보면 알 수 있다. 예전에는 부부간에 너무 좋아하는 티를 내면 곧 어른들이 눈치를 주곤 했다. 사랑은 적당한 정도로 눈치껏 해야 하는 일이었다.

과연 결혼 전에 어느 정도까지 진도를 나갔을까?

마을 공동체의 관행이나 교회의 가르침이 아니라 실제 사람들의 행태는 어떠했을까? 젊은이들은 어떤 식으로 서로 만나 교제하고 결혼에 이르렀을까?

짐작할 수 있듯이 19~20세기에 이르기 전까지 자유연애 혹은 연애결혼이라는 것은 거의 찾아보기 어려웠다. 이는 우리나라와 크게 다르지 않다. 이광수가 그토록 열렬히 주장했던 새로운 가치가 바로 자유연애 아니었던가. 이것이 20세기에 들어와서의 일임을 기억해 두자. 분명 사랑보다는 가문의 이해관계나 경제적 안정 같은 것들이 훨씬 중요한 요소였다. 귀족은 가문을 지키기 위해 그에 알맞은 사람을 고르고, 자유인은 부모가 골라주며, 농노는 영주가 맺어주는 것이 통례였지, 개인이 자유롭게 배우자를 고르는 일은 매우 드물었다. 그러니 거의 모든 사람이 자신이 속한 신분 계급 안에서 배우자를 찾는 것은 당연한 귀결이다. 귀족은 귀족끼리, 부르주아는 그들끼리, 민중계급은 또 그 안에서 짝을 찾았다. 왕자가 양치기 아가씨와 결혼하는 일은

'도피성 문학'에서나 가능한 일이지 현실 세계에서는 있을 수 없는 일이다.

계산된 이해관계에 따라 배우자를 만나고 결혼을 한다면 그 계산과 결정의 주체는 당연히 부모가 된다. 최선의 이익은 양측 부모가 알아서 결정한다. 사랑은 한순간이고 이익은 훨씬 오래 가기 때문이다. 앙리 드 캉피옹이라는 노르망디의 신사가 1646년 결혼하며 한 말은 당시의 실상을 적나라하게 말해준다. "사랑으로 맺은 결혼은 대부분 별로 행복하지 못한 채 끝나기 때문에 거의 언제나 비난을 받으며, 이익으로 맺은 결혼은 거의 언제나 표면상의 만족을 가져다주지만 보통 널리 승인을 받는다."[7] 자식들도 대개는 부모의 뜻에 동의한 것으로 보인다. 프랑스의 소설가 레티프 드 라 브르톤(1734~1806)의 〈아버지의 학교〉라는 작품에 나오는 젊은이는 아버지의 결정을 받아들이면서 "결혼에서 복종이 정열보다 낫다"고 말한다.

사실 이 레티프 드 라 브르톤의 가정사 자체가 흥미로운 사례다. 그의 아버지 에드머는 20살이 넘었을 때 한 소녀에게 '필이 꽂힌' 적이 있었다. 그래서 그녀에게 꽃다발을 선사했는데, 이 일이 들통나서 죽도록 채찍질을 당했다! 그 후에 다시 아름다운 파리 여인을 사랑하게 되었건만 결국은 23세에 '완전히 남자처럼 생긴' 다른 여자와 강제로 결혼을 해야 했다. 물론 이 여성도 부모의 강제에 의해 그와 결혼하는 것이었다.

당사자들이 자발적으로 결정하는 것처럼 보일 때에도 사실은 경제적 조건을 다 맞춰보고 또 부모가 최종적으로 승인한 범위 내에서 이루어졌다. 레티프 드 라 브르톤이 설명하는 부르고 뉴 지방의 시골 관습을 보자.

어떤 아가씨가 맘에 든 소년은 그 집에서도 자기를 맘에 들어하는지 알아보기 위해 그 집 주위를 빙빙 돈다. 때로 이 일이 몇 달이나 지속되기도 한다. 그러면 사람들이 그 사실을 알고 재잘대기 시작하고, 아가씨도 누가 자기 집 주위를 맴돈다는 것을 알게 된다. "어느 날 저녁, 순전히 호기심으로, 아가씨는 닭장 문이나 외양간 문을 닫지 않았다든지, 꼴을 넣어주지 않았다든지 하는 핑계로 나가려고 한다. 그러나 부모는 거기에 속지 않는다. 그런데 소년이 그들 맘에 든다면 부모는 한마디도 하지 않고, 그래서 아가씨는 밖으로 나갈 수 있다. 그와는 달리 소년이 맘에 들지 않으면, 어머니나 아버지가 일어나 아가씨를 의자에 주저앉히며 이렇게 말한다. '거기 꼼짝 말고 있어, 내가 나가 볼 테니.'"[8]

부모가 합의를 보고 나면 젊은이들이 교제를 시작할 수 있다. 물론 부모의 합의 이전에 젊은이들끼리 눈이 맞아 교제를 할 수도 있지만, 나중에 부모가 동의하지 않으면 그런 만남은 언제든지 깨질 위험이 있다. 젊은이들이 서로 만나는 기회는 사실 꽤 많은 편이다. 장날, 친척 결혼식 혹은 가을과 겨울의 야간 공동작업 등은 젊은이들이 비교적 자유롭게 만날 수 있는 기회였다. 이 기회를 이용해서 남자들은 여자를 구슬리는 사랑의 말을 나눈다. 이런 과정을 거쳐 남녀가 서로 알게 되고, 부모의 동의 하에 교제가 시작되지만, 이런 만남은 오늘날 젊은이들의 데이트와는 성격이 다르다. 이런 행위 자체가 집단적인 감독 대상이며, 교제 과정도 엄격하게 의례화되었다. 교제는 보통 침묵 속에 진행되기 십상이며 요즘처럼 세련된 말의 유희를 나누지는 않았다. 남녀 간에 스킨십을 하거나, 결혼을 기다리는 동안 일부는 성행위를 하기도 했을 테지만 이 역시 체계화된 틀을 따랐고, 여전히 동년배들이 감시를 했다. 쉽게 말해서 두 사람이 독자적으로 교제를 하는 게 아니라 집단의 정해진 방식을 좇아 연애를 하고 있었다.

과연 청춘 남녀들은 결혼 전에 어느 정도 진도가 나갔을까?

물론 이 문제를 명확하게 알 도리는 없다. 역사학자들의 추정도 엇갈린다. 어떤 학자들은 당시 도덕과 각종 검열, 교회의 감시 등으로 젊은이들의 혼전 성적 접촉이 별로 없었다고 본다. 이것이 분명 일리 있는 것은 사생아가 지극히 적다는 연구 결과에서 알 수 있다. 현재 인구사(人口史) 연구 결과를 보면 17~18세기에 세례를 받은 사람들 중 사생아의 비율은 농촌은 2퍼센트, 도시는 5퍼센트 수준이었다. 이것은 오늘날과 비교해보면, 또 피임 방법이 알려져 있지 않았던 당시 사정을 감안하면 지극히 낮은 수준이다. 다시 말해서 당시에는 혼전의 성적 결합이 매우 적었음을 알 수 있다. 그나마 18세기 후반에 가서 농촌보다는 도시에서 사생아 비율이 조금씩 높아지고 있을 뿐이다(이 점에 대해서는 뒤에서 다시 살펴보도록 하자).

그러나 다른 역사가 중에는 이 점을 의심하는 사람들도 있다. 장-루이 플랑드렝 같은 역사가가 그런 사례이다. 그는 처녀 총각의 만남이 언제나 천진난만하지는 않았으며, 때로는 멀리

나아가서 '실습'에 들어갔으리라고 판단한다. 당시 시골에서 처녀 총각들의 만남의 행태에 대한 기록을 보더라도 이들이 늘 순결하게 지내지는 않았으며, 총각들이 남의 아내를 임신시켰던지, 창녀와 만났으리라는 점도 짐작할 수 있다. 과연 어느 쪽 말이 맞는 것일까? 현재까지 역사가들은 그 내밀한 속사정을 자세히 파악해내지는 못했다.

아내의 즐거움이 지나치지 않도록 만져라

16~18세기 중 사랑과 가정사의 기본 성격은 가부장적이고 남성중심적이고 권위적이고 폭력적이었다. 남자가 권위를 갖는다는 것은 두말할 나위도 없는 너무나도 당연한 일로 여겼다. 이런 성격은 중세보다 근대 초에 훨씬 더 강화되었다.

집안에서 가장은 법적으로 전권을 누렸으며, 반대로 결혼한 부인은 법적으로 무능력자였다. 파리의 관습법전 223조는 명확하게 이렇게 말한다. "결혼한 부인은 자기 남편과 의논하여 분명한 동의를 얻지 않고서는 자기 유산을 팔거나 저당잡힐 수 없다. 그리고 그 여자가 자기 남편과 의논하여 분명한 동의를 얻지 않고 어떤 계약을 맺었다면, 이 계약은 무효다." 때로는 남편 동의 없이는 여성이 사법상 증언을 하거나 유언장을 만드는 일마저 금지되었다. 이 정도로 법적 권한이 없는 것은 극단적으로 말하면 노예와 비슷한 상태이다. 부인은 영원한 미성년자로서 단지 아버지에서 남편으로 보호자를 바꿀 뿐이었다.

가정 내 폭력도 심했다. 중세 이래 아내 구타는 권리이자 의

무로서, 관습법으로 보호되었다. 보베 지방 법률에는 여자가 남편에 대해 어떤 것이든 거부할 경우 남편은 죽이거나 불구를 만들지 않는 한 아내를 자유롭게 때릴 수 있다고 되어 있다. 혹은 '좋은 의도'라면 피를 흘릴 때까지 때려도 된다는 것이 관례였다. 보르도의 관습법에서는 남편이 격노한 상태에서 부인을 살해한 경우, 만일 그가 회개한다는 맹세를 하면 처벌하지 않았다.

이 시대에 남녀 간의 관계가 이처럼 불평등했다는 점을 감안하면 사랑이 가정의 중심 개념이 될 수 없음은 당연하다. 남성이 여성을, 그리고 아버지가 아이들을 지배하고 다스렸지 서로 사랑하는 관계는 아니었다. 아이의 출산과 경제 활동 두 가지 의미에서 가정은 생산(生産)의 장소였을 뿐이다. 그러기 위해 가장이 책임지고 가정을 잘 다스리는 것이 일차적인 원칙이고, 애정은 부차적인 것이다. 사랑이 있다면 흔히 가정 바깥에 존재했다. 그것은 대개 혼외정사의 방식으로 나타났다. 이처럼 집 바깥에 애인을 따로 두는 것은 가능해도 아내를 애인처럼 생각하는 것은 오히려 훨씬 더 나쁜 일이었다. 이는 시대의 지성 몽테뉴가 명백하게 단언하는 바이다.

> 이 존중해야 할 성스러운 혈족관계에 대해서 제멋대로 사랑의 행위를 찾는 노력과 엉뚱한 방종으로 치닫는 일 역시 일종의 근친상간이라 할 수 있다. 아리스토텔레스는, 남편이 아내를 만질 때 너무 음탕하게 만져서 아내가 즐거움이 지나쳐 이성의 돌쩌귀에서 빠져나올 정도가 되지 않도록 조심해서 엄격하게 만져야 한다고 말했다. … 어떤 아내도 자기 남편의

애첩이나 애인 노릇을 하기를 원치 않을 것이다. 그녀가 아내로서 그의 사랑을 받으며 지낸다면, 그녀는 아주 더 명예롭고 확실하게 살게 될 것이다.[9]

부인은 자식을 얻고 집안 살림을 하는 데에 소중할 뿐 사랑과는 거리가 멀고, 창녀(다른 말로 애인)는 쾌락을 위해서 존재한다. 물론 그렇게 가정 바깥에서 쾌락(그리고 사랑)을 추구하는 것은 남자에게만 한정된다. 남편이 간통을 한 경우 아내는 불평할 수 없다. 그와 달리 남편은 아내가 간통을 한 경우 분리(별거와 비슷하다. 교회법에서 이혼은 원론적으로 불가능했기 때문이다)를 요구할 수 있는데, 그러면 아내는 대부분 수녀원이나 감옥에 갇히는 판결을 받았다.

아이들의 결혼 문제에서도 부모가 결정권을 가졌다. 국가 역시 이런 가부장적인 원칙을 옹호했다. 신민들이 자신의 동물적인 열정을 다스릴 줄 알아야 비로소 복종할 줄 알기 때문이라는 이유였다. 프랑스에서는 16세기 이후 여러 국왕 칙령으로 부권을 강화하고 아이들의 결혼을 통제하는 방법을 강화했다. 가장 심한 사례로는 25세 이하의 남녀가 부모의 동의 없이 결혼한 경우 사형에 처한다는 블루아 칙령 42조의 내용을 들 수 있다! 국가가 나서서 야합 행위를 억제하려고 한 것이다. 교회나 국가의 입장에서 보면 결혼은 개인간 사랑의 결과가 아니라 집안일이다. 그런데 사회 질서는 무엇보다 각 집안이 탄탄하게 질서가 잡혀 있는 데서 시작된다. 그러기 위해서는 무엇보다 남성 가장에게 힘을 실어주어 중심을 잡는 것이 최선이라고 본 것이다.

이 점에서는 국가가 교회보다 더 완강했다. 어떤 의미에서는 교회는 부모의 지나친 억압으로부터 아이들을 어느 정도 해방시키려는 움직임을 보였지만, 국가는 더욱 완고하게 가부장제를 강화했다. 실제로 1556년 2월, 몽모랑시 원수(元帥)의 아들이 비밀 결혼을 한 사건이 일어났을 때, 결혼을 무효로 해달라는 간청에 대해 교황 측이 늑장을 부리자, 프랑스 국왕 앙리 2세는 비밀 결혼을 반대하는 칙령을 반포했다. 그중 핵심 내용은 "부모의 뜻, 바람, 합의에 반대하고 그들이 모르는 사이에 비밀결혼을 한 자식들은 상속권을 빼앗기거나 상속에서 제외될 수 있다"는 것이었다. 올바르고 충성스러운 결혼을 통한 가정의 확립을 국법으로 명확하게 하고자 한 것이다. 말할 필요도 없이 이는 결국 결혼과 성에 대한 국가의 통제로 귀결되었다. 앙리 2세는 1556년에 만일 처녀나 과부가 임신한 사실을 숨겼다가 신생아가 세례를 받지 못하고 죽거나 기독교적 매장을 하지 않은 경우 사형에 처하는 칙령을 반포했다. 이 칙령은 그후 1585년과 1708년에 재반포되었다. 실제로 신생아의 사망과 임신을 은닉한 죄로 고발된 여성 수백 명이 사형을 당했다. 국가 권력의 강화는 여자에 대한 남자의 권력 강화, 자식에 대한 아버지의 권력 강화와 함께 발전했다. 가부장제는 국가 철학이었다. 이런 가부장제 가족 내에서 사랑은 발붙이기 힘들었다.

조금씩, 느리게 변화하다

이런 경향이 줄곧 지속되었다면 현재와 같은 사랑의 개념은 결코 등장하지 못했을 것이다. 완고한 가부장제 질서는 시간이 지나면서 조금씩 변화해갔다.

18세기에 들어오면 전반적으로 분위기가 크게 바뀌어갔다. 한 연구자는 이것을 당대 유행했던 격언에서 찾아보았다. 전반적으로 남녀간 혹은 부부간에 변화의 조짐이 보여서, 18세기에는 동료 분위기가 강해졌다. '마누라에게는 동료가 되고 말에게는 주인이 되어야 한다'는 식이다. 이는 특히 부르주아 층에서 주로 읽는 격언집에서 뚜렷하게 보인다. '자연이 여성을 남성에게 복종하라고 했지만 자연에 노예제는 없다', '마누라를 때린다고 마누라의 바보 같은 생각이 없어지지는 않는다', '마누라를 때리는 자는 밀가루 포대를 때리는 것과 같다. 좋은 것은 날아가고 나쁜 것만 남는다.'

특히 도시 부르주아 엘리트층이 앞서가서, 그들이 볼 때 농촌의 구식 태도는 잔인하고 야만적으로 비쳤다. 16세기에는 남편이 여성의 도덕에 대해 책임을 졌지만 18세기에 오면 이제 남편의 의무까지는 아니게 되었다. 여성에 대한 처벌이 있다 하더라도 잔인하게 해서는 안 된다는 것도 강조되었다.

결혼도 강요하면 안 된다는 의식이 나타나기 시작해서 서서히 당사자의 의사를 인정하기 시작했다. 만일 당사자가 정말로 원치 않는 결혼을 부모가 강요할 경우 왕립재판소에 재심을 요청할 수 있는데, 많은 경우 자식들에게 유리한 판정이 내려졌다. 이 시기 기록들에는 자식들이 정당한 이유 없이 부모의 뜻에 동의하지 않으면 대죄(大罪)라는 점과 동시에 아버지는 강요, 매질 등에 의해 결혼시키면 안 된다는 점이 함께 보인다. 즉, 부모의 허락과 당사자의 자유로운 선택을 조화시키려고 노력하게 된 것이다.

샤리바리에 대한 당국의 입장도 변화했다. 당국은 점차 이런 행위가 너무 심할 경우 질서를 유지하기는커녕 오히려 해치는 것으로 보기 시작했다. 일찍이 1610년에 보르도 고등법원은 "아내에게 구타당한 남자를 증오하여 그에게 당나귀 태우기 의식"을 벌인 주동자들에게 유죄 판결을 내렸다. 이것이 샤리바리를 통제하려는 가장 선구적인 판결로 알려져 있다. 그 이후 소란스러운 샤리바리 행위를 제재하는 판결이 각 지역에서 나오기 시작했다. 이제 그런 심한 소란 행위를 당하는 피해자들이 법원에 호소했고, 국가는 마을 내에서 집단적으로 벌이는 민중 처벌이 법질서에 위배되는 것으로 판단했다. 결혼 후 몇 달 동안 밤마다 총각 무리가 창밖에서 저질 노래를 불러댄다든지, 지붕을 벗겨내는 식의 야만적인 행위를 한다든지, 재산 약탈이라 할 정도로 무리한 대접을 요구하는 행위는 결코 미풍양속이라고 할 수 없다. 국가는 이런 전통적 관례들에 대해 개인의 삶, 가정, 사생활 같은 가정의 내적 자유를 침해하는 위법행위로 비난했다. 시간이 지나면서 국가의 태도가 마을 공동체보다는 가정을 보호하는 방향으로 변화해가는 것을 알 수 있다.

교회도 점차 유연해졌다. 교회는 부모의 권위를 높이면서도 결국은 교회가 더 상위에 있다는 것을 강조했는데, 이것은 부모가 지나치게 억압적이면 안 된다는 의미로 해석할 수 있었다. 만일 부모가 신의 뜻에 어긋나는 일, 곧 이단, 절도, 살인, 고리대금 등을 강요하면 자식들이 그것을 거절해야 한다. 같은 논리에서 부모가 돈을 벌기 위해 딸에게 간음을 요구할 경우 이를 따르면 안 된다. 사랑하지 않는 남녀를 결혼시키려는 부모의 행위는 이제 아이를 팔아먹는 사악한 일로 여겨지게 되었다. 이것을 보면, 여전히 기독교 문법이긴 하지만 조금이나마 진전된 내용이 있음을 알 수 있다. 시대는 이렇게 조금씩, 천천히 변화해갔다.

이런 변화는 어디에서부터 시작되었을까?

선구적인 곳은 잉글랜드였다. 이곳의 실상은 현재 우리의 의식과 한결 가까워지고 있었다. 결혼은 서로 상대방의 선(good)을 위해서 하는 것이며, 신의 왕국에 함께 머무는 것이다. 배우자에 대한 사랑의 의무도 강조되었는데, 여기에는 성적 쾌락의 요소도 포함되었다. 사랑은 부부간의 의무를 완수하는 은총(grace)으로 생각되었다. 남녀가 서로 사랑하는 것은 신에게서 유래했다는 생각은 곧 아가페적 사랑과 낭만적 사랑을 합치시키려는 태도라 할 수 있다. 우주 만물의 모든 일이 다 신에 의해 결정되었다는 칼뱅의 교리인 예정설도 이런 방향으로 해석되었다. 어떤 남녀가 서로 끌리는 데에는 신이 정한 힘이 작용한다는 것이다. 이는 오늘날 '사랑에 의한 결혼'의 단초라고 볼 수도 있다.

프랑스 신교도의 견해도 이에 가까웠다. 이들은 가톨릭에서 육체관계를 멀리하고 독신을 유지하는 것을 찬미하는 것을 위선이라고 공격했다. 칼뱅은 성행위를 신의 선물로 생각했다. 부부간의 즐거움이 도대체 왜 나쁘다는 것인가? 오히려 가정 바깥에 애인을 둠으로써 가족이 위험에 빠지는 것이야말로 경계해야 할 일이 아닌가?

이런 변화의 흐름 속에 어린아이에 대한 시각이 바뀌었다. 대체로 17세기 즈음에 사회의 상층에서 '아이를 발견'하는 현상이 일어났다. 아이들의 응석을 받아주고 같이 놀아주는 식으로 아이들을 한껏 예뻐해주는 태도(mignotage)가 눈에 띄게 늘었다. 그 이전에는 엄마들이 아이를 전혀 예뻐하지 않았다는 것이 아니라, 이제 사람들이 그런 사실을 소중한 것으로 여기게 되었다는 것이 중요하다. 이제 가정은 부부간에 그리고 부모자식 간에 따뜻한 애정이 감도는 곳으로 그 의미가 변하고 있었다.*

이런 변화가 어느 한순간 갑자기 일어났다고 생각하지는 말자. 사랑은 사실 간단치 않은 문제이다. 그것은 수세기 동안 복합적인 모습을 띠며 존재했다. 사랑은 대체로 문학 속에서나 존재했으며, 주로 결혼 전이나 가정 바깥의 일이었고, 대개 국가와 교회의 엄한 비판을 받았다. 그러나 18세기에 들어서 이제 감정과 욕망은 당당히 자신을 주장하기 시작했다.

사랑은 아주 서서히 해방되어갔다.

영혼의 떨림, 사랑이 폭발하다

18세기부터 일련의 변화들이 일어났지만 그런 변화들이 모든

* 프랑스의 역사가 필립 아리에스가 이런 연구의 선구자이다. 그는 어린이에 대한 태도가 이처럼 역사적으로 변화했으며 이것이 가족을 둘러싼 심성의 변화에 핵심 요소라는 주장을 폈다. 과거에는 아동기를 그 자체의 독립적인 시기로 보지 않아서, 어린이들이 아주 이른 나이부터 어른의 세계에 바로 흡수되었다. 10살 내외의 어린이가 도제가 되어 집을 나가 일하는 것이 이상한 일이 아니었다. 그러다가 대체로 1760년 즈음부터 본격적으로 변화가 시작되어서 아동기가 인생의 특별한 시기로 간주되었으며 대부분의 아이들이 노동을 하는 대신 학교에 다니게 되었다는 것이 그의 주장이다.

곳에서 같은 시기에 일률적으로 진행된 것은 아니다. 사회 변화라는 것은 실로 복잡다기한 현상이다. 누군가의 마음에 혹은 몇몇 사람의 행태와 관습에 일기 시작한 변화의 씨앗이 어느 샌가 다른 사람들의 마음에 들어가 발아하고 사람들의 행동을 바꾸게 하는 그 과정을 정확히 파악하기는 어렵다. 심성과 사회의 변동이 누적되어 어느덧 19세기에 들어가면 적어도 일부 영역에서는 사랑의 양태가 이전과는 완연히 다른 모습을 보이게 되었다. 이러한 움직임을 정리한 에드워드 쇼터(Edward Shorter)라는 역사가는 18세기에 사랑의 혁명이 처음 일어났으며, 이것이 19세기에 만개했다고 보았다. 쇼터는 이것을 두고 '사랑의 폭발'이라 표현했다.

낭만적 사랑이 시작되다

19세기 초반은 낭만적 사랑이 모습을 드러내기 시작한 시대이다. 이런 현상은 어느 날 갑자기 무(無)에서 생겨난 것은 아니다. 중세의 기사도적 사랑, 르네상스 시대의 신플라톤주의, 계몽주의 시대의 사회 변화 같은 과거의 여러 요소가 누적되어 영향을 미치면서 낭만적 사랑의 코드가 만들어졌을 것이다. 이때 가장 중요한 현상 중 하나는 여성을 보는 시각의 변화이다. 이미 언급했듯이, 이 시기 이전 유럽의 사회와 문화는 지독히도 가부장적이고 폭력적이며 남성중심적이었다. 이런 상황에서 남녀간의 애틋한 감정이나 영혼의 떨림 같은 사랑이 생겨날 수는 없다. 낭만적 사랑이 싹트려면 무엇보다 여성의 지위, 여성을 대하는 태도가 바뀌어야 한다.

이브의 딸들에 대해 과거의 시각은 대개 부정적이었다. 한편으로 마리아와 같이 인류를 구원하는 지고(至高)의 존재, 막달라 마리아처럼 완전히 죄를 씻고 예수를 따르게 된 여성처럼 이상화된 여성의 모습이 강조되는 경향도 없지 않지만(앞에서 중세에 그런 변화가 있었다는 점을 이야기한 바 있다), 그보다는 여성은 곧 죄악의 존재, 히스테리의 존재, 마성에 가까운 존재, 약한 자(frailty, 햄릿이 이렇게 말하지 않았던가: 약한 자여, 그대 이름은 여자로다 frailty, thy name is woman), 성적 에너지가 분출하면 자제가 어려운 존재로 그려지는 일이 더 흔했다. 한마디로 여성은 불가사의하며 어두운 힘의 상징이었다. 계속 이런 이미지였다면 어찌 그들에 대해 사랑스러운 감정이 생겨날 수 있겠는가? 마녀를 사랑할 수는 없는 일 아닌가?

그런데 19세기에 여성의 이미지가 급변했다. 19세기에 여성은 '악마표'에서 '천사표'로 바뀌었다. 오랜 기간의 잠재적 준비 끝에 돌연 한쪽 극단에서 다른쪽 극단으로 날아가버린 셈이다. 18세기부터 나타나기 시작한 새로운 감수성은 19세기 들어서면서 갑자기 분출했다. 회화에서 이런 변화의 흐름을 찾는다면 안-프랑수아-루이 장모(Anne-François-Louis Janmot, 1814~1892)라는 프랑스 화가를 예로 들 수 있다. 그의 그림들 중 '영혼의 시' 연작을 보면 종교적 이미지를 이용하여 여성을 천상의 존재로 그리고 있음을 알 수 있다. 하늘을 나는 모습이거나 성스러운 신앙을 지키는 성도(聖徒)로 그려진 여성들의 모습을 보라. 순결한 나리꽃을 쥐고 물가에 앉은 여성들은 너무나도 순수해서 야수마저도 두 여성의 발밑에 얌전하게 쭈그리고 앉아 그녀들에

● 안-프랑수아-루이 장모가 그린 '영혼의 시' 연작 중 〈비르지니타스(Virginitas)〉(위) 그리고 〈영혼의 비행(le vol de l'âme)〉(아래)

게 복종한다. 여성들이 갑자기 천사가 된 이런 이미지들을 어떻게 해석해야 할까? 그런데 사실 극단화되면 천사 이미지도 악마 이미지만큼이나 두려움을 불러일으킬 수 있다. 지극히 성스러운 천사의 모습으로 분장한 여성은 남성의 야수성을 완전히 잠재워서 거세시킬 듯한 분위기다.

당시 사랑의 표상(représentation)은 이런 낭만적이고 신비주의적인 코드를 따라 진행되었다. 여성이 알 수 없는 신비로운 존재로 격상되었으므로 사랑 고백 역시 극도로 고양되고 신비화되었다. 남성의 욕망 표현은 천사적인 기호체계를 완전히 위반하는 것이었으므로 우아한 에로티시즘 체제가 필요하게 되었다. 언어는 추잡해질 가능성이 있으므로 이제 눈짓이나 미소가 그것을 대신했다. 당황함, 홍조, 오랜 침묵… 이런 것들이 이 시대를 대표하는 낭만적 사랑의 표시였다. 이제는 지나갔지만 우리나라에서도 아름다운 사랑의 모습으로서 이런 '소녀적인' 순수성을 표방하던 때가 있었다.

한번 낭만적 사랑이 모습을 드러내자 이후 사랑의 모습은 어느 한 가지로 굳어지지 않고 다양하고 복잡하게 발전해갔다. 사실 장모의 그림에서 보이는 여성의 이미지는 지나칠 정도로 순진무구하여 오히려 징그럽든지 곧 물리기 십상이다. 분명 이런 사랑의 양식이 오래 지속될 수는 없었다. 조만간 이에 대한 반동이 나타났다. 1850년경부터 순진무구의 양식은 해체되어버리고 정반대의 사랑의 모습이 등장한다. 대표적인 것이 플로베르의 〈보바리 부인〉(1857)에 보이는 빈정거림이다. 평범한 시골 의사 보바리의 아내 엠마는 몽상적인 사랑을 좇아 방황하다 남편 몰래 빚을 지게 되고, 이런 사태를 감당할 수 없자 비소를 먹고 비참하게 삶을 끝맺는다. '천사표' 여성은 조종을 울리고, 낭만적 사랑에 대한 신비적 신념 같은 것은 끝났다. 이런 식으로 사랑의 양태는 극에서 극으로 거침없이 변화하고 진화해갔다.

시골 사람들도 사랑의 표현을 배우다

여기에서 한 가지 고려할 사항은 도시와 농촌 간의 큰 차이다. 도시에서는 세태의 변화가 눈에 띄게 빨리 진행되었지만 농촌에서는 아주 먼 과거의 행태가 그대로 남아 있는 것으로 보였다. 그래서 도시민들이 시골로 여행을 가서 사람들을 만나면 도시의 문명인과는 완전히 동떨어진 '야만인' 같다는 느낌을 받곤 했다. 특히 성적인 부문에서는 너무나도 다른 의식의 차이에 놀라움을 감추지 못하곤 했다. 19세기의 프랑스만 해도 지방마다 그런 차이가 아주 컸다. 젊은 남녀를 철저히 갈라놓는 지방이 있는가 하면, 한 방에서 여러 사람이 섞여서 자는 것이 아무렇지도 않은 지방도 있었다. 결혼 상대를 고를 때 여전히 아버지나 할아버지의 권위가 절대적인 지방이 있는가 하면 딸이 거의 마음대로 고르는 지방도 있었다. 남편과 아내와의 관계도 지방에 따라 달랐다. 어떤 곳에서는 결혼 전에는 말을 낮추었다가 결혼 후 오히려 말을 높였다. 어떤 지방에서는 부부가 친구처럼 지내지만 많은 곳에서는 부인이 거의 노예 상태나 마찬가지였다.

도시의 상층 여성들은 미(美)가 가장 중요하고 자신의 아름다움을 위해 노력을 아끼지 않던 때에 시골 여인들은 오직 튼튼하고 일 잘하는 것만이 미덕이었다. 취사, 세탁, 물 길어오기, 옷감 짜기, 텃밭 가꾸기 등 여성이 전담하는 일은 실로 대단했다. 시골에서 여성은 한마디로 '일꾼'이었다. 이 점을 잘 말해주는 것이 아내가 죽었을 때 홀아비의 재혼 문제이다. 배우자가 죽은 다음 어느 정도 시간이 지나서 재혼하는 것이 합당한 일일까? 18~19세기 프랑스 농부들에게 우리의 3년상 같은 것을 기대하지는 말자. 배우자와 사별한 후 재혼하기까지의 기간에 관한 연구를 보면 지역마다 편차가 아주 크지만, 오늘날 기준으로 보면 대개는 아주 일찍 재혼했다. 18세기의 사례를 보면, 앙주의 물리예른 교구에서 재혼한 홀아비 181명 중 98명은 아내와 사별한 후 18개월 이내에 새살림을 차렸고, 그 가운데에서도 26명은 6개월 뒤에 재혼했다. 때로 아내의 관을 옆에 놓은 채 마을 사람들과 재혼 문제를 의논하기도 했다. 빨리 '결원'을 보충해서 농사도 짓고 집안 살림도 안정시켜야 하지 않겠는가.

이런 점들을 보면서 도시민 상층 인사들은 시골 사람들을 거칠고 둔한 사람들로 생각했다. 당시 교육받은 사람들은 농민들만이 아니라 노동자나 도시 서민들을 포함하여 전반적으로 민중계급을 얕잡아보는 경향이 강해서, 마치 인간과 짐승의 중간 형태의 괴물 같은 존재인 카지모도(Quasimodo, 빅토르 위고의 『파리의 노트르담』에 등장하는 꼽추인 인물) 식으로 생각했다. 이런 사람들에게 고상한 사랑의 감정이란 없으며, 감성이 아주 둔하고, 기껏해야 거친 본능에 충실한 감정만 있다고 주장했다.

시골 사람들은 정말 사랑의 언어를 몰랐던 것일까?

그렇게 보이는 측면도 없지 않다. 이 사람들은 언어 대신 제

스처를 쓰는 일이 많았다. 사랑한다는 말 대신 웃으면서 욕을 한다거나 조잡한 농담, 기껏해야 반어적 표현을 하곤 했다. 좋아하는 사람 손을 으스러질 정도로 꽉 잡기, 뺨이나 허벅지를 마주 대기, 어깨를 힘차게 두드리고 팔꿈치로 툭 치기, 돌멩이 던지기 같은 행동을 하는 것이다. 좋아한다면 좋아한다고 말을 할 것이지 왜 돌을 던질까… 외부 사람들이 볼 때에는 이런 행동이 이상하더라도 그 지방 사람들은 모두 그 의미를 알고 있었다. "피에르가 마리에게 돌멩이를 던졌다는군. 그 녀석이 마리를 좋아하는 모양이지…" 하면서 말이다. 그러나 시간이 지나면서 이 사람들도 점차 도시의 세련된 표현들을 배워나갔다. 18세기 말 이후 민중계급 사람들에게도 정열의 언어가 확산되고 있었던 것이다. 지극히 소박한 사람들, 혹은 글을 깨치지 못한 사람들도 '가장 부드러운 맹세'라든지 '쏟아지는 눈물' 같은 표현을 들먹이고, '미친 듯한 사랑'을 언급하기 시작했다. 도시에서 그러하듯 여성을 '하늘 같은 존재'로 예찬하지는 않지만, 수십 년 전의 그 가부장적 · 폭력적 태도나 말투와는 분명 달라지고 있었다.

사랑, 드디어 가정에 들어가다

서양의 사랑의 역사에서 중요한 흐름은 남녀간의 낭만적 사랑이 공동체의 규제에서 해방되고 그것이 가정의 형성과 직결된 것이라는 점을 이야기하였다. 이제, 사랑하는 사람과 결합하여 이룬 가정에서 예쁜 아이들을 키우는 것이 이상화된 삶으로 자리 잡았다. 가정은 냉혹한 시대에 안전하고 따뜻한, 그리하여 신성한 곳으로 격상되었다. 바로 그곳을 지키는 참된 여성(True Woman)인 어머니 역시 이전과는 비교할 수 없이 훌륭한 의미로 격상되었다. 어머니는 모든 것을 희생해가며 가족을 지키는 천사가 되었다. 19세기 프랑스의 시인인 장 리슈펭(Jean Richepin, 1848~1926)의 시는 그런 점을 가장 감성적으로 표현한 대표적인 작품이다.

당신의 어머니의 심장을

한 소녀를 사랑하는 젊은이가 있었다
그녀는 불쌍한 소년을 사랑하지 않았다
그녀가 말했다
"오늘밤 당신 어머니의 머리를 베어
가져올 수 있나요
내 개에게 먹이도록"

젊은이는 어머니 집에 가서
어머니의 가슴을 찢어 심장을 꺼냈다.
심장을 들고 달리다가 그는 비틀거리며 넘어졌다

심장이 땅에 떨어져 구르며
내는 소리를 소년은 들었다
심장은 울면서 아주 작은 목소리로 말했다
"사랑하는 아들아, 다치지 않았느냐?"

(La Chanson de Marie-des-Anges, 원작의 형식과 다른 의역임을 참고)

여기에서 어머니는 이타주의의 화신으로 이상화되고 있다. 19세기의 영국 작가 새커리(William Makepeace Thackeray, 1811~1863)는 감동적인 어투로 이렇게 말했다. “어머니는 신을 위한 이름이다.” 그런데 도대체 언제부터 여성과 어머니가 이런 식으로 대접받게 되었을까. 과거에는 여자들 보고 악마의 동료라 하더니…!

분명 이 시대는 거대한 변화의 흐름을 타고 있었다. 남녀간의 관계에서도, 부모자식 간에도 ‘애틋함’이라는 것이 본격적으로 자리잡아가고 있었다. 왜 그런 변화가 일어났는지 인과관계를 설명하는 것은 쉬운 일이 아니다. 다만 산업혁명과 프랑스혁명으로 대변되는 거대한 정치적 그리고 사회·경제적 변화가 전반적으로 사람들 삶에 큰 충격을 가하여 새로운 인간관계의 발전을 초래하지 않았을까 짐작할 뿐이다. 그런 변화 과정에 대해 간략하게나마 설명을 구해보면, ‘공적 영역의 확대’와 그에 대한 반동인 ‘사적 영역의 확대’가 동시에 일어난 현상이라 할 수 있을 것이다. 산업혁명과 프랑스혁명으로 대표되는 현대 사회로의 발전은 국가기구와 자본(공적 영역)이 일반 국민의 삶을 강력하게 장악하는 과정이었다. 과거와 같이 마을 공동체가 사람들의 삶을 조직하고 통제하는 힘은 매우 약화되고 국가가 그것을 대체해나갔다. 원자화된 주민들은 초강력 실체인 국가 앞에서 왜소화되었고, 산업화 시대의 사회와 경제는 사람들을 매몰차게 몰아붙였다. 이런 배경에서 인간은 냉혹한 외부세계로부터 자신의 삶을 지켜내야 한다는 위협을 느꼈다. 그런 기능을 담당한 것이 바로 가정(사적 영역)이었다. 가정은 과거와 같이 경제적 생산과 출산의 장소라기보다는 감정의 장소, 따뜻한 곳, 평화와 내면의 안정을 위한 곳이 되었다. 어린이들은 '경제적으로는 가치가 없지만 정서적으로는 아주 귀중한 존재'로서, 가정에서 따뜻한 보호를 받으며 애지중지 키우는, 세상에서 가장 소중한 존재로 취급받았다. 집을 지키는 어머니, 그중에서도 특히 아이를 소중하게 지키는 어머니라는 고귀한 소명이 이 시대의 이데올로기였다.

그러나 이 이데올로기에 충실할 수 있는 사람들은 부르주아밖에 없었다. 앞에서 이야기한 대로 과거에 모든 여성은 일생 부지런히 일을 해야 하는 일꾼이었다. '오직 가정만 지키는 여성'은 19세기 도시의 창안물이었다. 부르주아 여성들은 게으른 우아함 속에서 바깥일을 거의 모르고, 특히 숫자에 어두워서 그런 종류의 일은 전적으로 남편에 의존하였다. 어쩌면 이런 종속적인 지위를 역이용해서 실제로 여성들이 이익을 취하고 있다고 부정적으로 평가할 수도 있겠지만, 하여튼 그 결과 이 시대 상층 가정의 분위기는 과거에는 볼 수 없는 따뜻함이 넘쳐난 것도 사실이다.

이런 분위기를 말해주는 사례로 마르탕주 장군의 사례가 있다. 그는 아내를 '나의 사랑하는 엄마', '나의 사랑하는 친구', '사랑하는 아이', '내 귀염둥이'로 불렀다. 그의 편지들은 아이들과 그들의 건강, 행동에 관한 세세한 이야기로 가득 차 있다. 아이들을 부를 때에도 귀염둥이를 뜻하는 미네트(minette)니 코코(coco)니 하는 애칭을 붙였다. 이는 가족들 사이의 친밀함, 특히 외부인들과는 다르게 부르려는 욕구, 부모와 아이들 사이의 유대를 강조하는 욕구에 맞았다. 그가 쓴 편지 한 토막을 보자. "당신과 아이들을 우리의 소박하고 작은 영지에서 다시 만나게 된다는 생각에 너무나 들떠 있소. 지금 내 마음속에는 당신 방을 정돈하고 우리 집을 편안하고 쾌적하게 꾸며야지 하는 생각밖에는 없다오."[10]

짐승처럼 행동하고 천사처럼 미소지어야

부르주아 가정은 정말로 따뜻하고 순결한 사랑이 넘쳐나는 곳이었을까? 그 영향을 받아 사회는 지극히 도덕적으로 변모해갔을까?

어떤 사회에서 유행하는 이념 혹은 이상이라는 것과 실상은 서로 다를 수 있다. 사람들이 이상적으로 생각하는 사랑의 양태라는 것이 분명 사람들의 행태에 큰 영향을 미치지만, 그렇다고 사람들이 모두 그런 이상적인 기준에 따라 살아가는 것은 아니다. 이상과 실상의 차이가 크면 그 공백은 허위로 채워지기 마련이다.

사실 19세기 부르주아의 성과 가정 문제는 흔히 허위로 가득했다. 표면상으로 19세기 사회는 청교도적이었다. 어린이들에게는 성과 관련된 문제는 이 세상에 존재하지 않는 것처럼 숨겼다. 어른들은 대화 중에 아이가 들어오면 순식간에 말을 멈추었다. 생식기를 가리키는 용어는 모두 대명사(그것)를 사용했다. 임신과 출산 과정에 대해서는 여전히 황새가 아이를 물어다주는 것으로 가르쳤다. 섹스는 곧 '죄'와 연관지었다. 자위는 천벌받을 행위로 비난받았고, 의사들은 옷 위로 촉진을 해야 했다.

부부간에도 벗은 몸을 보여서는 안 되었으므로 사랑을 나눌 때에도 불을 끈 다음 절반만 옷을 벗고 하곤 했다. 정상체위 이외의 것은 상상도 할 수 없는 일이며, 딥 키스나 구강성교 같은 것은 창녀들만 하는 것으로 알고 있었다. 특히 재산이 있는 집안에서는 연애결혼은 불가능하고 부모가 정해준 사람과 혼인을 해야 했다. 혼외정사에 대해서는 남성은 벌금형으로 대신하는 반면, 여성은 감옥행이었다. 사생아는 상속에서 제외되었다.

이런 현상들만을 보면 당시 사람들은 지나치게 순결했던 것으로 보인다. 정말 그랬을까?

실상은 표면적인 모습과 매우 달랐다. 당시 부르주아들은 성에 대해 강박관념에 사로잡혀 있었다. 마치 현대 한국 사회에서 많은 사람들이 정력의 강박관념에 사로잡힌 것과 비슷하게 모두들 정력에 안달이고 사랑의 횟수 세기에 집착했다. 다만 그것을 교묘히 숨기고 있을 뿐이었다. 육체적 사랑도 그 시대의 정형화된 양식을 따른다. 시대마다 지배적인 문화가 있어서 성적 행태도 거기에서 완전히 벗어나지는 못 하는 모양이다. 당시 여성은 욕구를 강하게 표현하면 안 되므로 마치 '패배를 시인한다는 듯'한 태도를 취하고 침대에서 천사 같은 미소를 띈 다음 순진무구한 자세를 취해야 했다. 이에 대한 사르트르의 시니컬한 비판을 보자. "1846년 당시에는 부르주아 사회에 속한 여성은 짐승처럼 행동하고 난 직후 천사 같은 태도를 취해야 했다."

당대의 문학과 예술 작품들도 이런 것을 부추기고 있었다. 육체적 사랑은 인기를 더해 가는 보편적 주제가 되었지만, 그렇다고 너무 노골적으로 표현하지는 못하므로 상상력을 동원할 만큼 우회적으로 묘사했다. 회화에서도 시대의 흐름을 반영하는 작품들이 나왔다. 드베리아(Achille Devéria, 1800~1857)의 관능적인 그림들이 그렇다. 그는 당대의 세태를 나타내는 많은 회화와 책의 삽화를 그렸는데, 〈그림〉은 그와 같은 탈도덕적인 '19금' 작품 가운데 현재 이 책에서 겨우 용인할 수 있는 수준의 작품이다.

● 드베리아, 〈순진한 놀이〉(1840)

도시와 농촌의 서민들은 어떻게 사랑했을까

부르주아가 아니라 그 아래의 서민층의 사정은 어땠을까?

우선 지적할 사실은, 인구통계학의 연구 결과에 따르면 전근대 시기 유럽에서 사람들의 평균 결혼 연령이 다른 문명권에 비해 매우 높았다는 점이다. 영국은 18세기 초에 남자는 27세, 여자는 26세에 결혼을 했다. 일찍부터 핵가족이 대세였던 유럽에서는 스스로 한 가족을 부양할 수 있는 경제적 기반을 갖춘 후에야 결혼하는 것이 관례였기 때문이다. 그 결과 사춘기 이후 결혼할 때까지 상당히 긴 기간 청춘남녀들은 사랑 및 성과 관련하여 인고의 시간을 가질 수밖에 없었다. 앞에서 설명한 대로 마을의 관례와 종교, 심지어 국가의 법률까지 동원되어 남녀상열지사(男女相悅之詞)의 문제를 철저히 통제한 것이 18세기 이전의 역사였다.

그러나 산업혁명기를 거치며 많은 것이 변화하기 시작했다. 중·상층 이상에서는 젊은이들에 대한 감시가 여전히 엄한 편이지만 서민층 혹은 노동계급에서는 통제가 많이 완화된 것이 틀림없다. 이 사람들 중 문맹이 많고 더구나 성과 관련된 문제는 비밀로 감추려 하기 때문에 정확한 실상을 알기는 어렵지만 최근 역사학은 일기 등 새로운 종류의 기록을 발굴하여 드디어 이 비밀의 세계 내부를 조금씩 들여다보기 시작했다.[11]

1840년대 런던에서 가게 점원으로 일하던 브라이슨 군과 아마도 하녀거나 세탁부 일을 하던 앤 폭스 양의 비밀 연애가 대표적이다. 브라이슨 군은 놀라울 정도로 솔직하게 일기를 썼다. 두 사람은 일이 끝난 늦은 시간에 런던 밤거리를 헤매거나 혹은 할머니가 집을 비운 사이 방에서 함께 지내며 스킨십을 하곤 했다. "그녀의 ****를 감싼 털을 살짝 보았다"(그 자신이 ****라고 썼다). 몇 주 후 "그녀의 속옷을 마침내 벗겼다. … 그러나 아무 소용이 없었다." 이렇게 남의 일기를 들여다보는 것은 민망한 일이지만 우리는 '아카데믹한' 자세를 견지하며 이들의 행동을 조금 더 살펴보도록 하자. "그녀의 페티코트에 씨앗을 흘렸다." 그리고 다시 몇 주 후에는 "앤의 새 옷과 내 바지를 끔찍하게 버려놓았다." 무슨 일이 일어나고 있는지 우리는 짐작할 수 있다. 두 사람은 가족도 모르게 비밀리에 연애를 하고 있었고, 또 임신 가능성을 끔찍이 두려워하여 삽입 섹스(penetrative sex)를 철저히 피하고 있는 것이다. 이유는 두 사람의 결혼 가능성이 매우 낮기 때문이다. 브라이슨 군은 당시 20세였으나 앤 폭스 양은 45

세였던 것이다.

18세기 초 맨체스터에서 가발 제조공 겸 이발사로 일하던 해럴드 씨 역시 매우 솔직한 기록을 남겨 역사가에게 큰 기쁨을 준 사례다. 1712~1715년까지 쓴 그의 일기는 대부분 일에 관한 내용이지만 웬일인지 부인과 성 관계를 한 사실을 간명하고도 효율적으로 기록한다. "마누라와 했다(I did wife)"라고 시작한 다음 몇 가지 세부 사실들을 적어놓는 식이다. "두 번, 긴 의자와 침대", "가게 뒤에서 서서", "새로운 방법으로", "이상하게", "두 번 멋있게"… 그러던 중 1712년에 안타깝게 부인이 사망했다. 그러자 얼마 후부터 그는 주변의 여인들을 찾아 나섰고 드디어 이웃집 하녀인 앤 호록스 양과 맘이 맞았다. 해럴드 씨는 그녀를 아내로 맞을 생각이 있었기 때문에 곧 1주일에 4번씩 밤을 함께 지냈다.

어렵게 구한 이런 자료들을 통해 짐작하게 된 사실은 결혼 전망 여부가 연애와 섹스에 결정적 영향을 미치고 있다는 점이다. 두 사람이 함께 일가를 이룰 가능성이 불확실하면 임신을 피하기 위해 최대한 노력하지만, 결혼 가능성을 인식하면 조만간 성 관계를 맺었던 것 같다. 아마도 18세기 이전의 연애 역시 이처럼 철저히 임신을 피하는 방식으로 성적 접촉을 했으리라 추측한다. 그런데 산업혁명을 거치며 도시에 몰려든 남녀 간에 변화가 시작되었다. 1830년대 글래스고에서 태어나 11세부터 면직물 공장에서 일하던 엘렌 존스턴이라는 여성의 사례를 통해 이를 살펴보자. 그녀는 10대 후반부터 성 관계를 시작했고 급기야 혼전 임신을 하게 되었다. 놀라운 일은 그녀가 상대 남자에게 극구 결혼을 요구하지 않고 '싱글맘'의 길을 선택했다는 것이다. 그녀는 일기에 "어여쁜 딸의 엄마가 되고 싶다"고 썼다. 출산 후 그녀는 자기 어머니와 함께 지냈다. 이제 그녀의 어머니가 아이를 돌보고 그녀는 다시 공장에 나가 돈을 벌어 세 가족의 생활을 꾸려나갔다. 이 시기의 도시는 이전 사회와는 달리 남편 없이도 살아갈 수 있는 가능성을 제공했기 때문에 성과 사랑과 결혼에 대한 결정 과정에서도 이전과는 다른 태도가 조심스럽게 형성되기 시작했으리라 짐작할 수 있다.

이를 두고 당장 성이 해방되었다든지 아름답고 낭만적인 사랑이 꽃피어났다고 할 수는 없으리라. 다만 새로운 생활양식이 발전하기 시작했다는 점은 분명하다. 19세기 도시에서 노동계급의 1/4이 동거(concubinage) 상태였다. 사람들 간 애인관계는 실로 복잡하게 얽혀 있었다. 1895년 트루아 지방에서 사람들 간 애인관계를 추적해보면 이렇다. 한 하녀는 무능한 남편을 떠나 군인과 사귀었지만 동시에 유부남 약사와도 만났다. 이 약사는 그녀 외에 다른 과부와도 만나고 있었다. 그런데 이 과부는 이 약사 외에 기술자, 상인과 사귀었고, 네 번째로 또 다른 건달과 사귀게 되었다! 이것이 이 시대의 참모습이었다.

육체적 사랑이 만개하게 되는 것은 어쩌면 사회구조상 불가피했다. 계절 이주노동자, 군인, 대학생, 또 일찍 결혼할 재원이 부족한 사무실 점원들과 노동자들이 워낙 많이 늘었기 때문이다. 게다가 엄청난 수의 하인들 중 다수는 그들 스스로 평생 결혼하지 못하리라는 것을 잘 알고 있었다. 이런 이유로 혼전 혹은 혼외 성 관계가 많을 수밖에 없었고 그런 의미에서 성은 고상한 이념과는 다른 방향으로 치닫고 있었다. 아름답게 이상화된 사랑과 난잡한 성의 범람은 동시에, 또 상호 보완적으로 일어나고 있었던 것이다. 도시에서는 말할 것도 없지만 시골에서도 이제 '동년배 감시'라는 것이 갈수록 약해지는 상황이었고, 또 자기통제력에 기반한 문화도 희미해져갔다. 성 도덕은 분명 크게 흔들리고 있었다. 앞에서 살펴본 것처럼 18세기 중엽 이후 혼전 임신과 사생아의 출산의 증가가 그런 결과이다. 사부아 지방에 관한 연구를 보면 당시 신부 중 처녀 상태로 결혼하는 사람은 10퍼센트에 불과했다! 바스크 지방에서는 요즘 말로 '계약 결혼'이라 할 만한 현상이 있었고, 아라스 지방에서는 약혼녀가 임신 가능성을 실증한 다음, 그러니까 임신 상태에서 결혼하는 비율이 40퍼센트에 이르렀다. 15~17세 젊은이들이 일요일마다 짝을 지어 장난을 하고, 마구간에서 하녀와 동침하는 일도 자주 일어났다. 집주인이 하녀와 동침하여 임신시키고는 가차 없이 쫓아내는 부도덕한 일도 빈번했다. 하녀와 노동자들 간 동거도 크게 늘었다. 1844년 리옹 견직노동자 중 20퍼센트가 동거 중이고, 그중 80퍼센트가 동거 중에 태어난 아이들을 결혼을 통해 합법화했다. 대학생들은 그리제트(grisette)와 동거했고,* 그중 여유가 있는 자들은 고급 창녀를 일컫는 로레트와 놀아났다.

사랑은 해방된 이후 아주 복잡한 양태로 폭발하고 있었다.

* 그리제트(grisette)는 17세기 말부터 프랑스의 여성 노동자를 가리켰다. 이 말은 노동자들이 입는 회색(gris)의 소박한 옷에서 유래했다. 그런데 17~18세기에는 단순히 낮은 신분의 여성임을 가리키던 이 말이 19세기의 사전에는 "젊은 여성 노동자로서 예쁘고 교태를 부리는 여인"으로 설명되었다. 말 자체가 세태 변화를 반영하고 있는 것이다.

육체적 사랑의 만개가 몰고온 재앙

빛이 있으면 그림자도 있는 법, 안락한 부르주아 주부의 이미지와 예술적 표현이 늘어나는 동시에 그렇지 못한 여성과 아이에 대한 동정과 비난도 증가했다. '참된 여성인 어머니'의 찬미는 곧 '참되지 못한' 여성들에 대한 비난을 동반했다. 가장 고통받는 사람들은 미혼모였다. 이들은 신성한 어머니 역할을 스스로 배신한 여인 취급을 받았다. 천사 같은 아이들에 대한 찬미와 동시에 그렇지 못한 상황에 놓인 아이들에 대한 연민이 동시대에 나타나는 것도 같은 맥락이다. 예컨대 고통받는 하층민 어린이들을 그린 윌리엄 블레이크(William Blake)의 시 〈굴뚝청소부(The Chimney Sweeper)〉는 원래 숭고하고 선한 아동의 이미지를 전제한 다음 그런 상태에서 벗어난 가련한 아이들을 그리고 있다.

굴뚝청소부

엄마가 죽었을 때 나는 아주 어렸어요
그리고 아빠가 날 팔았을 때 내 혀는
고작 깩깩깩깩 소리만 겨우 냈지요
이제 당신들 굴뚝을 내가 청소하고 검댕이 속에서 잔답니다
톰 대이커라는 꼬마가 있는데, 양 대가리 털처럼
곱슬거리는 머리를 박박 밀 때 울길래 내가 말해주었지요
쉿, 톰, 걱정하지 마, 네 머리를 박박 밀면
네 하얀 머리카락에 검댕이 묻질 않잖아

그래서 톰은 조용해졌지요, 그날 밤
톰은 자면서 놀라운 꿈을 꾸었어요
딕, 조우, 네드, 잭, 그리고 수천 명의 청소부들이
까만 관 속에 갇혀 있었는데
빛나는 열쇠를 가진 천사가 오더니
관을 열고 전부 풀어주었답니다
모두들 푸른 벌판으로 날뛰며 웃으며 뛰어가서
강물 속에서 몸을 씻고는 햇빛 속에 환하게 되었지요
하얗게 벌거벗은 채 가방일랑 남겨 두고
그 아이들은 구름 위로 올라가 바람 속에서 놀았답니다
천사가 톰에게 말하기를 만일 그가 착한 아이라면
하느님이 아버지가 되어서 기쁨이 그치질 않는다나요
그리고 톰은 잠에서 깼고 우리도 모두 어둠 속에서 일어나
우리가 일할 가방과 솔을 챙겼지요
아침은 추웠어도 톰은 행복하고 따뜻했지요
모두 자기 일을 잘 하면 걱정이 없으니까요.

일부 부르주아 세계에서 이상화된 모습으로 제시된 가정과 어머니와 아이의 모습과는 너무나도 대조적인 세상이 펼쳐져 있었다. 이 세계는 결코 사랑이 넘쳐나는 곳은 아니었다. 실제 많은 아이들은 결코 소중하게 취급받지 못했다. 하층민 어린이들은 극심한 아동노동에 시달렸다. 1830년대 방적공장 노동력의 절반을 아이들이 충당하고 있었다. 미국에는 225만 명의 아이들이 석탄, 유리, 직물, 통조림, 담배공장에서 일했다. 네 살짜

리 아이가 하루 16시간 구슬을 분류하거나 담배 마는 일을 했고, 남부의 면화공장에서는 다섯 살짜리 소녀가 일을 했다. 아이들을 키우기 힘든 어머니들은 내다버리거나 심지어 살해하는 일이 비일비재했다. 『레미제라블』의 팡틴처럼 가난한 여성들은 매춘에 내몰리기 십상이었고, 매춘부의 아이들은 유기되거나 다시 매춘으로 내몰리곤 했다. 런던의 매춘부들은 아이를 탁아소나 심지어 쓰레기더미에 버렸다.

18~19세기에 탁아소나 고아원은 차라리 한편의 지옥도(地獄圖)를 방불케 했다. 재정이 취약한 상황에서 아이들을 잘 보호한다는 것은 불가능했다. 로크, 볼테르, 디포 같은 당대의 지성들도 가난한 아이들에게 결코 관대하지 않았다. 갓난아기라도 자기가 살아가는 비용을 대는 것이 원칙이라는 것이다. 아이들은 수면제나 심지어 마취약을 먹고 잠이 들었다. 당시 아이들에게 많이 먹이는 고드프리(Godfrey)라는 수면제는 일명 '어머니의 조력자(mother's helper)'였다. 이런 상황에서 아이들의 사망률이 높은 것은 당연했다. 부정직한 업자들은 이런 상황을 이용해서 이익을 챙겼다. 아이들에게 보험을 들었다가 죽으면 실제 매장하지도 않고 돈을 타먹었는데, 이상하게도(!) 보험에 들어 있는 아이들이 더 잘 죽었다. 이런 보호소는 '매장 클럽(burial club)'으로 불리기도 했고, 혹은 독일에서처럼 '천사제조기(angel maker)'라고도 불렸다.

유아 살해는 널리 퍼져 있는 관행이었다. 당시 신문광고는 완곡하게 아이들을 다른 집에서 기를 수 있다고 말하면서, 다시는 아이를 안 볼 수도 있다는 뜻을 넌지시 암시했다. 그런 곳에는 임신한 여성과 아이들이 들어가는데 그곳을 떠나는 아이들은 누구도 보지 못했다! 수많은 산파가 월경불순을 치료해준다는 광고를 내고 실제로는 낙태 청부업자로 일했다. 심지어 어머니 자신이 아이들을 죽이는 일도 적지 않았다. 극단적인 사례로 1734년에 런던의 두포어라는 여인은 구빈원에 맡긴 자기 아이에게 새옷이 지급된 것을 알자 아이를 찾아와서 목을 졸라 살해하고는 그 옷을 팔아 술을 사 마셨다.

아이를 내다버리는 기아(棄兒) 현상도 심각했다. 대개 밤중에 교회 문 밑에 아이를 두고 가거나 병원의 접수구(接受口, tour, 아이를 놓고 갈 수 있도록 만든 통)에 집어넣었다. 파리의 쿠슈 병원은 1640년 이래 파리와 북부 프랑스 각 지방의 아이들을 받았다. 문제는 이렇게 받은 아이들의 사망률이 극히 높다는 것이다. 이곳 아이들 중 60퍼센트는 한 살이 되기 전에 죽었다. 기아의 수는 특히 18세기 후반부터 크게 증가했다.

이런 문제의 해결에 중요한 공헌을 한 것은 피임이었다. 어차피 육체적 사랑이 막을 수 없는 대세로 굳어진다면 출산을 통제하는 것이 최선의 방법이었다. 실제로 18세기부터 프랑스에서 피임이 시작된 것으로 보인다. 그렇지만 그 실상은 아직 명확하게 밝혀지지 않았다. 구체적으로 어떻게 피임을 했는지를 시원하게 말해주는 자료가 없기 때문에, 피임 연구는 다른 연구보다 더 어렵다.* 평균 자녀 수, 형제간 터울, 막내 출산 연령

* 피임이 시행되고 있음을 증언해주는 언술이 없지 않다. 예컨대 1762년 드 튀르비 후작은 식구가 많은 가족에게 세금을 면제해주던 것을 폐지한 조치(1683) 시행 이후 벌어진 일에 대해 이렇게 개탄한다 "부인과의 성교를 그만두

등의 자료를 잘 읽어내서 '피임이 진행되지 않는다면 이런 식의 인구 추세가 보일 수는 없다'는 결론을 얻어내는 식으로 통계 수치를 이용하여 역으로 추론하는 수밖에 없기 때문이다. 프랑스 인구사 연구의 중간 결론을 보면, 1740년대부터 평균 출산 수가 감소하고, 1770년대에 더 빠른 속도로 진행되다가 18세기 말 프랑스혁명을 거치면서 급격한 변화가 일어났으며 결국 19세기부터는 피임을 실천하는 가정이 보편적이 되었다는 것이다. 피임은 부부가 서로 사랑하는 따뜻한 가정에서 소수의 아이를 낳아 잘 키우는 방향으로 발전해가는 큰 흐름에서 매우 중요한 역할을 했다.

에필로그:
현대를 향하여

역사에서 가장 중요한 변화는 무엇일까? 누구는 강력한 국가기구의 발전이라 할 것이고, 누구는 산업혁명 이후 엄청난 속도로 진행된 경제성장이라고도 할 것이다. '거시적'인 요소를 중시한다면 그런 설명이 가능하겠지만, 우리가 주목하는 '미시적' 관점에서 보면 인간 간의 관계가 근본적으로 바뀌는 일이야말로 가장 중요한 요인이다. 남녀 간의 만남, 공동체와 가족 간의 관계,

지는 않으면서도 아이가 생기는 것을 막으려는 범죄이자 위험한 기술이 시골에 들어간 것은 그 때문일 것이다. … 이런 불행한 일이 농민에게 너무 흔한 일이 되었다."

부모와 아이 간의 친밀감 같은 가장 기본적인 인간관계가 역사적으로 변화하여 오늘에 이른 것이다.

지금까지 살펴본 대로 시대마다 사랑의 양태는 매우 다르게 나타났다. 중세의 사랑과 근대 초의 사랑이 다르고, 18세기의 사랑과 19세기의 사랑은 또 다르다. 중세 이후 장기간에 걸쳐 이어온 긴 흐름의 1차 종착점인 19세기에 사랑은 한편으로 완성되었지만 곧바로 변화 혹은 폭발을 겪었다. 드디어 사랑과 결혼이 맺어지는 낭만적 사랑이 실현되었지만 그렇게 해서 이루어진 가정 그리고 그 바탕 위에 세워진 사회가 모두 행복이 넘쳐나는 곳으로 변모하지는 않았다. 아이는 고귀한 존재라고 이념적으로는 말했지만 실제로는 수많은 아이들이 지옥 같은 세상에 내던져졌다. 어머니와 아동이 가장 위대한 찬미를 받는 동시에 사회 일각에서는 오히려 경시당했다. 중세와 근대 초에 볼 수 있었던 과거의 가부장제는 무너졌지만 새로운 내용이 그 자리를 대신하여 가부장제는 재충전되었다.

이런 흐름이 다시 한 번 바뀐 것은 19세기 말~20세기 초였다. 이때 경험과 교양을 쌓은 어엿한 아가씨와 사랑을 추구하는 젊은이가 애정으로 결합한 부부라는 더욱 새로운 이상적 부부상이 나타났다. 의사들은 이때 가서야 여성의 성적 표현과 오르가즘의 권리를 용인했고, 피임이 본격적으로 보급되기 시작했다. 여성의 성적 해방과 연애를 주장하는 사람들도 등장했다. 자전거와 테니스를 즐기고, 대도시에서 혼자 돌아다니면서 카페를 드나들며, 자유로운 연애와 남성의 애무를 과감히 표현하는 여성들이 등장했다. 남성적인 여성이라는 의미에서 가르손

(garçonne, '소년'이라는 뜻의 불어 단어 garçon의 여성형 단어를 만들어낸 것이다)이라 불리던 이 여인들은 매혹과 동시에 불안의 대상이었다. 급격한 변화의 결과들이 빠른 속도로 뒤섞이고 있었던 것이다.

인류 역사 대부분의 기간 중 결혼 제도는 대개 경제적 혹은 정치적 목적을 이루기 위한 가문의 결합을 목적으로 했다. 인적 관계를 확대하고 재산을 합치는 방식으로 삶의 틀을 확고하게 만드는 것이 너무 중요하므로, 청춘남녀 간 애틋한 감정이라는 불안정하기 짝이 없는 기반 위에 결혼을 한다는 것은 위험한 일로 보일 수밖에 없었다. 결혼 후 부부간에 사랑이 생겨나면 좋은 일이지만 어쨌든 그것은 부차적인 요소였다. 사랑하는 연인끼리 만나 삶을 함께 한다는 이상, 곧 낭만적 사랑에 의한 결혼은 오랜 기간의 변화를 거쳐 비교적 최근 시대에 와서야 자리잡았다. 그러나 사랑이 가장 중요한 요인이 된 결과 오히려 결혼은 불안정해지고 심지어 가족 붕괴의 조짐까지 나타났다. '진정한 사랑'을 찾지 못하면 굳이 결혼할 필요가 없고, 결혼 후에 애정이 식으면 더 이상 함께 살아갈 이유가 없어진 것이다. 그토록 애타게 고대하던 사랑의 해방을 맞이한 오늘날, 인간 관계는 폭발에 가까운 변화가 일어났고, 수많은 사랑의 모델이 혼재하며 복잡하게 전개되고 있다.

사랑의 역사는 현재진행형이다. 오늘날에도 사랑은 변모해 가고 있고, 앞으로 또 어떤 폭발적인 변전을 겪을지 모를 일이다. 미래학자들이 말하듯 장수를 누리게 된 사람들 사이에 평생 네댓번 결혼하는 것이 보편화될까? 남녀 간 만큼이나 동성 간 사랑과 결혼이 더욱 확대될까? 최근의 한 연구가 예측한 바대로 2050년에 우리 사회는 열 집 가운데 네 집이 1인 가구이고 독거 남녀가 사회 구성원의 절대 다수를 차지하게 될까?[11]

중세부터 이어진 기나긴 사랑의 역사를 되돌아보면서 다시금 많은 질문을 떠올리게 된다. 때로는 지상천국의 환희를 안겨줄 듯하다가도 때로는 청춘남녀들을 너무나 애처롭고 힘들게 몰아가는 사랑의 본질이 무엇일까? 우리 삶의 가장 중요한 덕목이자 존재이유일까, 젊은 날 한때의 가슴 아픈 성장통일까, 혹은 그 아무것도 아닌 허황된 신화에 불과할까? 그토록 힘들게 지속해온 노력의 결과 낭만적 사랑을 쟁취한 서구 사회에서 —그리고 거기에서 큰 영향을 받은 우리 사회 또한— 사람들은 더 행복해진 걸까?

짧은 역사적 고찰을 마친 끝에 우리는 어떤 단정적인 답을 얻기는커녕 오히려 더 많은 수수께끼를 떠안게 되었다. 역사상 언제나 청춘남녀들은 사랑의 열병을 앓았다는 것, 사랑을 얻기 위해 부모나 마을공동체, 혹은 교회나 국가와 끊임없이 갈등을 겪을 수밖에 없었다는 것, 고된 싸움 끝에 새로운 시대를 맞이해도 이전의 문제들이 풀린 만큼 다시 새로운 문제들이 터져나온다는 것을 알았을 뿐이다. 다만 그런 앎이 우리에게 작은 위안과 용기를 줄 것이며, 사랑이라는 고통스럽고도 환희에 찬 문제에 직면하여 깊은 지혜를 찾아가는 단초가 될 수 있을 것이다.

사랑을 바라보는 과학의 시선

정재승

정재승

KAIST에서 물리학 전공으로 학부, 석사, 박사 학위를 받았다. 미국 예일대 의대 정신과 연구원, 콜롬비아의대 정신과 조교수를 거쳐, 현재 KAIST 뇌인지과학과 교수로 재직중이다. 뇌의 의사 결정 과정을 복잡계 과학 관점에서 연구하고, 정신 질환을 모델링하는 연구를 하고 있다. 사랑은 이 우주에서 가장 복잡한 개념! 사랑이 얼마나 다양한 관점에서 풍성하게 해석될 수 있는지 보여주는 수업을 진행하며 이 책을 썼다. 저서로 『정재승의 과학콘서트』『정재승+진중권 크로스』(1, 2) 등이 있다. 다보스포럼 '2009년 차세대 글로벌 리더'로 선정된 바 있다.

프롤로그:
사랑에 관한 보편적인 법칙

"형, 걔는 도대체 왜 그런대요? 아주 저를 미치게 해요!"

"언니, 우리 오빠가 저를 사랑하긴 한 걸까요?"

"그때 걔가 내게 왜 그런 말을 했을까?"

우리가 대학 시절, 혹은 20대 때 방황으로 보내는 시간 대부분은 그놈의 사랑 문제로 친구나 선배와 술잔을 기울이거나 울고 웃고 소리쳤던 시간들이다. 사랑은 우리에게 무엇과도 대체할 수 없는 기쁨과 무엇으로도 잊을 수 없는 고통을 한꺼번에 선사한다.

우리를 평생 깨어 있게 하는 것, 남의 얘기는 아무리 들어도 질리지 않으며, 내 얘기는 묻지 않아도 들려주고 싶은 것. 끊임없이 누군가에게 물어보지만, 사람마다 돌아오는 대답은 제각기 다른 것. 그것이 바로 사랑이다.

내가 하고 있는 사랑을 남들도 비슷하게 경험했을까? 남들이라면 이럴 때 어떻게 행동했을까? 나는 지금 제대로 가고 있는 걸까? 우리는 사랑에 대해 친구나 선배, 직장 동료에게 상의하지만, 정작 내 사랑은 아주 특별한 것, 세상에 하나밖에 없는 유일한 것이라고 믿는다. 조언을 구하지만, 정작 머릿속에선 "형은 우리 관계를 몰라서 하는 소리야!" "우리는 남들과는 달라!"라는 생각이 불쑥불쑥 튀어나온다. 소설이나 에세이, 유행가 가사나 영화는 우리에게 각양각색의 사랑 이야기를 들려주지만, 그들 사이를 관통하는 사랑의 보편적 원리란 게 있을까? 아니 사랑이란 게 존재하긴 하는 걸까? 우리가 믿고 있는 것이 사랑이긴 한 걸까?

이 글은 신경과학자와 사회심리학자, 진화심리학자 등이 지난 수십 년 동안 인간이란 동물의 '낭만적 사랑'이란 행동을 관찰하고, 설문조사하고 그들을 인터뷰 하고 그들의 뇌를 찍어봄으로써 알게 된 사실들이다. 세상에 사랑보다 더 복잡한 개념이 어디 있을까마는, 이 글은 그 복잡한 사랑을 과학의 시선으로 바라보는 한 가지 관점을 제공한다. 수많은 실험과 통계를 소개하면서 '사랑의 본질'을 탐구하고, 그것이 우리 삶에 어떤 영향을 끼쳤는지 얘기해보려 한다. 처음 만나서 고통받으면서도 행복하며 사랑했던 순간에서부터, 헤어지고 때론 배신당한 순간을 거쳐, 결국 시큰둥해지거나 몰래 바람을 피우는 중년의 사랑, 그리고 노년의 그윽한 사랑에 이르기까지 개인들이 겪게 되는 사랑의 순간들을 과학의 눈으로 포착하고자 한다. 사랑에 빠진 순간, 도대체 그들은 왜 그랬을까?

'첫눈에 빠진 사랑'에 관한 낭만적 환상

평생을 함께할 '잃어버린 자신의 반쪽'을 우리는 첫눈에 알아볼 수 있을까? 이몽룡이 성춘향을 보고 첫눈에 마음을 빼앗겼듯이, 줄리엣이 로미오를 본 순간 온통 그에 대한 생각에 사로잡혔듯이, 영화나 소설에서 자주 등장하는 '첫눈에 반한 사랑'(love at first sight)이 과연 현실에서도 빈번하게 일어나는 현상일까?

사랑학 전문가들의 설문조사를 따르면, 사람들이 사랑과 관련해서 가장 궁금해하는 것 중 하나로 바로 이 질문을 꼽았다고 한다. 사랑에 빠져 결혼에 골인한 커플 중에서 '첫눈에 반한 사례'는 어느 정도 되는지, 그리고 그들은 그렇지 않았던 커플들보다 결혼 뒤에 행복한 생활을 누리고 있는지 매우 궁금해한다는 것이다. 그것은 아마도 많은 미혼 남녀들이 '내가 과연 잃어버린 내 반쪽을 만났을 때 단번에 그를 알아볼 수 있을까'에 대한 불안감을 가지고 있기 때문이 아닐까 싶다.

'첫눈에 반한 사랑' 옹호론자인 얼 나우만 박사는 1970년대 미국인 1,495명(남자 547명, 여자 948명)을 대상으로 '첫눈에 반하는 사랑'에 대한 다양한 설문조사를 했다. 그 결과를 보면 첫눈에 반한 사랑이 존재한다고 믿는 사람은 응답자의 무려 64.1퍼센트나 되었다. 남녀의 차이도 별로 없었다(남자 65.2퍼센트, 여자 63.6퍼센트). 다시 말해 성별에 상관없이 전체 응답자 중 3분의 2가 첫눈에 반한 사랑이 존재한다고 강력히 믿고 있다는 것이다.

게다가 아시아나 태평양계 민족에서는 다른 민족들보다 그 수치가 월등히 높아 무려 80퍼센트가 첫눈에 반한 사랑을 믿는다고 응답했다. 우리 주변에도 운명적 사랑을 믿는 사람들이 얼마나 많은가?

첫눈에 반할 수 있다고 믿는 958명 가운데 558명, 즉 60퍼센트의 사람들은 첫눈에 반한 사랑에 '실제로 빠진 적이 있다'고 대답했다. 즉 전체 응답자 1,495명 중 38퍼센트 정도가 첫눈에 반한 사랑을 실제로 경험한 적이 있다는 얘기다. 그렇다면 그들 중 결혼에까지 성공한 사람들은 얼마나 될까? 첫눈에 반한 커플은 뭔가 다를까? 통계에 따르면 '그렇다!' 첫눈에 반한 커플 중에서 55퍼센트가 결혼에 성공했다. 미국은 결혼 전 연애 경험이 5회를 넘는 것에 비추어보면, 첫눈에 반하면 결혼으로 이어질 가능성이 상대적으로 매우 높은 편이다.

그렇다면 그들은 결혼 뒤에 더 행복하게 살까? 결혼에 골인한 첫눈에 반한 커플들 가운데 75.9퍼센트가 평균보다 더 오래 결혼생활을 유지하고 있다고 한다. 미국의 평균 이혼율이 50퍼센트를 웃도는 상황에서, 첫눈에 사랑에 빠져서 결혼한 사람들 중 4분의 3이 아직 결혼생활을 지속하고 있다는 얘기다. 그들의 이혼율은 불과 15.9퍼센트. 나머지 8.2퍼센트는 사별을 한 경우다. 결국 첫눈에 사랑에 빠진 사람들이 결혼 뒤에 좀 더 행복하게 잘살고 있다는 얘기다.

비스와바 심보르스카는 자신의 시 〈첫눈에 반한 사랑〉에서 첫눈에 반한 사랑을 '이미 결정된 운명적인 관계'라고 해석한다. 사람들은 갑작스런 열정이 자신들을 묶어주었고, 전에 한 번도 만난 적이 없었기에 '갑작스러운 열정'에 더욱 확신을 하지만, 사실 그들은 예전에 어느 회전문에서 얼굴을 마주쳤을 수도 있고, 잘못 건 전화로 잠시 목소리를 주고받았을 수도 있다. 우연이 그토록 여러 해 동안이나 그들을 데리고 장난을 친 것은 그들의 만남이 운명이 되기에는 아직 준비가 되지 못했기 때문. 그러다가 때가 되어 두 사람이 마주보게 됐다는 것이 심보르스카의 주장이다.

1970년대와 1990년대, 사랑이 이렇게 변하니

여기까지만 읽는다면, 실제로 '첫눈에 빠진 사랑'은 소설 속 얘기만이 아니며, 많은 사람들은(최소한 38퍼센트는) 운명처럼 정해진 제짝이 있으며, 그들은 자신의 반쪽을 단번에 알아볼 수 있다는 결론에 이르게 된다. 그러나 1990년대 설문조사에서는 그 결과가 많이 다르게 나왔다.

사랑을 연구하는 커뮤니케이션 전문가 아얄라 파인스가 1990년대 미국인 커플 100쌍을 대상으로 조사한 바로는, 남자와 여자 중 약 11퍼센트만이 '자신의 파트너에 첫눈에 반했다'고 대답한 것으로 나타났다. 다시 말해 10명 중 한 사람만이 "나는 이 사람을 본 순간 '바로 이 사람이다' 싶었어!"라고 대답했다는 것이다. 이것은 1970~80년대, 남녀를 대상으로 조사한 결과와 비교하면 많이 줄어든 수치다. 첫눈에 반한 커플들의 이혼율도 크게 다르지 않았다. 1990년대 커플들은 '우리의 운명은 여기까지!'라고 쉽게 선언하고, 다른 사람과의 운명적 만남을 찾아 미련 없이 떠난다는 것이다.

사실 결혼이 계약관계 중 하나였던 중세에서부터 20세기 이전까지 낭만적 사랑은 결코 결혼의 전제조건이 아니었으며, 한두 번 서로 얼굴 보고 결혼하는 경우가 다반사였다. 당시 결혼이라는 '집안과 집안의 계약관계'를 벗어나 '첫눈에 반한 이성'을 발견한다는 것은 생물학적 욕정과 크게 다르지 않게 해석되곤 했다.

20세기 들어 '낭만적 사랑'이 결혼의 전제조건이 되고 그 가치가 높게 평가받는 시대가 되면서, '첫눈에 반한 사랑'은 현대인의 '결혼에 대한 낭만적 신화'로 자리잡게 된다. '운명적 사랑의 완성이 바로 결혼'이라는 이 신화에는 결혼에 최상의 가치를 부여하는 이데올로기가 깔려 있다. 그러나 90년대 들어 결혼에 대해 다시 고려해야 할 변수가 늘어나면서 점점 첫눈에 반한 운명적 사랑에 대한 신화가 무너진 것은 아닌가 싶다. 결혼이 다시 경제적 거래요, 정치적 · 권력적 결연이 돼버린 오늘날, 첫눈에 반한 사랑을 믿는 것은 '아직 어리다'는 증거와 다름없는 사회가 돼버린 것이다.

사랑학 연구자들은 '첫눈에 반하는 사랑'을 '사랑'이 아니라 '생물학적 이끌림'으로 해석하는 경우가 많다. 첫눈에 반한 사람 앞에서 왠지 모르게 심장이 쿵쾅거리고 기분이 들뜨면서 행복해지는 것은 뇌에서 분비되는 도파민과 아드레날린 같은 화학물질의 작용 때문이다. 대개 첫눈에 사랑에 빠지는 사람은 활동적인 뇌를 갖고 있을 가능성이 높으며, 감정의 폭도 훨씬 넓고 깊다. 잠재 감성지수도 높기 때문에 감정이 이성을 압도하는 '감정의 이성 납치 현상'에 걸려들기 쉽다는 것이다. 특히 이상적 사랑을 꿈꾸는 젊은이에게 잘 나타나며, 그 사랑에 감전될 때 느끼는 감정의 폭과 깊이가 워낙 커서 여러 번 일어나기는 어렵다. 흔히 느낌은 근거 없는 것으로 여겨지지만 어쩌면 이성을 앞서는 유전적 기억과 본능이라는 것이 사랑학 전문가들의 주장이다.

사실 '첫눈에 반한 사랑'은 자연계에선 흔한 일이다. 암컷들 대부분에게는 생리적으로 성숙하는 주기가 따로 있고 새끼를 낳는 시기가 따로 정해져 있다. 그들에게는 수컷의 씨를 받고 새끼를 낳고 자신의 유전자를 퍼뜨릴 수 있는 시간이 단 몇 주, 혹은 며칠밖에 없다. 그러니 모든 수컷 구애자들의 이력서를 검토하느라 몇 달씩 허비할 수가 없다. 시각과 청각, 후각 등 자신의 모든 감각을 동원해 단번에 판단하는 것이다. 실제로 여성들도 얼굴 인상만으로 '함께 가정을 꾸릴 경우 이 남자가 가족을 잘 보살필 만한 사람인가'를 굉장히 빠른 시간에 간파한다고 한다. 특히 그러한 능력은 가임기에 현저히 늘어난다는 사실이 심리학 저널에 보고된 바 있다.

때론 헤어짐의 핑계 또는 작업 수단

마지막으로 할리우드의 유명한 바람둥이이자 매력남 조지 클루니에 대해 한마디 덧붙여야 할 것 같다. 그는 첫눈에 반한 사랑을 믿는 것으로 유명하다. 이미 4년간의 결혼생활을 한 바 있고, 러네이 젤위거에서 크리스타 앨런, 리사 스노든에 이르기까지 많은 여배우와 염문을 뿌린 그는 매번 헤어진 이유를 '운명적 사랑이 아닌 것 같다'는 말로 대신했다. 그는 최근 기부 파티에서 처음 만난 영국의 인권 변호사 아말 알라무딘과 결혼을 했다. 아마도 운명적인 사랑을 드디어 찾은 모양이다.

자신의 부모는 첫눈에 반해 결혼해 아직까지 행복한 결혼생활을 하고 있다며 그도 그런 사랑을 지금도 꿈꾼다는 것이다. 그러면서 그는 매번 새로운 사람을 쉽게 만나고 새로운 운명적 사랑을 찾아 쉽게 떠난다. 조지 클루니가 우리에게 주는 교훈은 '첫눈에 반한 운명적 사랑'은 때론 바람둥이에게 '헤어짐의 핑계' 또는 '작업의 수단'이 될 수도 있다는 것이다.

사랑의 신호는 어디에서 포착되는가?

사랑에 빠진 연인들에게 물어보면, 한결같이 '첫 만남의 인상'이 매우 중요했다고 말한다. 첫인상이 안 좋았다가 나중에 사랑에 빠지게 되는 예도 있지만, 첫눈에 반하진 않더라도 좋은 인상을 남기는 것은 연인으로 발전하는 데 매우 중요하다. 심리학자라면 이것을 '초두효과(primacy effect)'로 설명할 것이다. 영 근거가 없는 것은 아닌데, 우리가 무언가를 판단할 때 먼저 제시된 정보가 나중에 들어온 정보보다 더욱 강력한 영향을 미친다는 것이다. 어떤 사람에 대해 첫인상이 좋으면 나중에 다소 부정적인 행동을 하더라도 긍정적으로 생각하려는 경향이 있다는 것이다.

오랫동안 눈 맞출수록 높은 애정 지수

그렇다면 첫 만남에서 어떻게 상대방을 사로잡을 수 있을까? 첫눈에 상대를 반하게 만드는 강력한 무기가 사실은 우리 코 위에 있다. 사랑이 어디에서 오느냐고? 사랑은 심장이나 생식기가 아니라 바로 눈에서 시작된다. 눈과 눈의 만남을 통해 사랑은 마음을 얻는다.

사람들 사이에서 정서관계가 만들어질 때 가장 중요한 역할을 하는 것이 시각기관이다. 이 때문에 우리는 헤어질 때 "다음에 또 봐요"라고 인사하지, "다음에 또 냄새를 맡아요"라고 하지 않는다. 영국의 한 과학자가 몰래카메라를 이용해 조사한 바에 따르면, 사람들은 대화하는 동안 평균 30~60퍼센트에 해당하는 시간만 상대방을 쳐다본다. 그러나 첫 만남에서 사랑의 엔진을 힘차게 돌리려면 이 정도로는 부족하다고 심리학자 자크 루빈은 말한다.

미국의 저명한 심리학자인 자크 루빈 교수는 미시간대학교 재학 시절부터 사랑을 측정하는 연구에 몰두했다. 무모할 정도로 낭만적이었던 이 젊은 연구자는 나중에 하버드대학교로 옮기면서 사랑하는 연인들 사이에 애정 정도를 측정하는, 이른바 '루빈의 저울'이라는 것을 최초로 만들었다. 「낭만적 사랑의 측정」이라는 논문에서 그가 제안한 방법은 간단하다. 대화하는 동안 얼마나 오랫동안 서로의 눈을 쳐다보는가를 재보면, 사랑하는 정도를 객관적으로 측정할 수 있다는 것이다.

루빈 교수는 연인들을 모집해 그들의 애정 정도를 묻는 일련의 긴 설문을 했다. 대기실에는 몰래카메라를 설치해놓고 연인들이 설문하기 전 기다리는 동안 서로 대화를 하면서 얼마나 오랫동안 눈을 맞추고 있는지를 측정했더니, 오랫동안 눈을 쳐다보는 커플일수록 설문에서 높은 수치가 나왔다. 상대방의 혈관에서 '사랑의 호르몬' 페닐에틸아민이 솟구치길 원한다면, 대화 시간의 75퍼센트 이상 눈을 맞추라고 심리학자들은 권한다.

시인 예이츠가 자신의 시에서 '술은 입으로 들어오고 사랑은 눈으로 온다'고 노래한 지 100년이 지난 지금, 과학자들은 그것이 사실임을 과학으로 증명하고 있다. 1989년 미국의 심리학자 캘러먼과 루이스 박사는 생면부지의 남녀 48명을 넓은 실험실에 들어오게 한 뒤 그중 한 그룹에게는 상대방의 눈을 2분 동안 보도록 지시하고, 다른 한 그룹에게는 특별한 지시를 하지 않았다. 이 연구에 따르면, 2분이라는 짧지 않은 시간 동안 낯선 상대를 쳐다봐야만 했던 남녀는 '실험 후 서로에 대해 호감이 늘었다'고 대답했다.

그렇다면 시선 교환이 왜 이처럼 뜨거운 결과를 가져오는 걸까? 인류학자 헬렌 피셔는 그것을 '인간의 원시적 본능'으로 설명한다. 즉 눈과 눈이 마주치면 인간의 두뇌 가운데 원시적인 영역이 자극을 받아 두 가지 기본 감정, 접근하느냐 후퇴하느냐 중 어느 한 쪽을 선택하게 된다는 것이다. 헬렌 피셔의 주장이 맞는다면, 첫 만남에서 상대방을 사로잡기 위해서는 사냥감(?)과 거의 위협에 가까울 만큼 강렬한 눈빛을 교환하시라. 느끼해서 여자가 도망갈 것 같다고? 한번 해보시라. 의외로 반응 좋다.

그렇다면 빤히 쳐다보기만 해도 상대방이 내게 호감을 느낄까? 절대 그렇지 않다. 우리에겐 상대방이 호감가는 상대인지,

충분히 믿을 만한지를 알아내는 신호가 따로 있다. 잘 드러나진 않지만 바로 '동공의 크기'다. 호감이 가는 상대방을 만나면 눈동자의 동공이 팽창된다. 강한 자극을 느꼈다는 얘기다. 반면 동공이 수축했다면 두 사람 사이에는 긴장이 풀렸다는 뜻이다.

여성들은 결혼했든 안 했든 아기 사진을 보면 동공이 커진다. 그러나 남자들은 자식이 있는 경우에만 이러한 특징을 보인다. 따라서 싱글맘을 꼬이려는 선수들이 공원을 배회하다가 유모차에서 버둥대며 우는 아기를 보며 자지러지는 모습을 본다면(미국에선 종종 볼 수 있는 광경이다), 그의 머릿속에는 '아기의 엄마를 어떻게 한번 꼬여볼까' 하는 생각이 있다고 보면 된다.

영국에선 아주 재미있는 실험을 한 적이 있다. 점잖은 신사들에게 신인 여배우의 사진과 영국 화가 휘슬러가 그린 '어머니의 초상'을 보여주며 비교하라고 했다. 그랬더니 신사들은 위엄 있는 노부인의 모습에 온갖 찬사를 쏟아냈지만, 막상 동공의 변화를 관찰해보니 이런 찬사가 무색할 정도로 신인 여배우 사진에서 동공이 훨씬 더 팽창했다.

'동공의 팽창'이 나타내는 신호의 의미를 알아내기 위해 동공계측학(pupillometrics)이라는 엽기적인 분야를 창시한 에크하르트 헤스 박사가 했던 독창적인 실험의 결과는 신기하기까지 하다. 똑같이 인쇄한 두 장의 매혹적인 젊은 영국 여성의 사진을 남자들에게 보여주되, 한쪽 사진만 연필로 눈동자가 좀 더 커 보이도록 조작했다. '이 두 장의 여자 사진 중에서 어느 쪽이 더 마음에 드냐'는 질문에, 남성들의 답변은 한결같이 동공이 크게 팽창된 여자의 사진이었다. 벼락같은 사랑은 평소보다 몇 밀리미터 늘어난 동공에서 시작된다. 섹시하면서도 도발적인 눈빛을 보내고 싶다면, 당신의 동공을 넓혀라.

그러나 그게 어디 마음대로 되느냐고? 연필로 사진의 동공을 크게 그리듯 마음대로 조작할 순 없지만, 동공의 크기도 어느 정도는 인위적으로 조절할 수 있다. 이탈리아에선 르네상스 시대 이미 동공이 크면 더 섹시해 보인다는 사실을 알고 아가씨들이 동공을 확대하기 위해 특별한 안약을 넣었다. 당시엔 몰랐지만, 이 안약은 아트로핀 제제를 주성분으로 했는데, 아트로핀은 원래 동공을 키울 뿐만 아니라 심장박동을 가속하고 입술을 바짝 마르게 하며 가볍게 손을 떨게 하기도 한다. 한마디로 말해, 사랑에 빠졌을 때와 유사한 증상이 나타나게 하는 것이다. 약의 이름도 의미심장하다. 벨라 도나(Bella Donna), 이탈리아어로 '아름다운 부인'이란 뜻이다.

명대사
"당신의 눈동자에 건배"

좀 느끼하지만, 과학자들이 권하는 '눈빛으로 유혹하는 기술'은 끈적끈적한 눈빛을 보내라는 것이다. 사람들은 대화할 때 문장이 끝나거나 침묵이 흐르면 어색해서 잠시 시선을 딴 데로 돌리는 경향이 있다. 그러나 대화 사이사이 짧은 침묵이 이어지는 동안 상대방의 눈에서 시선을 떼지 말고 쳐다보라는 것이다. 그러면 상대방은 마치 전기에 감전된 것처럼 짜릿함을 느낄 것이다. 소설에서 흔히 상대방에게 마음을 뺏겼을 때 '그는 그 여자에게서 눈을 떼지 못했다'고 표현하지만, 눈을 떼지 않는다면 마음을 뺏기는 쪽은 상대방이라고 과학자들을 지적한다.

2차대전 중 모로코를 무대로, 사랑하지만 서로를 위해 헤어져야만 했던 연인의 가슴 아픈 러브스토리를 그린 〈카사블랑카〉의 명대사를 기억하는가? 주인공 험프리 보가트가 한 손에 와인잔을 들고 잉그리드 버그먼을 응시하며 했던 한마디, "당신의 눈동자에 건배"(Here's looking at you, kid). 이 명대사가 얼마나 명번역인지, 과학자는 지난 30년간의 연구를 통해 비로소 알게 되었다.

수컷의 이력서, 혹은 사랑의 조건

얼마 전 영국에선 남자의 키가 1인치(2.54cm) 클수록 스피드 데이트에서 성공을 거둘 확률이 5퍼센트씩 높아진다는 연구 결과가 발표됐다. 스피드 데이트란 참가비를 낸 많은 수의 남녀가 10분 정도씩 대화를 나누면서 이상적인 파트너를 찾는 서구형 집단 미팅을 말한다. 영국 에식스대학의 연구자들이 남녀 3,600명이 참가한 스피드 데이트 84회를 분석한 결과, 남자는 키가 클수록 여성들의 선택을 받을 확률이 높아진다는 사실을 발견했다.

또 참가자가 전체 평균 나이보다 한 살씩 많아질수록 선택받을 확률이 4퍼센트씩 감소한다는 사실도 찾아냈다. 젊은 남성이 선호되고 있다는 것이다. 반면 여성은 몸무게가 늘어날수록 선택받을 확률이 현저히 떨어졌지만, 남성들에겐 과체중이 그

다지 큰 장애가 되지 않더라는 것도 중요한 결과였다.

한 살 많아지면 매력은 4퍼센트 감소

이처럼 매력남과 매력녀의 실체를 밝히는 작업은 사회심리학자들의 중요한 연구주제이다. 매력남(혹은 매력녀)의 조건이 무엇이고 그것이 어떤 원인에서 비롯됐는지를 이해하는 것은 '낭만적 사랑의 실체'를 파헤치는 데 중요한 단서가 되기 때문이다.

그렇다면 소개팅으로 처음 만난 자리에서 여성이 가장 눈여겨보는 것은 남성의 무엇일까? 여성들은 남성의 외모를 그다지 따지지 않는 것으로 알려져 있지만, 실제로 설문조사를 해보면 남성만큼은 아니더라도 외모를 매우 중요하게 생각하는 것으로 나타난다. 남성의 85퍼센트가 여성의 외모가 중요하다고 대답한 반면, 여성은 60퍼센트 정도가 남성의 외모가 중요하다고 대답했다.

더욱 재미있는 것은 똑같은 설문을 거짓말 탐지기를 설치한 상황에서 하겠다고 일러주면 그 수치가 80퍼센트 가까이 올라간다는 사실이다. 다시 말해 여성도 남성의 외모를 중요하게 생각하고 있지만, '그렇다'라고 대답하는 것을 사회적으로 적절하지 않게 보는 경향이 있다고 판단해서 설문에서 거짓 대답을 하는 경우도 종종 있었던 것이다.

여성이 가장 중요하게 생각하는 남성의 외모는 단연 키다. 위에서 소개한 연구 결과처럼 키가 크면 소개팅에서 인기를 얻을 가능성이 높아진다. 나라마다 조금씩 다르지만 평균

178~185센티미터의 남성들이 가장 선호되는 것으로 알려져 있다. 여성들 중에는 남성의 얼굴보다 키가 더 중요하다고 대답하는 경우도 많았다.

하지만 잘생긴 얼굴은 여전히 매력남의 조건이다. 특히 여성의 경제적 능력과 지위가 점점 올라가고 있는 요즘, 그런 경향은 전 세계적으로 점점 두드러지고 있다. 영국 세인트앤드루스대학의 심리학자 피오나 무어는 18~35살 여성 1,851명에게 경제적 능력, 사회적 지위, 친절함, 유머감각, 관계에 대한 헌신도, 육체적 매력 등 13개 특징을 제시하면서 어떤 속성을 지닌 남성을 선호하는지 물었다. 동시에 여성 자신의 경제적 자립도도 표기하라고 했다. 그 결과, 놀랍게도 영국의 여성들은 남성의 경제적 능력보다 외모를 더 중시하는 것으로 나타났다. 특히 자신의 경제적 자립도가 높다고 평가한 여성일수록 이런 경향이 더욱 뚜렷했다.

이 결과는 한국이나 미국에서 했던 많은 설문에서 여성들이 '남성의 경제적 능력'을 가장 중요한 매력 포인트로 꼽았던 것과는 대조적이다. 연구자인 피오나 무어는 "여성들의 경제직 자립도가 높아지면서 그것이 장기적 파트너 후보를 선택하는 방식에 영향을 끼친 것 같다. 성 평등이 강화될수록 여성들도 짝을 선택할 때 남자와 유사한 방식으로 행동하는 것처럼 보인다"고 언급하고 있다(우리나라의 '꽃미남' 현상도 이와 무관하지 않다). 왜냐하면 경제적 자립도나 성공 욕구가 낮은 여성은 여전히 남성의 경제적 부를 가장 중시하는 것으로 나타났기 때문이다.

여자들이 좋아하는 남자가 좋아

인기가 많다는 것도 남성에게 큰 매력 포인트다. 영국 애버딘대학의 심리학자 벤 존스와 그 동료들이 발표한 연구 결과에 따르면, 여성들은 다른 여성들이 호감을 느끼는 남성을 좋아한다고 한다. 벤 존스 박사팀은 여성들(28명, 평균나이 24살)에게 비슷한 수준의 외모를 가진 네 명의 남성 사진을 보여준 뒤, 매력 정도에 따른 '평점'을 매기도록 했다. 그다음 같은 남성들이 다른 여성과 함께 등장하는 짧은 비디오를 보여주었는데, 영상 속의 여성들은 세 가지 표정으로 남성을 바라보았다. 웃는 얼굴, 지루한 표정, 무표정한 얼굴이 그것. 비디오를 본 뒤에는 여성들의 평가가 달라졌다. 웃는 여성들의 시선을 받았던 남성들에게 선호도가 15퍼센트 가량 높아졌던 것이다. 결국 여성들은 다른 여성들이 좋아하는, 말하자면 '인기남'에게 더욱 큰 호감을 느끼는 것이 밝혀졌다는 게 연구팀의 설명이다.

그렇다고 해서 여성이 그저 잘생긴 외모의 인기남을 원하는 것은 아니다. 미국 미시간대학 공중위생학 연구팀은 '여성은 결혼 상대로 남성적 외모보다 여성적 얼굴을 가진 남성을 더 선호한다'는 연구 결과를 발표한 바 있다. 그들은 이목구비가 뚜렷해 '남자다운' 인상을 풍기는 남성은 데이트에서 여성에게 결혼 상대라는 인상을 주기 어렵다는 사실을 설문을 통해 알아냈다.

연구팀은 미국 남녀 대학생 약 850명을 상대로 컴퓨터로 다양한 외모의 남녀 합성사진을 보여주었다. 설문 결과 여성들은 이목구비가 뚜렷하고 턱이 각져서 튼튼하게 보이는 남성 얼굴에 대해 '이런 남성은 주로 단기간 교제하기 적합한 상대이며 결혼하면 바람을 피울 가능성이 높다'고 대답했다. 반면 얼굴이 둥글어 인상이 서글서글하고 입술이 약간 두꺼운 '여성적' 얼굴의 남성은 결혼 뒤 '좋은 아버지'나 '좋은 남편'이 될 것 같다고 대답했다. 다시 말해 장기적 배우자감으로 보인다는 것이다. 연구팀은 "여성이 단기적으로 남성을 만날 때는 남성적 외모 같은 유전적 잠재 요소를 중요하게 여기지만, 결혼 등 협력이 중요한 관계에서는 상대방의 육아 능력까지 고려해 여성적 얼굴을 가진 남성을 선호하게 된다"고 분석했다.

반면 '완벽한 외모에 사회적 지위까지 높은 남자들이 뜻밖에 신랑감으로는 환영받지 못한다'는 연구 결과도 있다. 영국 센트럴 랭카셔대 연구진은 남성의 사회적 지위가 신랑감 자격에 어떤 영향을 미치는지 조사하기 위해 가짜 소개팅 광고를 냈는데, 이때 참가한 남성들은 여성들에게서 매력이 철철 넘친다는 평가를 받은 남자와 보통 남자, 매력 없는 남자 등 세 부류였고, 영국 국립통계청의 직업 분류상 상(기업 이사, 건축가) · 중(교사, 여행사 직원) · 하(웨이터, 우편집배원)로 구분되는 각종 직업을 내걸었다. 이 광고를 186명의 여성에게 보여주고 장기적인 파트너로 누가 매력이 있느냐고 물은 결과, 잘생긴 남성은 모든 직업군에서 못생긴 남성보다 선호됐지만, 직업적으로 성공하고 용모도 뛰어난 남성들은 예상과 달리 가장 가난한 남성들과 비슷한 점수를 받았다. 놀랍게도 가장 높은 점수를 받은 그룹은 보통의 외모와 수수한 직업을 가진 남자들이었다.

때론 키보다 중요한 유머감각

연구진은 '여성이 매력적이면서도 성공한 남성을 피하는 것은 이들이 장차 바람을 피우거나 둘 사이의 관계, 더 나아가 미래의 가족을 위해 그다지 헌신하지 않을 것이라는 두려움 때문인 것으로 보인다'고 지적했다. 연구진은 여성들은 무의식적으로 잘난 남자를 피하고, 바람을 피우거나 자신을 떠날 가능성이 적은 남자를 고르는 경향이 있다며 자녀 양육에 많은 시간을 보낼 수 있는 남성이 유리하다고 지적했다.

끝으로, 남성의 매력 포인트에서 빼놓을 수 없는 것이 바로 '유머감각'이다. 2008년 미국 매사추세츠 웨스필립 주립대와 캐나다 온타리오 맥마스터대의 공동 연구팀은 『진화와 인간 행동』에 실린 자신들의 논문에서 여성은 농담을 잘하는 남성을 파트너로 선호한다는 연구 결과를 내놓았다. 유머감각은 때론 외모나 키보다 중요하게 작용하기도 하는데, 그것은 유머감각이 그 사람의 정신적 능력을 보여주며 무엇보다 사회적 능력이 뛰어나고 인간관계가 원만하다는 것을 드러내는 간접적인 신호로 파악되기 때문인 것 같다. 늘 유머를 잃지 않으며 특히 위기 상황에서도 유머를 발휘할 줄 아는 남성만큼 매력적인 남성도 없다.

요약하자면, 현대 여성이 가장 선호하는 남성은 큰 키에 멋진 외모, 경제적 능력을 갖추고 있으며, 가정적이고 유머감각을 겸비한 사람이다. 나도 그런 남자를 한번 만나봤으면 좋겠다.

암컷의 이력서 혹은 사랑의 조건

"너는 왜 그 남자를 사랑해?" "그 여자의 어떤 점이 좋아?" 대한민국에선 이런 질문을 던졌을 때 답을 듣기가 쉽지 않다. 우리 학교 '사랑학' 수업 시간에도 사랑에 빠진 학생들에게 이런 질문을 던지면 학생들의 답변은 한결같다. "특별히 어떤 이유가 있는 게 아니라요, 그냥 다 좋아요." "뭐라고 꼬집어 말할 수 없어요."

말로 못하겠다고? 그건 '동물적 이끌림'이야

학생들이 이런 식으로 답변하는 데에는 어느 정도 문화적인 압력도 작용하는 것 같다. 우리 사회에선 이유를 댈 수 있는 사랑을 '낮은 수위의 사랑'으로 보는 경향이 있다. 절대적인 사랑은 사랑에 빠진 이유를 댈 수 없어야 한다. 많은 단점에도 불구하고 그 사람 자체가 그냥 좋은 '운명적 사랑'을 최고의 사랑이라고 믿는다. 그러나 역설적이게도 내가 그 사람을 사랑하는 이유를 댈 수 없는 것은 그 사랑이 나도 원인을 알 수 없는 '생물학적 이끌림' 때문이라는 고백과 다름없다.

한편에선 '사랑이 생물학적 이끌림에 지나지 않는다'고 얘기하면 '고귀한 사랑의 진실을 이해하지 못하는 삭막한 사랑관'이라며 비판하지만, 생물학적 이끌림으로 사랑이 시작된다고 해서 사랑의 가치를 훼손하진 않는다. 게다가 우리 사회만큼 사랑을 '생물학적 이끌림'으로 간주하는 나라도 많지 않다. 생물학적 이끌림에 반하는 동성애를 우리가 얼마나 터부시하는지만 봐도 알 수 있다. 우리가 왜 〈커피프린스 1호점〉에 열광했는가? 이 드라마야말로 '사랑이란 내가 아무리 의식적으로 · 문화적으로 남자라고 믿어도 몸이 이끄는 대로 사랑에 빠지게 된다'는 생물학적 사랑관을 가장 잘 보여주는 드라마이며 사람들이 여기에 크게 공감했기 때문 아닌가!

우리나라와는 반대로, 미국이나 유럽에선 "너는 왜 그 사람을 사랑해?"라고 물으면 연인들은 두 시간이고 세 시간이고 쉬지 않고 얘기한다. 사소한 것도 이유가 될 수 있으며 한두 가지 이유론 내 사랑을 설명할 수 없다는 식이다. 그래서 사랑에 빠진 연인들을 인터뷰하는 연구를 수행하는 과학자들에겐 닭살 돋는 얘기를 참고 들어주는 인내심이 필요하다. 우리나라에서도 연인들이 '이유가 너무 많아서' 아예 말하지 않는 거라고? 그렇지 않거든요! 우리나라 연인들과 인터뷰를 하려면 인내심이 필요하다. 이유를 대는 순간 세상이 멸망하기라도 할 듯 "뭐라고 말로 표현할 수 없다"는 얘기만 30분 동안 반복한다. 뭐라고 말로 표현할 수 없다고? 그럼 그건 '동물적인 이끌림'인 거야!

미국에서 수행된 '연인들과의 인터뷰'에서 사랑에 빠진 연인들의 입에서 '내가 그 사람을 사랑하는 이유'로 가장 많이 등장하는 것은 '다정다감해서' '유머가 있어서' '사려 깊어서' '잘 생겨서' '예쁘고 섹시해서' 등이다. 이 중 90퍼센트가 배우자의 '성격'에 관한 묘사였으며 이는 남녀 모두 비슷했다. 연인들에게 가장 중요한 것은 '매력적인 성격'이라는 얘기다.

물론 외모도 중요하다. 남자는 약 81퍼센트, 여자는 약 44퍼센트가 외모에서도 사랑의 이유를 찾았다(역시 남자들이 더 외모를 따진다!). 거짓말 탐지기를 대면 여자의 수치는 44퍼센트에서 65퍼센트로 올라간다. 여자들에게도 남자의 외모는 중요하다. 남자만큼은 아니지만 말이다.

미녀의 조건, 어린 나이와 매력적인 얼굴

사회심리학자들이 수행한 연구 결과에 따르면, 사랑에 빠진 연인들에게 미모는 '스크리닝(Screening)' 구실을 한다. 사람들은 이성을 만나면 제일 먼저 외모로 '사귈 가능성이 있는 사람인지 아닌지'를 판단한다. 외모가 맘에 안 들면 사귈 가능성이 있는 대상에서 제일 먼저 제외해버린다. 이때 제외되지 않은 사람들은 성격까지 매력적이라는 사실을 알게 되면 정말로 사랑에 빠지게 된다는 것이다.

그렇다면 왜 우리는 주위에서 '미녀와 야수' 커플을 종종 보게 되는 것일까? 명동이나 압구정동에 나가보시라. 다섯에 하나는 〈여자는 김혜수요, 남자는 유해진〉 혹은 〈여자는 오정연이요, 남자는 서장훈〉 커플이다. 왜 우리는 그토록 자주 '미녀와 야수' 커플을 보게 되는 것일까? 그것은 여자가 처음엔 외모로 남자를 제외했다가 (같은 학교에 다닌다거나 같은 회사에 다니는 등) 어쩔 수 없이 계속 봐야 하는 상황에서 상대의 매력적인 성격이나 지적·경제적 능력에 빠지게 된 경우가 대부분이라는 것이 설문조사 결과다. 첫눈에 반해 사랑에 빠진 경우가 겨우 12퍼센트에 불과하기 때문에 가능한 일이지, 첫눈에 반한 사랑이 대세였다면 나오기 어려운 것이 바로 '미녀와 야수' 커플이다.

야수에게 기대되는 것이 매력적인 성격과 경제적 능력이라면, 미녀의 조건은 무엇일까? 미국 사람들을 대상으로 한 설문조사에 따르면, 미녀의 기본 조건은 어린 나이와 매력적인 얼굴, 그리고 몸매다. 남자들이 가장 선호하는 여성의 나이는 23~26살. 그래서 남자 중 · 고등학생들은 옆집 대학생 누나나 교생 선생님에게 열광하며, 대학생들은 또래 이성 친구들과의 미팅에 열중하고, 아저씨들은 제 나이는 잊은 채 채팅방에서 20대 초반 여성을 찾아 헤매는 모양이다. 진화생물학자들은 남자들의 '어린 나이 선호'를 여성의 출산 능력과 연결해 설명하려 한다는 것을 쉽게 짐작할 수 있을 것이다.

심리학자들이 수만 명의 남성에게 수천 장의 여성 사진을 보여주며 선호도를 조사한 결과, 남자들이 선호하는 여성의 얼굴은 크게 두 유형으로 나뉜다. 귀여운 타입(baby face)과 섹시한 타입(sexy face). 다시 말해 드루 배리모어형과 앤젤리나 졸리형이다. 전자는 눈이 크고 턱과 코가 작으며 어린이를 연상시키는 해맑은 미소의 소유자인 반면, 후자는 입술이 도톰하고 눈썹이 진하고 웃음이 시원한 여성이다. 윤은혜나 심은하 같은 타입이 전자에 속한다면, 김혜수나 한채영 같은 얼굴이 후자에 속할 것이다.

다음으로 중요한 것은 몸매. 1986년 미국의 심리학자 엘리케 박사는 희한한 질문들로 남성들을 곤경에 빠뜨렸다. '얼굴은 예쁘나 몸매가 예쁘지 않은 여성과 몸매는 예쁘나 얼굴이 예쁘지 않은 여성 중 하나를 택해야 한다면 누굴 택하겠느냐?' 설문 결과에 따르면, 남자들은 '얼굴은 예쁘지 않더라도 몸매가 예쁜 여성'을 더 선호했다.

그렇다면 여기서 말하는 예쁜 몸매의 기준은 무엇일까? 놀랍게도 남자가 중요하게 생각하는 것은 얼마나 날씬한가 혹은 다리가 긴가가 아니라, 적당한 키와 적당한 크기의 가슴, 그리고 황금비율의 '허리 대 엉덩이 비율'이었다. 1980년대 심리학자들이 미인의 기준을 찾으려는 노력을 꾸준히 해온 결과, 남자들이 날씬한 여성을 선호하는 뚜렷한 징후를 찾진 못했지만, 키가 너무 작거나 크면 뚜렷한 거부 반응을 보인다는 것을 알게 됐다. 남자와 마찬가지로 여자들에게도 키는 중요한 매력 포인트라는 얘기다. 여성들은 큰 키의 남자를 선호하는 반면, 남성들은 적당한 키의 여성을 선호했다.

가슴 크기도 마찬가지다. 남자는 너무 작거나 큰 가슴보다는 적당한 크기의 가슴을 선호하는 것으로 나타났다. 남성들은 여배우들에게선 좀 더 큰 가슴을 끊임없이 찾지만, 자신의 배우자에게는 적당한 크기의 가슴을 기대하는 모양이다.

엉덩이 대 허리가 0.7인 여자

'허리 대 엉덩이 비율'(waist-to-hip ratio)이 작은 여성을 남성들은 선호했다. 허리는 가늘고 엉덩이는 상대적으로 큰 여성이 매력적이라는 얘기다. 그 비율이 0.7 정도 될 때 남자들은 한목소리로 가장 아름답다고 대답했는데, 흥미로운 것은 미스 아메리카나 『플레이보이』지 선정 '이달의 버니'들의 '허리 대 엉덩이 비율'을 조사해본 결과, 대부분 0.7 정도 되었으며 그 비율은 지난 60년간 크게 변하지 않았다는 것이다. 남자들이 여성의 날씬한 몸매를 선호하는 것은 어제오늘의 얘기가 아니라는 소리다.

성격이 연인들에게 미치는 영향

사랑에 관해 관심은 많으나 경험은 많지 않은 사람들이 궁금해하는 질문 중 하나는 '나와 다른 사람과 결혼하는 것이 행복할까? 아니면 비슷한 사람과 결혼하는 것이 행복할까?' 하는 것이다. 정반대끼리 결혼해야 잘 산다는 얘기를 어른들은 종종 하는데, 비슷해야 호감이 가는 것이 사실 아닌가? 깨끗하고 깔끔한 성격의 사람이 그렇지 않은 사람과 결혼하면 과연 행복할까?

과연 결혼한 커플들은 여러 가지 면에서 서로 유사한가? 혹은 그렇지 않을까? 아얄라 파인스가 쓴 『LOVE: 사랑에 대해 알아야 할 모든 것』(다산초당, 2005)에 따르면, 커플 사이의 유사성을 처음으로 분석한 연구는 19세기 말 영국으로 거슬러 올라간다. 이 연구에서 과학자들은 부부 사이에 나이, 인종, 종교, 교육 수준, 사회적 지위와 같은 문화적인 변수들이 서로 유사한지 다른지를 설문을 통해 조사했다. 덧붙여 키나 눈동자의 색깔, 심지어 지능과 같은 육체적인 특성에 대해서도 물어보았다고 한다. 그 결과, 19세기 영국의 부부들 사이에는 육체적인 특성이나 문화적인 배경에서 상당한 유사성이 발견됐다. 비슷한 성격과 문화적 배경, 신체적 특성이 있는 사람들끼리 결혼을 하더라는 것이다.

연인들은 심지어 정신질환도 공유한다

100년이 지난 뒤 영국에서 다시 실시된 연구에서도 결과는 비슷했다. 미국에서 1,499쌍의 부부를 조사한 결과, 남녀 사이에 성격적인 특성이나 일반적인 인식적 특성이 유사하다는 것이다. 특히 내향성, 외향성, 논리성과 같은 특성에 대해서도 부부들은 서로 비슷하다는 결과를 얻었다. 다시 말해, 내성적인 사람은 내성적인 사람을 선호하고, 외향적인 사람은 외향적인 사람을 더 좋아해서 결혼에 이르더라는 것이다.

심지어 커플들은 키나 몸무게, 몸집과 같은 신체적인 특징도 유사하다고 한다. 대개 키가 큰 여자는 키 큰 남자와 결혼하고, 키가 작은 남자는 (그렇지 않기를 바랄 수도 있겠지만 불행히도) 결국 키 작은 여자와 결혼하게 되더라는 것이다. 미국에서 다양한 연령층의 부부 330쌍의 몸무게를 조사한 결과도 이와 비슷하게 나왔다.

물론 같이 살다 보니 생활 습관이 비슷해져서 함께 살이 찐 것이라고 생각할 수 있다. 실제로 은퇴를 앞둔 부부들의 경우에는 신체적으로 서로 많이 닮는다는 연구 결과는 여러 번 확인되기도 했으니까. 콜롬비아를 대표하는 화가 페르난도 보테로의 그림을 보면 가족이 모두 하나같이 뚱뚱하게 생겼는데(심지어 그 집에서 기르는 개도 뚱뚱하다), 같은 집에 살면서 생활 습관을 공유하다 보면 그럴 수도 있을 것이다. 그러나 과학자들이 누군가? 그들은 갓 결혼한 젊은 부부들의 몸무게와 신체 조건을 조사해 보았는데, 그 역시 비슷하다는 결과를 얻었다.

좀 엉뚱하게 들리겠지만, 커플들은 서로 정신병을 공유하기도 한다는, 좀 기괴한 커플 유사성 연구도 있다. 정신분열증을 앓는 여자들은 남편도 정신이상 증세를 보이는 경우가 많았다고 한다. 또 쉽게 우울해지는 사람들은 대개 자신과 같은 우울한 이성에게 끌린다는 증거도 있다. 성격이 활발한 사람은 자신과 비슷한 성격의 사람에게 끌린다는 증거는 더욱 많다. 그들은 함께 살기 때문에 정신질환을 공유하게 된 것이 아니라, 처음부터 특별한 성격에 끌리게 되어 함께 살게 되었다는 것이 그들의 한결같은 진술이다.

그렇다면 이미 함께 살고 있는 부부들이 아니라, 서로 처음 만나서 사랑을 속삭이는 동안에도 '유사한 성격'이 사랑에 빠지는 데 도움이 될까? 당연히 그렇다! 아얄라 파인스의 설문조사에 따르면, 연인들의 3분의 1은 처음 호감을 느끼는 과정에서 자신과 비슷한 유사성이 큰 역할을 했다고 응답했다. 성격이나 사고방식, 목표나 관심거리, 혹은 취미가 비슷하면, 처음 느꼈던 호감이 더욱 증가하고 관계가 빠르게 발전된다는 것이다.

상대방에게 소중한 것을 이야기하라

그렇다면 어떤 점이 유사할 때 사람들은 서로 가장 매력을 느끼는 걸까? 진화심리학자들은 이 질문에 대해 나이와 교육 수준, 인종이나 종교가 가장 중요한 요소라고 꼽는다. 이 요인들은 평소 인간관계에 가장 영향을 미치는 요소로 알려졌다. 사람들은 결혼을 위해 맞선이나 소개팅 자리의 상대방을 고를 때 가장 중요하게 여기는 요소들이 맞지 않으면 우선 대상에서 제외한다. 예를 들어 나이 차이가 너무 난다거나, 교육 수준이 너무 다르다거나, 민족적 · 종교적 배경이 다르면 아예 거들떠보지도 않는다는 얘기다. 물론 이를 극복하고 행복하게 잘사는 커플도 있지만, 많은 사람들은 그런 위험한 선택을 하지 않는다는 것이다.

그렇다면 왜 인간들은 서로 비슷하면 호감을 느끼고 유사한 성격의 사람과 함께 살 때 만족을 느끼는 것일까? 사실 서로의 생각이나 성격에 차이가 있으면 종종 불쾌감을 줄 수도 있다. 깨끗하게 정리정돈을 잘하는 사람은 그렇지 않은 사람과 함께 지내는 것이 고통스럽다. 성격이 급한 사람은 느긋한 사람이 늘 답답하게 느껴지며, 느긋한 사람은 성격이 급한 사람과 지내는 것이 형벌처럼 느껴질 것이다. 결과적으로 태도와 기질, 행동 양식이 비슷한 커플들이 그 관계가 오래갈 확률이 높다는 것이다.

자신의 인식이나 생각을 비슷한 방식으로 정리하고 표현하는 사람은 상대에게 큰 즐거움을 줄 수 있다. 『친구를 얻고 사람들을 움직이는 방법』이란 책을 써서 전 세계 수천만 명의 독자를 사로잡은 데일 카네기는 태도와 관심의 유사성에 주목하며 "상대방의 가슴에 감동을 주는 최고의 방법은 그가 가장 소중하게 여기는 것에 관해 이야기하는 것이다"고 했다. 사랑을 연구하는 심리학자들은 그의 이 처세술과 인간관계학에 탄복한다. 그의 말은 현실에서 효력이 있다. 진화론의 창시자 찰스 다윈도 사람들이 서로에게 매력을 느끼는 이유를 나열하면서 '태도와 관심의 유사성'을 가장 중요하게 생각했다. 왜 가재는 게 편이고 찌르레기는 까마귀 편이겠는가?('찌르레기는 까마귀 편이다'는 탈무드의 격언이다.) 우리는 평생 어떤 순간에도 자신과 한편이 되어줄 반려자가 필요한 것이다.

사람들은 대부분 자신과 비슷한 사람과 사랑에 빠진다. 신데렐라와 왕자의 위대한 사랑, 호텔 재벌의 아들과 가난하지만 씩씩한 처녀의 사랑, 아름다운 창녀와 백만장자의 결혼은 모두 동화나 한국의 TV 드라마에서나 가능하지, 현실에선 보기 어렵다. 그렇기 때문에 사람들은 현실에서 이루지 못한 꿈을 동화와 드라마, 통속소설에서 이루려는 것 아닐까?

줄리아 로버츠와 리처드 기어가 주연한 영화 〈귀여운 여인(Pretty Woman)〉은 원래 마지막에 서로 헤어지면서 끝을 맺는 것이었다고 한다. 하지만 처음 이 이야기가 영화화됐을 때 시사회에서 관객이 이러한 비극적인 결말을 굉장히 싫어했다고 한다. 관객은 이 영화를 해피엔딩으로 마무리지을 것을 요구했고, 영화감독은 마지막에 결말을 바꾸었다는 얘기는 유명하다. 그러나 그런 기적 같은 로맨스는 영화에서나 가능하며 대개 결혼으로 이어지지는 않는다. 설령 드물게 결혼으로 이어지더라도 그들이 '그 후로 행복하게 살았으리라' 짐작되진 않는다.

연인들의 행복은 '공감'에서 나온다. 함께 웃어주고 함께 울어주는 사람과 함께라서 우리는 행복한 것이다. 사랑을 연구하는 인류학자 헬렌 피셔의 연구 결과에 따르면, 남자의 64퍼센트와 여자의 76퍼센트는 '내 연인이 행복할 때 나도 행복하고 그가 슬플 때 나도 슬픔을 느낀다'고 대답했다. 시인 E. 커밍스가 자신의 시에서 '그녀는 그의 기쁨을 웃었고, 그의 비탄을 울었다'라고 노래한 것도 바로 이 때문이리라.

연인들에게 사랑의 전략을 소개하는 레일 라운즈는 그의 저서 『누구라도 당신과 사랑에 빠지는 법』이란 책에서, 처음 만나서 상대를 사로잡고 싶다면 서로 유사하다는 것을 보이라고 조언한다. 상대가 소중하게 여기는 것에 관심을 갖고 이야기하며 상대와 유사한 말투를 쓰라고까지 주문한다. 그러나 그러한 조언을 평생 실천하지 못할 것이라면, 혹은 평생 노력해볼 사랑의 힘이 없다면 아예 시도하지 마시라. 결국 들통 날 것이니까.

섹스를 경험하기 위한 그 필사적인 노력

우리는 태어나서 죽을 때까지 평생 섹스를 몇 번이나 할까? 사람마다 나라마다 민족마다 문화마다 그 수는 다르겠지만, 한 통계에 따르면 인간은 평생 평균 5명의 상대와 2,580번의 섹스를 나눈다고 한다. 전희를 포함해서 한 번 섹스할 때마다 걸리는 시간을 30분만 잡아도 그 시간을 다 합치면 무려 1,290시간. 우리가 인생에서 섹스로 얼마나 많은 시간을 보내는지 가히 짐작할 만하다.

미국의 한 웹사이트가 벌인 설문조사에 따르면, 섹스를 나눈 상대 5명 중에서 정말로 사랑했던 사람은 겨우 2명뿐이라고 한다. 3명은 단순한 성적 이끌림으로 우여곡절 끝에 성관계를 하게 됐다는 얘기다. 서양인의 설문조사를 근거로 얻은 통계 수치니 너무 불편해하지는 마시라. 이 통계는 인간관계에서 섹스가 얼마나 복잡한 골칫거리를 안겨줄 수 있는지를 상기시켜준다.

여자는 NO, 남자는 YES

미국의 심리학자 클라크와 햇필드는 1989년 미국의 한 대학에서 점잖지 않은 설문조사를 해 심리학계를 발칵 뒤집어놓았다. 그들이 대학생들에게 던진 질문은 명료했다. 만약 매력적인 이성이 당신에게 다가와서 이렇게 얘기한다고 가정하자. "안녕하세요? 그동안 당신을 쭉 지켜보고 있었는데, 당신은 정말 매력적이세요. 오늘 밤 함께 잘 수 있을까요?" 당신이라면 이때 어떻게 반응할 것인가?

그들의 설문 결과는 굉장히 흥미로웠다. 실험에 참가한 144명의 남녀 대학생 중에서 여학생들은 모두 단호하게 성관계 제의를 거절한 데 반해, 남학생들은 75퍼센트가 '좋다'고 대답했다. 여성들은 이 난데없는 제의에 불쾌해하거나 모욕당한 기분을 느꼈으며, 남성들은 모두 이 매력적인 제의에 들떠 있었다.

2005년 오스트리아 비엔나대학의 피셔 교수와 그의 동료들도 유사한 실험을 했는데, 결과는 비슷했다. 그들은 이 논문에서 여학생들 100퍼센트가 이 제안을 거절한 것은 아니고 그중 6.1퍼센트는 성관계 제안을 받아들이겠다고 대답했다며, '누가 어떤 상황에서 물어보느냐에 따라 여성이 제안을 받아들일 가능성이 있다'는 주장을 하고 있다.

하여튼 이 실험이 우리에게 전해주는 메시지는 간결하다. 남자는 낯선 사람과의 하룻밤 정사에 대해 여성보다 훨씬 호의적이라는 것이다. 무도회장이나 클럽에 가면 하룻밤의 정사를 꿈꾸는 수많은 남성이 득실거린다. 그들은 밤새 매력적인 여성들에게 힐끗힐끗 곁눈질하고, 이리저리 찝쩍거리고, 부킹과 술

공세로 유혹하려 하지만 하룻밤 정사의 성공 확률은 그리 높지 않다. 남자들이 다음날 "내가 지금 뭐 하고 있나" 하며 꿀꿀해 하는 데에는 근본적인 이유가 있다. 바로 무도회장을 찾는 남녀의 마음이 크게 다르다는 것이다. '찰나적 성관계'를 꿈꾸며 무도회장을 찾는 여성은 그리 많지 않다. 물론 무도회장에는 대학 캠퍼스보다는 상대적으로 하룻밤의 정사에 호의적인 여성이 있을 확률이 더 높고, 설문조사와는 달리 그들은 1~2시간 정도 서로 대화를 나눌 기회가 있으며, 술과 노래, 춤이라는 흥을 돋우는 환경도 조성돼 있으니 가능성은 상대적으로 커지겠지만, '여성은 기본적으로 찰나적 성관계에 그다지 적극적이지 않다'는 사실을 남성들은 잘 알아야 한다.

먼저 마음속으로 답해보시라

'하룻밤의 정사'나 '혼외정사'는 진화심리학적인 관점에서 매우 흥미로운 연구 주제이다. 인간은 왜 결혼제도라는 것을 만들었는가가 중요한 연구 주제이듯이, '그럼에도 낯선 사람과의 하룻밤 정사가 다양한 문화권에서 폭넓게 발견되는가' 또한 중요한 연구 주제이다. 이런 원나이트 스탠드의 목적은 무엇이며, 인간은 왜 결혼생활을 심각하게 위협할 수도 있는 이런 성관계를 호시탐탐 시도하는 것일까?

중요한 연구 주제임에도 이에 대한 연구는 별로 진행된 바가 없다. 이런 일시적인 성관계는 극도의 보안 속에서 은밀히 이루어지기 때문에 그만큼 연구하기 어렵다. 다들 속시원하게 자신의 하룻밤 정사 경험과 당시 심리 상태 등을 말하기 꺼린다. 한 예로 성행동에 대한 '킨제이 보고서'의 경우, 혼외정사를 묻는 질문에 많은 사람들이 인터뷰 자체를 거부했다고 한다.

그럼에도 일시적인 성관계와 항구적인 성관계(진화심리학자들은 '짝짓기'라는 용어를 사용한다)에 대한 연구는 꾸준히 지속되고 있다. 이 주제에 대한 가장 기본적인 질문은 사람들이 평생 몇 명의 성적 상대를 원하는가 하는 것이다. 미국의 진화심리학자 데이비드 버스와 그의 동료 데이비드 슈미트는 미국 대학생들에게 한 달부터 평생에 이르는 다양한 기간 그들이 이상적으로 두고 싶어하는 섹스 상대의 수를 알려달라고 요청했다. 그 결과는 흥미로웠다. (결과를 보기 전에 먼저 이 글을 읽는 독자들도 '내 마음대로 섹스 상대의 수를 정할 수 있다면 얼마로 할 것인지' 그 수를 생각해 보시라.)

모든 기간에서 남성은 여성보다 더 많은 섹스 상대를 희망했는데, 그리 놀랄 만한 결과는 아니다. 예를 들어 앞으로 1년 동안 남성들은 평균 6명 이상의 섹스 상대를 두고 싶다고 답한 반면, 여성들은 평균 단 1명만 두고 싶다고 대답했다. 앞으로 3년 동안의 경우 남성들은 10명의 섹스 상대를 희망한 반면, 여성들은 단 2명을 희망했다. 기간이 늘어남에 따라 이상적으로 희망하는 섹스 상대의 수는 남녀 모두 증가했는데, 점점 남녀의 숫자 차이는 벌어졌다. 남은 평생 몇 명의 섹스 상대를 원하는가에 대해 남자들이 대답한 수의 평균은 18명, 이에 반해 여성은 4~5명이었다.

데이비드 버스는 그의 저서 『욕망의 진화』에서 이 사실에 대해 이런 해석을 내리고 있다. 남성은 그동안 자신이 상관계를 가진 여성의 수를 세고 때론 많다고 떠벌리거나 과장하기도 했는데, 그것을 모두 미성숙의 차이라고 생각했다. 그러나 어쩌면 그것은 찰나적 성관계에 대한 남녀의 태도 차이에 기인한 것일 수도 있다는 것이다.

2001년 6월 영국의 과학저널 『네이처』에는 흥미로운 논문 한 편이 실렸다. 스웨덴 스톡홀름대학 릴제로스 박사와 그 동료는 2,810명의 스웨덴 사람들에게 던진 성에 관한 설문조사를 토대로 '섹스로 얽힌 인간관계'를 조사했다.

그들의 연구에 따르면, 스웨덴 사람 대부분은 일생 1~4명의 상대와 섹스를 나눈다. 그러나 더 많은 상대와 섹스를 나누었다고 대답한 이들도 뜻밖에 많았다는 것이 이 연구 결과의 핵심이다. 설문지에서 섹스를 나눈 사람의 숫자를 높여가더라도 '그렇다'라고 대답한 사람의 수가 천천히 줄어든다는 것이다. 따라서 이렇게 많은 사람과 섹스를 한 사람을 통하면 서로 섹스로 연결된 인간 사회 네트워크를 그릴 수 있다는 얘기다(좀 민망한 일이긴 하겠지만).

더욱 흥미로운 것은 섹스 상대자 수 분포가 '상위 20퍼센트의 부자들이 80퍼센트 이상의 소득을 독점한다'는 파레토의 법칙을 그대로 따르고 있다는 사실이다. 릴제로스 박사팀은 성관계에서도 '부익부 빈익빈' 현상이 존재한다고 주장한다. 섹스로 얽힌 인간관계를 그래프로 표현한다면, 적당히 규칙적으로 얽힌 거미줄에 실타래처럼 복잡하게 엉킨 매듭이 중간중간 꼬여 있는 형국이 될 것이다. 그들은 이 현상을 '매력적인 사람에게 기회가 몰리기 때문'이라고 설명한다.

사랑에 관한 오해:
행복하려고 사랑하는 게 아니다!

'상대에게 끌려 열렬히 좋아하거나 애착을 느끼는 감정 상태.' 옥스퍼드 영어사전에는 사랑이 이렇게 정의돼 있다. 기원전 4000년, 사랑하는 연인의 모습이 동굴벽화에 흐릿하게 그려진 이래로 인간은 변함없이 서로 사랑하며 살아왔지만, 사랑에 대한 정의만큼은 그때나 지금이나 옥스퍼드 사전에서 크게 벗어나지 않았다. 사랑은 상대가 필요하며 알 수 없는 매력에 끌려 열정적으로 좋아하고 깊은 애착을 느끼게 되는 감정의 일종이라는 것이다. 미국의 시인 존 키츠의 표현대로, 사랑이란 '온갖 자극과 감정이 뒤섞인 소란'인 것이다.

사랑에 빠진 표정을 지어보라

그러나 최근 '사랑에 빠진 연인'들의 뇌를 연구하는 신경과학자들은 옥스퍼드 사전에 담긴 사랑의 정의를 조금 수정해야 하지 않느냐고 주장한다. 더없이 간결한 옥스퍼드 사전의 '사랑'의 정의에서 그들의 심기를 건드린 단어는 바로 마지막에 붙은 '감정'이란 단어다.

과학적인 관점에서 봤을 때 과연 사랑을 감정의 한 종류로 보는 것이 타당할까? 이 질문에 대해 신경과학자들은 아니라고 주장한다. 신경과학자들은 우리가 흔히 사용하는 '사랑이란 감정은…'이라는 일상적인 표현에 의문을 제기한다. 그러면서 사랑이 만약 감정이라면, 사랑을 표정으로 나타내보라고 주문한다.

우리는 기쁘고 슬프고 분노하고 즐거운 감정은 얼마든지 표정을 통해 표현할 수 있으며, (더욱 중요하게도) 남의 표정을 통해 상대의 그런 감정 상태를 읽어낼 수 있다. 설령 미국 사람을 한 번도 본 적이 없는 어린아이라 하더라도 찡그리는 미국인의 표정을 통해 그가 화가 났다거나 슬프다는 감정을 읽어낼 수 있다. 이렇듯 인간은 자신의 원초적인 감정을 표정이나 몸동작으로 나타내고 그것을 읽어낼 수 있는 능력을 갖추고 있지만, 공교롭게도 사랑에 대응되는 표정은 존재하지 않는다. 아무도 사랑에 빠진 표정을 명확히 지을 순 없다(사랑에 빠진 표정을 지어본 뒤 옆 친구에게 알아맞혀보라고 주문해보시라). 우리는 친구나 동생에게 연인이 생기면 그 사실을 다양한 행동을 통해 알아차릴 순 있지만, 사랑이라는 상태는 확실히 기쁨이나 슬픔과 같은 감정 상태와는 확연히 구별된다는 데 동의할 것이다.

사랑은 반드시 '행동'을 동반한다는 점에서도 여느 감정과 구별된다. 우리는 슬프거나 기쁜 감정 상태가 표현되지 않고 그저 마음 상태로만 오래 간직된다고 해서 감정 자체를 부정하지 않지만, 사랑은 다르다. 사랑이라는 상태는 사랑하는 상대에게 모든 것을 집중시키며 그와 함께하고, 그를 얻기 위해 할 수 있는 모든 행동을 수행하며, 일련의 행동에는 뚜렷한 목적이 존재한다. 그런 점에서 사랑은 감정이라기보다는 '욕구나 동기'에 더 가깝다.

결정적으로 사랑하는 사람의 뇌 활동 사진을 찍어보면 사랑은 우리 뇌 안에서 감정을 관장하는 영역(편도체 등)에서 처리되지 않고 '욕구나 동기'를 관장하는 영역에서 처리된다. 사랑하는 사람들이 동정, 황홀경, 갈망, 두려움, 의심, 질투, 당혹, 집중 등 온갖 격정적인 반응을 동반하는 것도 같은 이유에서다. 그래서 호머는 자신의 서사시 〈일리아드〉에서 이렇게 노래하지 않았던가? "저항할 수 없는 사랑의 뜨거움. 갈망의 돌진. 연인의 속삭임이여. 가장 성스런 사람까지 미쳐버리게 하는 그 마력이여."

사랑은 행복이 아니라 희열임을

사랑을 연구하는 신경과학자들은 다른 심리 상태와 마찬가지로 사랑이라는 욕망도 뇌에 있는 특정한 화학물질과 신경회로 때문에 생겨나는 보편적인 마음 상태라고 믿는다. 사랑하는 연인들을 기능성 자기공명영상기(fMRI)라는 뇌 영상장치 안에 집어넣고 그들의 뇌를 찍을 생각을 했던 최초의 연구자는 헬렌 피셔라는 미국 럿거스 뉴저지 주립대학 인류학과 연구교수였다. 그는 사랑에 빠진 수십 명의 커플에게 자신이 사랑에 빠진 연인의 사진을 보여주면서 뇌가 어떻게 반응하는지, 어디로 피가 몰리고 에너지가 활발히 소모되는지 관찰했다. 놀랍게도 사랑에 빠진 연인들은 히로뽕 중독 환자들이 히로뽕을 복용했을 때 활성화되는 보상 중추라는 영역에서 활발한 반응을 보였다. 도파민이라는 신경전달물질이 마구 분비되는 것도 관찰됐다. 사랑이란 고귀한 마음 상태도 생물학적인 뇌 활동 없이는 불가능하다는 것을 처음으로 관찰한 것이다.

보통 뇌 속에 도파민 수치가 올라가면 사람들은 극단적인 집중력을 보이기도 하고 절대 흔들리지 않는 동기부여와 목적

지향적인 행동을 수행한다. 또 무엇보다 마약이나 도박에 중독된 사람처럼 조금씩 흥분되기 시작하며 황홀경에 빠지기도 한다. 사랑이 우리에게 극도의 쾌감을 주는 것은 연인과 함께 있으면 도파민이라는 신경전달물질이 마구 분비되기 때문이다.

도파민과 함께 노르에피네프린이라는 신경전달물질의 분비도 늘어나는데, 이 화학물질이 체내에서 늘어나면 사람은 혈기왕성해진 신체, 신경과민, 불면, 식욕 상실, 떨림, 두근거리는 가슴, 가빠지는 호흡, 고민과 두려움 등을 경험하게 된다. 놀랍게도 이 모든 증세는 우리가 사랑에 빠졌을 때 흔히 관찰되는 증세가 아니던가!

낭만적인 사랑의 또 다른 두드러진 징후는 애인에 대한 생각을 놓지 못한다는 점이다. 사랑에 빠진 연인들은 물밀듯이 밀려드는 연인에 대한 생각에서 헤어나오지 못한다. 헬렌 피셔 박사가 쓴 『연애 본능』(생각의 나무, 2010)에 따르면, 헬렌 피셔는 실험에 참여하기 위해 자신의 연구실을 찾은 피험자이자 사랑에 빠진 연인들에게 "깨어 있는 시간 중에서 애인을 생각하는 시간은 몇 퍼센트나 됩니까?"라는 질문을 던졌다고 한다. 그 결과 많은 사람들이 "90퍼센트 이상"이라고 대답했으며, 어떤 사람들은 한시도 생각을 놓을 수 없다고 부끄러운 표정으로 대답했다고 서술하고 있다. (당연한 걸 뭘 물어보냐고?) 그래서 스페인의 철학자 오르테가 이 가세트는 사랑이라는 현상을 "정상적인 사람에게 일어나는 비정상적인 주목 상태"라고 표현하는 것이다.

사랑에 사로잡힌 연인들의 행동은 강박관념에 빠져 정신장애 증상을 보이는 환자들과 크게 다르지 않다. 실제로 이탈리아

과학자들의 연구에 따르면, 사랑에 빠진 연인의 뇌에 존재하는 세로토닌이라는 신경전달물질의 수치가 과도한 강박장애를 앓고 있는 환자들의 뇌에 존재하는 세로토닌의 양과 크게 다르지 않다고 한다. 세로토닌이 적게 분비되면 우리는 강박관념에 사로잡히게 되는데, 사랑에 빠진 연인의 몸에서도 이런 증상이 벌어진다는 것이다.

러시아의 대문호 빅토르 위고는 "바다보다 넓은 것은 하늘이고, 하늘보다 넓은 것은 인간의 마음이다"라고 했지만, 미국의 시인 에밀리 디킨슨은 하늘보다 넓은 인간의 마음을 뇌로 설명할 수 있다는 사실을 믿었던지, "뇌는 하늘보다 더 넓도다"라는 신경과학자들이 너무나도 좋아하는 시구를 남겼다. 인간이 느끼고 생각하고 말하고 기억하고 의식하는 모든 행동은 생물학적인 뇌를 통해 설명될 수 있으며, 낭만적 사랑 또한 1.3킬로그램에 지나지 않는 이 단백질 덩어리에서 벗어날 수 없다는 얘기다.

물론 사랑이 특정한 신경전달물질과 신경회로의 작동을 반드시 동반한다 해서, 그것으로 사랑을 완벽히 설명할 수 있다고 믿는 과학자는 그리 많지 않다. 사랑하는 동안 과도하게 분비되는 도파민이나 세로토닌, 노르에피네프린 같은 신경전달물질이 사랑의 원인인지 결과물인지, 혹은 그저 부산물인지는 아직 아무도 모른다. 다만 확실한 것은 사랑을 하는 동안 우리가 보이는 많은 비정상적인 행동을 이 신경전달물질의 평소 역할로 상당 부분 설명할 수 있다는 사실이다. 그리고 사랑할수록 행복을 매개하는 신경전달물질인 세로토닌은 적게 나온다는 것. 우리는 행복하지 않고 때론 고통스러움에도 사랑하는 것이다. 사랑은 행복이 아니라 희열이다.

일부일처 혹은 '사랑의 독점'에 관한 본능

내 유전자를 잘 보호할 것인가, 더 많이 퍼트릴 것인가

만프레트 타이젠의 저서 『러브 사이언스』에 따르면, 포유류의 97퍼센트는 정조관념이라는 것이 없다고 한다. 5천 종이 넘는 포유류 가운데 평생 같은 짝과 함께 지내는 동물은 비버와 수달 등 약 3퍼센트에 불과하다. 이미지와는 달리 늑대와 여우도 일부일처를 하는 동물에 속한다. 하지만 포유류의 대부분은 섹스를 위해서, 혹은 자식 양육을 위해서 한동안 함께 지내긴 하지만, 어느 정도 목적이 달성된 뒤에는 각자 새로운 파트너를 찾아 떠난다.

인간은 '사회적 일부일처제'

게다가 짝에게 정절을 지키는 것처럼 보이는 동물들도 사실은 몰래 바람을 피우거나 상대를 떠나기도 한다. 사람처럼 이혼을 한다고나 할까? 진화생태학적 가설이 맞는다면, 동물 세계에서 대부분의 수컷은 자신의 유전자를 퍼뜨리는 것이 목표이고 암컷은 건강한 새끼를 낳기 위해 최상의 상대를 고르는 데 전념한다. 그런 점에서 보면 일부일처제는 한 상대에게 생식에 관해 전폭적인 투자를 해야 한다는 점에서 사실 부담이 따르는 제도다.

진화생태학자들은 동물 세계의 '일부일처 습관'을 일정 시간대에 한 짝과만 짝짓기하는 '성적' 일부일처제와 암수가 짝짓기를 한 뒤 새끼를 함께 키우지만 바람도 피우는 '사회적' 일부일처제, 그리고 한 암컷이 평생 한 수컷의 알만 낳는 '유전적' 일부일처제로 분류한다. 예를 들어 새들의 90퍼센트는 암수가 새끼를 함께 키우지만 다른 상대와도 성적 관계를 갖는 사회적 일부일처제를 하는 것으로 볼 수 있다.

21세기 여러 국가에서 인간은 일부일처제를 유지하지만, 혼외정사 빈도와 혼전 성관계를 고려하면 사회적 일부일처제를 유지한다고 볼 수 있다. 설문조사에 따르면, 남성과 여성의 60퍼센트 이상이 결혼 뒤에 이따금 파트너가 아닌 다른 사람과 (성행위까지는 아니더라도) '사랑하는 사람들만의 애정 행각'을 나눈다. 이른바 '감정적 부정'이란 걸 한다. 또 남녀의 35퍼센트가 결혼 뒤 '다른 사람과 사랑에 빠진 적이 있다'고 고백했다. 킨제이 보고서에 따르면, 미국 남편의 50퍼센트, 미국 아내의 26퍼센트가 혼외정사를 경험한 적이 있다.

킨제이 보고서 이후 조사된 몇몇 연구에서는 그 수치가 조금씩 달라지긴 하지만, 전체적인 경향은 별반 차이가 없다. 8천 명의 기혼 남녀를 조사한 한 연구는 남편의 40퍼센트와 아내의 36퍼센트가 적어도 한 번 이상 혼외정사를 했다고 보고했으며, 어떤 보고서는 최대 70퍼센트에 이른다는 결과를 내놓기도 했다. 심지어 5퍼센트에 해당하는 사람들이 외도 상대와 '지속적인 관계'를 유지한다고 고백하기도 했다.

최근 결과일수록 남녀 간의 혼외정사 수치 차이가 조금씩 줄어들긴 하지만, 모든 연구에서 일관적으로 혼외정사의 발생률과 빈도에서 남성이 여성을 앞서고 있음이 나타난다. 다시 말해 아내보다 남편이 더 자주 더 많은 상대와 혼외정사를 한다. 킨제이는 자신의 보고서에 이런 코멘트를 남겼다. "사회적 규제만 없다면, 남성은 평생 아무 여자나 섹스 상대로 삼으며 문란한 성생활을 즐길 것이라는 명제에는 의심할 여지가 없어 보인다. 반면 여성은 다양한 상대를 접하는 것에는 별로 관심이 없다."

인간이 일부일처제라는 결혼제도를 발전시키게 된 것은 다양한 이유로 설명할 수 있다. 자식을 양육하는 데 필요한 시간이 길면서 안정적인 가정이 필요했고, 사유재산을 내 유전자를 가진 세대에게 물려주기 위해 노력하면서 일부일처제는 제 꼴을 갖추게 됐다. 하지만 최근 과학자들의 연구 결과는 일부일처제라는 특징이 우리의 두뇌 작용과 무관하지 않음을 보여준다.

순애보와 불륜은 호르몬 차이?

북아메리카 중서부 대초원에서 서식하는 들쥐 '불스'와 산에서 서식하는 들쥐는 생김새는 거의 비슷하지만, 애정 생활에 관한 한 완전히 상반된 특징을 보인다. 대초원에서 서식하는 들쥐는 냄새를 통해 적합한 파트너를 찾으며 끔찍이 서로를 아끼는 낭만주의자들이다. 그들은 평생 한 파트너하고만 짝짓기를 하며, 나중에 직접 만든 둥지에서 새끼를 함께 돌본다. 반면 산에 사는 그들의 동족은 정반대의 애정 생활을 보인다. 수컷은 새끼를 낳아도 아무런 책임을 지지 않으며, 곧장 다른 암컷의 치마 속을 호시탐탐 노린다.

유전자 측면에서만 보면, 두 들쥐는 거의 같다. 그러니 산에서 서식하는 들쥐를 그토록 불성실한 수컷으로 만드는 것은 유전자가 아니라는 얘기다. 지난 15년간 들쥐를 연구해온 미국 에모리대학 래리 영 박사팀은 대초원에서 서식하는 성실한 수컷 들쥐에게 '바소프레신'이란 호르몬을 차단하는 약물을 투여하고, 암컷에게는 옥시토신을 차단하는 약물을 투여했다. 바소프레신과 옥시토신은 자식과 배우자에 대한 애착을 유발하는 호르몬인데, 이들을 차단하는 약물을 투여하자, 순식간에 그들의 태도는 돌변했다. 평소에 그렇게 자상하던 수컷이 교미가 끝나기가 무섭게 자취를 감췄고, 암컷 또한 파트너에 대한 흥미를 곧바로 잃었다.

더욱 흥미로운 것은 다음 연구 결과였다. 이번에는 산에 서식하는 들쥐를 유전적으로 변형해 바소프레신 수용체와 옥시토신 수용체의 양을 늘렸더니, 바람둥이 수컷 들쥐들이 갑자기 '자상한 아버지'로 돌변했다. 예전의 불성실함은 흔적조차 찾아볼 수 없었다. 마치 대초원에 서식하는 들쥐처럼 그들도 이제 한 파트너에게 전념하고 새끼를 키우는 데 전념하더라는 것이다.

비록 들쥐를 통한 연구 결과이긴 하지만, 이 연구 결과는 우리에게 왜 사람들이 결혼생활이 깨질 수 있음에도 혼외정사를 꿈꾸는지 실마리를 제공한다. 어쩌면 우리가 그토록 아름답다고 생각하는 '순애보적인 사랑'이나 사회적으로 지탄받는 '불륜적인 사랑' 안에는 생물학적인 요소도 어느 정도 포함돼 있음을 시사한다. 뇌 속에 어떤 호르몬이 좀 더 지배적인 역할을 하느냐에 따라 사람들의 사랑관은 크게 달라질 수 있다.

'원나이트 스탠드'에 따르는 손실

모든 성 전략이 그렇듯, '원나이트 스탠드'도 그에 따른 손실이 있기 마련이다. 도덕적인 죄책감에 시달릴 수 있고, 남성들은 성매매를 통해 매독이나 에이즈 같은 성 질환에 걸릴 가능성이 있다. 사회적으로는 '바람둥이'라는 나쁜 평판을 얻을 수도 있으며, 여성들은 더욱 가혹한 사회적 지탄을 받는다. 또 혼외정사나 하룻밤의 정사를 추구하는 미혼 여성은 때론 자신과 자식에게 장기적으로 투자해줄 남성이 없는 상태에서 임신해 자식을 키워야 하는 상황에 놓일 수도 있다.

안정된 결혼생활이 한순간 파국으로 치달을 수도 있고, 질투심으로 가득 찬 '여성의 남편'에게서 폭행을 당할 수도 있다. 여러 문화권에 걸쳐 살인 사건의 상당수가 (특히나 배우자 살인의 대부분이) 아내가 부정을 저질렀다고 의심한, 그래서 질투심에 휩싸인 남편이 저지른 사건이었다.

그럼에도 원나이트 스탠드가 오래도록 유지되는 데에는 생물학적인 설명만으로는 부족한 요소들이 많이 관여된다. 예를 들어 일시적인 성관계가 주는 손실의 상당 부분이 오늘날 과학기술의 발전이나 달라진 생활환경 덕분에 겪지 않아도 된다. 효과적인 피임법 덕분에 많은 사람들이 원치 않는 임신의 공포에서 벗어날 수 있다는 것도 원나이트 스탠드나 결혼과 상관없는 섹스를 즐기는 원인이 될 수 있으며, 도시생활의 상대적인 익명성은 찰나적인 성관계로 인한 평판의 하락을 어느 정도 줄여준다. 여성의 경제적 독립은 남성에게서 장기적 투자를 기대하지 않고 섹스를 할 수 있도록 해주며, 부모에게서 독립, 낯선 사람과의 만남이 자연스럽게 이루어지는 공간의 증대 역시 혼외정사를 가능하게 하는 요소이다. 이처럼 찰나적인 성관계로 인한 손실이 줄어들면서 우리의 복잡한 성생활은 이전보다 훨씬 더 복잡한 형태로 현대생활 속에 자리하게 되었다.

질투는 진화의 힘

> "오! 왕이시어, 질투를 주의하옵소서.
> 이는 거짓을 행하는 녹색 눈의 괴물입니다.
> 그리고 고기를 먹고 살죠. 아내의 부정을 모르는 남편은 행복하게 살아갑니다.
> 자신의 운명을 확신하는 사람은 자신이 틀렸다는 것을 인정하지 않죠.
> 오, 하지만 시간이란 얼마나 야속한지!
>
> 열렬히 사랑하는 사람은 마음 한구석 의심이 있고,
> 의혹을 품은 사람은 여전히 사랑을 불태우니!"

셰익스피어가 쓴 비극 〈오셀로〉에 나오는 한 대목이다. 베니스의 용병장군 오셀로와 그를 사랑해 비밀 결혼식을 올리는 데스

데모나, 그리고 그들의 사랑을 파국으로 이끌 음모의 모략꾼 이아고. 이들의 질투와 배신, 그리고 살인과 파국을 그린 작품 〈오셀로〉는 사랑의 어두운 뒷면인 '질투'라는 열정이 얼마나 파괴적인가를 극적으로 보여준다.

'jalousie' 뒤에 숨어 지켜보다

과학자들은 질투를 '배우자를 잃을지도 모른다는 두려움, 그리고 배우자가 제3자와 관계를 맺었거나 맺을지 모른다는 불안감으로 인해 표현되는 불편한 감정'이라고 건조하게 정의하는데, '사랑에서 비롯되어 사랑하는 이가 다른 사람을 더 좋아할지도 모른다는 두려움 때문에 야기되는 감정'이라고 소박하게 정의한 프랑스의 기호학자 롤랑 바르트의 말도 크게 다르지 않다.

사랑에 빠진 인간에겐 두 가지의 위험한 욕망이 도사리고 있다. 하나는 배우자가 아닌 다른 사람과 사랑을 하거나 성관계를 맺고 싶어하는 성적 배신의 욕망이고, 다른 하나는 성적 배신을 당하지 않기 위해 끊임없이 배우자를 의심하는 질투라는 욕망이다. 질투를 뜻하는 영어 'jealousy'는 라틴어 'zelosus'에서 파생되었는데, 그 뜻은 '열정과 강한 욕망'이라고 한다. 프랑스어로 질투를 뜻하는 'jalousie'는 질투라는 뜻과 함께 커튼 대신 사용하는 창 가리개인 '베네치아 블라인드'라는 뜻이 포함돼 있는데, 그 해석이 흥미롭다. 노르웨이 오슬로대학의 정신과 의사인 닐스 레터스톨은 이것이 아내를 의심하게 된 남편이 아내가 다른 남자와 성관계를 갖는 현장을 잡으려고 블라인드 뒤에서 몰래 훔쳐보는 상황에서 생겨났을 것으로 추정했다. 사랑하는 연인 사이에 발견되는 이 쌍둥이 열정은 '질투'라는 단어의 어원에도 잘 나타나 있는 것이다.

누구나 한 번쯤 질투라는 감정에 사로잡힌 적이 있을 것이다. 미국 텍사스주립대 진화심리학자 데이비스 버스가 수행한 설문조사에 따르면, 거의 모든 남녀가 인생에서 최소한 한 번씩은 '격렬한 질투심'을 경험했다고 대답했다. 전체의 31퍼센트는 '때로 질투심을 통제하기가 어려웠다'고 털어놓았으며, 현재 질투심을 느끼고 있다고 답한 사람들의 38퍼센트는 그 질투심 때문에 다른 사람에게 상처를 주고 싶은 마음이 생긴다고 답하기도 했다. 질투가 얼마나 보편적이며 파괴적인가를 잘 보여주는 설문 결과다.

앞서 언급한 오셀로의 한 대목은 '질투가 얼마나 역설적인가'를 잘 포착하고 있다. 설문조사에서 응답자의 46퍼센트는 '질투는 진정한 사랑에 필수적으로 수반된다'고 응답했다. 다시 말해 "질투를 느끼지 않는다면 사랑하지도 않는 것"이라는 성 아우구스티누스 말에 많은 사람들이 동의하고 있다는 얘기다. 통상적으로 사람들은 상대에 대한 질투가 사랑의 깊이를 말해주는 표시라고 여기며, 사랑이 없다면 질투도 없다며 질투를 정당화하는 경향이 있다. 아내를 죽인 혐의로 세상을 발칵 뒤집어놓은 미국의 미식축구 선수 O. J. 심슨도 "제가 그런 일을 저질렀다고 합시다. 그렇다고 해도 그건 제가 아내를 몹시 사랑했기 때문에 벌어진 일이라는 것만은 분명합니다"라고 말했다는데, 이런 말은 의심과 질투에 사로잡힌 사람들이 똑같이 하는 말이다.

질투가 역설적인 것은 사랑하기 때문에 질투를 하는데 그것이 사랑을 비극적 종말로 이끌 수 있다는 데 있다. 사람들 사이에 벌어지는 살인 사건의 13퍼센트는 배우자 살해이며, 그중 가장 큰 원인이 바로 질투다. 결혼한 부부 사이에 과도하게 보이는 배우자 의심 증세를 '오셀로 증후군'이라고 부른다. 부부편집증이라고도 하는 이 병리적 상태는 (정도의 차이는 있겠지만) 우리가 생각하는 것보다 훨씬 흔하게 발견된다. 실제로 배우자가 바람을 피웠든 그렇지 않았든 간에, 오셀로 증후군 환자들은 정상적인 가정생활과 사회생활이 거의 불가능할 정도로 심한 '질투와 의심'에 시달린다.

일단은 의심하는 게 진화에 유리해

흥미로운 것은 오셀로 증후군에 걸린 사람들이 배우자로부터 얻는 불확실하고 애매한 단서들을 잘 포착해서 그들의 부정을 놀랍도록 잘 감지한다는 사실이다. 물론 그렇지 않은 경우도 많지만, 오셀로 증후군 환자들의 병적인 의심이 항상 망상만은 아니라는 것이다.

그렇다면 왜 우리는 사랑하는 관계를 위협할 수 있을 만큼 파괴적인 '질투'라는 속성을 갖게 되었을까? 여러 가지 설명이 가능하겠지만, 데이비드 버스 교수는 그 원인을 자신의 책 『위험한 열정 질투』(추수밭, 2006)에서 산책하는 사람들에 비유해 설명하고 있다. 숲 속을 산책하다가 앞쪽 오솔길에서 무언가 미끄러지듯 지나가는 것을 감지했다고 치자. 그것이 독을 품은 뱀일 수도 있고, 뱀이 아닌 다른 것을 뱀으로 착각한 것일 수도 있다.

우리는 불완전하고 모호한 정보를 바탕으로 추론해야 하다 보니, 실제로 뱀 따위는 없는데 있다고 믿는 오류를 범할 수도 있고, 정말로 위험한 뱀이 버티고 있는데 없다고 착각할 수도 있다. 그러나 이 두 가지 오류가 치러야 할 대가는 매우 다르다. 오랜 진화의 역사를 거치면서 우리 조상은 이런 상황을 수십만 번 치렀을 텐데, 21세기에 살고 있는 우리는 이런 불확실한 상황에서 '뱀이 존재한다'고 추론했던 조상으로부터 태어난 사람들이다. '뱀이 아니겠지'라고 의심하지 않았던 조상은 여유롭게 산책을 즐겼겠지만, 만에 하나 발생할 수 있는 불행으로 인해 우리를 태어나게 할 기회를 갖지 못했을 것이다. 이것을 과학자들은 '적응적 오류'라고 부른다.

바로 이렇게 질투는 '낮은 확률일지라도 일어날 수 있는 성적 배신의 가능성에 대비한다'는 점에서 배우자와의 관계에서 유리하다. 무고한 배우자와 다투면 연인 관계가 깨질 수도 있기에 확실히 손해라고 볼 수 있지만, (너무 지나치지만 않는다면) 배우자가 내게 좀 더 충실하게끔 하는 계기가 될 수도 있다. 그래서 아주 작은 단서로도 배우자의 부정을 추론하게끔 적응적 해결책을 마련해주었다는 것이 진화심리학자들이 질투를 바라보는 관점이다.

그런데 내가 더 관심이 있는 것은 '그렇다면 왜 사람마다 질투의 정도가 다를까' 하는 것이다. 질투가 성적 배신을 막는 데 유용한 전략이라면 왜 사람마다 그 정도가 다른 것일까? 질투가 적은 사람은 성적 배신에 너그러운 것일까? 아니면 자신도 성적 배신을 하고 있기 때문에 죄책감으로 인해 좀 더 관대한 것일까?

질투는 성적 배신을 막으려는 이성적 전략이기도 하지만, 성적 배신을 당할지 모른다는 불안감이기도 하다. 다시 말해 배우자의 바람기가 심각한 수준이어서가 아니라, 자기 자신에 대한 자신감이 부족할수록 질투심이 커질 수 있다는 얘기다.

질투하는 사람은 네 번 괴롭네!

롤랑 바르트는 자신의 에세이 『사랑의 단상』에서 질투하는 사람은 네 번 괴로워한다고 쓰고 있다. '질투하기 때문에 괴롭고, 질투한다는 사실에 대해 자신을 비난하기 때문에 괴롭고, 내 질투가 그 사람을 아프게 할까봐 괴롭고, 또 통속적인 것의 노예가 돼서' 괴로워진다는 것이다. 셰익스피어의 말처럼, 자신을 '초록 눈의 괴물'로 만드는 질투가 싫다는 것이다. 그래서 시인 기형도는 시집 〈입 속의 검은 잎〉에서 '질투는 나의 힘'이지만, '나의 생은 미친듯이 사랑을 찾아 헤매었으나 단 한 번도 스스로를 사랑하지 않았노라'고 고백했던 것이다.

실연당한 이들의 뇌에선 무슨 일이 벌어질까?

"저는 도저히 지금 제 운명의 수레바퀴를 감당할 수가 없어요. 손가락 마디마디가 아프고 입술은 바싹 타고 있어요. 오, 그대가 나의 아픔을 느낄 수 있다면! 오, 그 누가 내 고통을 이해할 수 있다면."

2,500년 전 그리스의 여성 시인 사포가 쓴 이 시구는 깊은 사랑에 빠졌다가 실연당한 사람의 고통이 얼마나 지독한 것인지를 잘 표현하고 있다. 이 세상에 실연의 아픔을 경험해보지 않은 사람이 있을까? 인류학자들의 고고학적 문헌 연구에 따르면, 폴리네시아에서 아시아, 아프리카를 거쳐 아메리카 대륙과 시베리아까지, 거의 모든 문화권에서 이별의 아픔을 노래한 시나 글귀가 발견됐다고 한다. 전 시대를 거쳐 광범위한 문화권에서 인류는 사랑의 실패가 주는 아픔을 경험해왔다는 것이다.

뇌는 모르는 거니? 사랑의 시작과 끝을

물론 현대사회도 예외는 아니다. 이별에 대한 과학적 연구는 상대적으로 어려운 연구 주제이지만, 뉴저지주립대학 인류학자 헬렌 피셔는 케이스웨스턴 리저브대학 학생들에게 설문조사를 실시해 현대인에게 실연이 얼마나 보편적인 현상인지를 보여주었다. 그의 설문조사 결과를 보면, 93퍼센트의 대학생들이 '열정적으로 사랑했던 사람에게 버림받은 적이 있다'고 대답했고, 95퍼센트는 '열정적으로 사랑했던 사람을 찬 적이 있다'고 대답했다. 대학생 90퍼센트 이상이 이미 누군가를 사랑했고 결국 사랑했던 연인을 버렸거나 그에게서 버림을 받은 경험이 있다는 것이다. 우리나라에서도 35살 이하의 남녀에게 같은 설문을 해본다면, 비슷한 결과가 나올 것이라 예상된다.

깊은 사랑 뒤에 찾아오는 이별의 고통은 지독하다. 사포의 표현대로, 밥을 먹을 수 없고 몸이 아프며 삶에 대한 의욕을 상실한다. 마치 심한 감기라도 걸린 것처럼, 상실의 고통은 온몸 구석구석을 휩쓸고 지나간다. 미국의 여성 시인 에밀리 디킨슨의 시처럼, "이별은 우리가 지옥에서 경험할 수 있는 모든 것"을 미리 체험하게 해준다.

"사랑이 깨졌나요? 그런데도 그 사랑을 그냥 보낼 수 없나요?" 헬렌 피셔는 이렇게 시작하는 글을 스토니브룩에 위치한 뉴욕주립대학 심리학과 게시판에 붙였다. 실연당한 학생들의 뇌에서 무슨 일이 벌어지는지 기능성 자기공명영상장치(fMRI)를 이용해 촬영해보려고 시도한 것이다. 이 공고문이 게시판에 올려지자마자 많은 학생이 실험에 참여하고 싶다고 찾아왔고, 2005년 실험은 성공적으로 수행됐다. 실험에 참가한 사람들은 그들에게 퇴짜를 놓은 애인들의 사진과 낯선 사람들의 사진을 번갈아 보면서 뇌영상을 찍게 되었다.

실연의 고통을 느끼는 동안 도대체 뇌에선 무슨 일이 벌어졌을까? 헬렌 피셔의 실험 결과는 매우 놀라웠다. 실연당한 이들의 뇌에선 사랑이 처음 시작됐을 때 관련되는 모든 신경회로와 신경전달물질이 다시금 활성화되는 것으로 나타났다. 사랑이 시작되면 연인들에게 엄청난 쾌락을 제공하고 늘 함께 있고 싶고 갈망하게 하는 신경전달물질인 '도파민', 가슴이 뛰고 호흡이 가빠지며 몸을 흥분 상태로 만드는 '노르에피네프린', 긴장하게 하고 스트레스 상태를 유발하는 호르몬인 '코르티솔', 이 세 녀석이 실연당한 사람의 뇌에서 왕성하게 분비되는 것을 발견한 것이다. 사랑에 빠진 연인들처럼, 만족감의 호르몬인 '세로토닌'의 분비가 줄어드는 것 역시 일치했다. 실연당한 사람의 뇌는 마치 그에게 사랑을 고백하지 못해 안달이 난 '첫 만남의 뇌 상태'를 경험하게 되는 것이다. 사랑의 기쁨과 이별의 아픔은 동전의 양면처럼 떼려야 뗄 수 없는 대뇌 상태였던 것이다.

쾌락이 사라졌을 때, '좌절-공격' 가설

흥미롭게도, 이별 뒤에 과다 분비되는 스트레스 호르몬인 코르티솔은 실연당한 이의 면역 기능을 떨어뜨려 감기와 몸살을 선사한다. 낙심한 연인들이 고열에 시달리게 되거나 입맛을 잃어버리게 되는 것도 그 때문이다. 즉, 실연으로 앓아누운 연인들은 말 그대로 '병'을 앓고 있는 것이다.

그러나 이것이 '실연당한 사람은 처음 사랑이 찾아올 때 감정으로 되돌아간다'는 것을 의미하진 않는다. 정신과 의사 토머스 루이스와 리처드 래넌에 따르면, 우리가 이별할 때마다 사랑이 시작될 때 느꼈던 홍역을 치러야 하는 것은 사랑을 되찾기 위해 몸이 강력한 '항의'를 하는 것이라고 설명한다. 인간을 포함해 포유류는 상대가 자신의 사랑과 애착을 받아주지 않으면 도파민과 노르에피네프린을 통해 몸을 강한 흥분 상태로 만드는데, 낭만적 사랑을 일으키는 데 기여했던 바로 그 화학물질들이 흠모의 열정과 이별 뒤의 두려움을 더욱 격정적으로 만들고, 이 부당한 이별에 대해 분노하고 신체적으로 항의하도록 한다는 것이다.

때론 실연당한 자의 이런 항의 상태가 상대에게 죄책감을 느끼게 하여 관계를 회복할 수도 있다는 것이 그들의 설명이지만, 그들도 그렇지 않은 경우도 많다는 것을 잘 알고 있다. 하지만 잦은 이별이 때론 오래된 연인에게 각성을 불러일으키고, 그들의 사랑을 다시금 불타오르게 하는 경우가 있는 것은 이런 효과로 설명할 수 있다. 떠나본 뒤에 소중함을 깨닫게 되는 경우라고나 할까?

실연당한 사람이 그토록 항의성 분노를 경험하게 되는 이유를 과학적으로 설명할 수 있을까? 떠나는 연인은 자신의 책임을 통감하고 상대에 대한 동정심과 추억을 간직한 채 연인 관계를 깨끗이 청산할 수 있지만, 버림받은 사람들은 비탄과 격노 사이를 오가며 격정적인 감정을 주체하지 못한다. "가장 훌륭한 포도주가 가장 독한 식초로 바뀔 수 있듯이, 깊은 사랑도 한순간 가장 지독한 혐오로 바뀔 수 있다"는 영국의 시인 존 릴리의 오래된 시구처럼 말이다.

헬렌 피셔는 저서 『왜 우리는 사랑에 빠지는가』(생각의나무, 2005)에서, 이것을 좌절-공격 가설로 설명한다. 인간은 혐오와 분노를 느낄 때 편도체와 시상하부, 뇌섬엽 피질 등 다양한 영역이 활성화된다. 그런데 이 영역은 쾌락을 예측하고 평가하는 전전두엽 피질의 중심부에 밀접하게 연결돼 있다. 그래서 자신이 기대했던 보상이 위험한 처지에 놓이거나 자신의 노력으로 어찌할 수 없는 상황이 되었다는 사실을 깨닫게 되면 전전두엽 피질은 편도체에 신호를 보내어 분노를 촉발시킨다.

좌절-공격 이론에 따르면, 기대했던 기쁨이나 쾌락이 실현되지 못하면 곧바로 분노의 반응으로 이어진다. 이것을 잘 보여주는 흥미로운 실험이 있다. 고양이의 쾌락 신경회로를 인위적으로 자극하면 고양이는 격렬한 쾌감을 느낀다. 그러나 이 자극을 거둬들이면 고양이는 갑자기 난폭해지는 것이다. 쾌감을 박탈할 때마다 고양이의 분노는 더욱 커진다. 낭만적 사랑의 쾌감에서 한순간 거절당한 연인의 분노를 이 실험 결과에 빗대어 설명할 수 있지 않을까 하는 것이 신경과학자들의 추론이다.

분노하라, 새로운 사랑을 위하여

신체적으로 봤을 때, 분노는 '치러야 할 비용이 많이 드는 감정적 반응'이다. 그럼에도 인간의 뇌는 왜 버림받은 연인에게 그 자신이 흠모했던 사람을 쉽게 혐오하도록 만들었을까? 정신과 의사 존 볼비는 자신의 논문에서 사랑하는 사람을 상실할 때 분노가 일어나는 것은 '잃어버린 연인을 되찾기 위해 자연이 만들어놓은 생물학적 설계'라고 설명했지만, 나는 오히려 그 반대가 아닐까 싶다. 많은 경우, 이별이 주는 분노를 표출할수록 연인을 되찾는 데는 별로 도움이 안 된다. 오히려 한때 연인이었던 상대에 대한 매몰찬 분노는 고통스럽긴 하지만 새로운 사랑을 시작할 수 있는 마음 상태를 준비해준다. 헤어진 연인에 대한 이별의 분노를 충분히 토해내지 않을수록, 그래서 상대에 대한 미련과 애정의 앙금이 남아 있을수록, 새로운 사랑을 시작하는 데 어려움을 느낄 수 있다는 사실을 명심해야 한다. 연인들이여, 실연의 분노를 받아들이라.

이별에 대처하는 우리의 자세

사랑이 식은 뒤 이별을 통보하는 것만큼 힘든 일이 또 있을까? 한 인터넷 사이트의 설문조사를 보면, 20대 남녀 7명 중 1명은 이처럼 문자메시지로 이별을 통보한 적이 있다고 한다. 휴대전화가 곧 '나의 분신'인 시대이긴 하지만, 이별 통보라는 힘든 숙제를 한 통의 문자메시지로 대신한다는 것은 슬픈 일이다. 예의 없고 비정하며 무엇보다 무책임하다. 만나서 직접 말할 때의 난처함을 피하고 매달려 징징대는 꼴을 보지 않아도 되니, 다시 볼 사이가 아니라면 깔끔할 수 있겠다. 하지만 이별 통보를 문자메시지로 받는 순간 우리는 짐작해야 한다. 이 사람이 나와의 사랑을 소중히 곱씹을 사람은 아니라는 사실을.

사랑은 불청객, 초대 없이 오고 가고

문자메시지로 차인 가장 유명한 스타는 팝가수 브리트니 스피어스의 전 남편 케빈 페더라인이다. 그는 얼마 전 한 TV 프로그램에 출연해 아내 브리트니와의 변함없는 사랑을 과시한 직후 방송 뒤풀이에서 문자메시지로 이별을 통보받았다. 이별 메시지를 확인할 당시 페더라인의 절망스러운 모습이 동영상으로 포착돼 한때 블로거들 사이에서 화제가 된 적도 있다.

사랑은 초대받지 않아도 올 수 있는 불청객이듯, 떠날 때도 매몰차게 가버리는 매정한 방랑자다. 속수무책인 이별 앞에서 품위를 잃지 않는 사람은 없다. 실연의 고통 앞에 놓인 사람들은 식욕을 잃고 잠을 이루지 못하며 모든 것에 낙담한다. 온통 자신을 거부한 애인에 대한 분노와 잃어버린 사랑에 대한 미련으로 주체할 수 없는 상심과 우울 증세를 겪는다. 영화 〈이터널 선샤인〉에 등장한 실연남 짐 캐리나 실연녀 케이트 윈슬릿처럼, 실연의 아픔은 사랑의 기억을 지워버리고 싶을 만큼 견디기 어려운 고통이다.

미국 사우스캐롤라이나 의대 제프리 로버바움 박사와 그 동료들은 미국정신의학 저널에 실린 논문에서 애인과 이별한 뒤 비통한 감정에 빠진 여성들의 뇌를 촬영한 결과를 보고했다. 6개월 이상 낭만적인 사랑에 빠졌다가 헤어진 지 3개월도 채 되지 않은 여성 9명에게 헤어진 애인을 생각하게 한 뒤 뇌를 관찰한 것이다. 그 결과, 감정과 관심, 동기를 추구하도록 하는 도파민 영역의 활동이 현저히 떨어져 있는 걸 알아냈다. 실연이 가져다주는 깊은 비탄에 빠질 때, 감정 · 관심 · 동기를 관장하는 뇌 영역의 활동이 현저히 떨어진다는 것이다. 이들은 모두 애인을 머릿속에서 지울 수 없으며 깊은 슬픔에 빠져 있다고 호소했다. 여성들은 모두 이별 직후 심각한 우울증 증세를 보였으나 대부분은 2주 뒤 이런 증세들이 줄어들기 시작했다고 보고했다.

로버바움 박사의 연구 결과는 왜 우리가 실연 뒤 식욕이 떨어지고 매사에 의기소침해지는지 짐작하게 해준다. 이별 직후 뇌는 사랑에 처음 빠졌을 때처럼 도파민 영역이 마구 활동한다는 연구 결과가 있다. 다시 말해, 이별 직후에는 관심과 동기를 관장하는 쾌락의 중추가 마구 요동치면서 잃어버린 사랑을 갈망하지만, 이내 이 영역은 현저히 활동을 멈추고 모든 것이 귀찮아지는 '깊은 비탄'에 빠지게 된다. 이별의 아픔은 우리를 강하게 반발하고 '항의'하게 만들지만, 더는 사랑의 기쁨이 자신에게 오지 않는다는 사실을 서서히 받아들이면서 무기력과 의기소침 단계로 들어서게 되는 것이다.

실연을 오랫동안 연구해온 헬렌 피셔 박사에 따르면, 이별의 아픔은 때론 실연한 남녀에게 우울증 증세와 유사한 '낙담 반응'을 경험하게 한다. 심지어 40퍼센트 정도의 사람들은 사랑하는 동안에도 '애인이 나를 사랑하지 않을 수 있다' 혹은 '우리가 헤어질 수 있다'는 생각만으로도 낙담을 경험한다고 알려져 있다.

'의기소침'은 구원을 요청하는 신호

남자와 여자는 실연의 아픔을 다스리는 방식이 다르다. 조심스럽게 일반화를 해보자면, 남자들은 사랑에 빠져 있는 동안 애인에게 더 많이 의존하는 경향이 있기 때문에 갑자기 사랑의 아픔이 찾아오면 친구나 가족의 도움으로 극복하려 하지 않는다. 설문조사에 따르면, 알코올이나 무모한 운전 등 엉뚱한 방식으로 문제를 해결하려고 한다. 한편, 여성들은 친구나 선후배, 가족 등 다른 인간관계 속에서 문제를 해결하려 한다. 그들에게 조언을 얻고 속풀이 대화를 하고 친구들과 여행을 떠나는 방식으로 실연의 슬픔을 극복하려 한다.

우울증에 관한 통계를 보면, 전 세계 어느 나라에서나 우울증에 걸릴 확률은 여성이 남성보다 2배 이상 높으며, 여성이 우울증에 걸리는 가장 중요한 이유 중 하나가 실연이다. 실연한 남성들은 상대적으로 우울증 측정에서 수치가 낮게 나오는데, 그렇다고 해서 남자가 실연의 고통에 덜 민감하다는 뜻은 아니다. 남자는 이별의 고통을 쉽게 드러내지 않는 경향이 있으며, 심지어 그 고통을 자신에게조차 효과적으로 감추고 있기 때문에 설문조사에도 잘 드러나지 않는다고 해석하기도 한다. 이를 뒷받침하는 대표적인 증거가 연애에 실패한 뒤 자살을 시도하는 사람의 70~80퍼센트가 남성이라는 사실이다. '사는 것이 고통일 때는 죽는 것이 쾌락'이라는 시인 존 드라이든의 표현처럼, 남성에게도 실연은 참을 수 없는 고통인 것이다.

물론 모든 사람들이 이별 뒤에 다 같은 정도의 슬픔을 느끼는 것은 아니다. 이별에 대처하는 사람들의 자세는 제각각인데, 그 원인 중에는 자라온 환경도 포함된다. 어린 시절 애정 속에서 보살핌을 받으며 자란 사람들은 대체로 자존감이 강해 이별 뒤에도 비교적 쉽게 절망을 극복한다. 반면, 충분한 애정을 받지 못해 자존감이 부족한 사람들은 실연당한 뒤 존재의 근거 자체가 흔들리며 이별 앞에서 속수무책이 되는 경향이 강하다. 우리나라 대중가요 가사처럼, 실제로 사람들이 이별에 그토록 절망하고 죽어서도 잊지 못하고 사랑하겠다는 절규를 한다면 그것은 애정 결핍이자 정신질환에 가깝다.

실연 뒤에 연인들은 왜 의기소침해지는 걸까? 과학자들은 그들의 의기소침에는 이유가 있다고 주장한다. 생물학자 폴 왓슨과 그의 동료들은 의기소침한 행동이 다른 사람들에게 '구원을 요청하는 신호'라고 해석한다. 절망적일 정도로 무언가 잘못됐다는 사실을 주변 사람들에게 정직하게 내보내는 믿을 만한 신호라는 설명이다. 친구나 친척에게 자신을 지원해달라는 뜻을 언어적으로 설득할 수 없을 때 보이는 무의식적인 반응이라는 것이다.

그러니 이별에 대처하는 우리의 자세로 가장 좋은 것은 '가까운 친구와 나누는 속 깊은 수다'다. 속마음을 털어놓을 수 있는 가까운, 그러면서도 인내심 있고 입이 무거운 친구를 찾아가 실패한 사랑에 대해 솔직히 고백하고 감정의 앙금을 털어버리는 것이 필요하다. 이별 직후 나누는 대화일수록, 친구는 그저 들어주고 위로해주려고 노력해야지 실연당한 사람을 평가하고 질책해선 안 된다. 지나친 간섭과 질책은 오히려 역효과라는 연구 결과도 보고된 바 있다(특히 부모님들은 명심하실 것). 영화 〈미스터 로빈 꼬시기〉에 나오는 명대사를 잊지 말자. "이별한 여자에게 필요한 건, 함께 울어줄 친구지 비평가가 아니다."

그러나 시간이 지나고 평정심을 되찾거든, 다시 그 친구에게 가서 자신의 '사랑의 기술'에 대해 냉정한 조언을 구하라. 당신이 찼든 혹은 차였든, 실패할 사랑을 고르는 실수를 반복하지 않기 위해선 사랑에도 '복기'가 필요하다. 버림받은 남자와 여자가 견뎌내야 하는 고통은 아마도 그로 하여금 장래에는 그와 비슷한 잘못된 선택을 피해가도록 하는 안내자가 될 것이다. 이때에도 여전히 좋은 말만 듣길 바란다면, 친구를 잃진 않겠지만 사랑을 다시 얻지 못할 수도 있다.

그렇게 당하고도 또 나쁜 남자를 찾는 나는 도대체 뭐니?

사랑에도 '복기'가 필요하다

희대의 바람둥이로 알려진 카사노바의 자서전 『불멸의 유혹』(휴먼앤북스, 2005)은 그가 노년에 쓴 것으로, 사후 조카의 손에 넘겨졌다가 1820년 독일 라이프치히에서 처음 출판됐다. 다소 과장되긴 했겠지만 믿을 만한 자료라고 평가받는 이 책에 따르면, 그는 오랫동안 '섹스의 탐닉자'였다. 조반니 자코모 지롤라모 카사노바(1725~98)는 자매와의 더블섹스로 첫 경험을 시작해 19살 때 유부녀 루크레치아와 불륜관계를 맺게 된다. 그리고 이를 몰래 지켜보던 그녀의 동생과도 잇따라 정사를 가진다.

아름답고 잔혹한 '양다리'의 달인들

36살의 카사노바는 한 아가씨를 유혹해 그녀와 결혼하려고 하지만, 알고 보니 이 아가씨는 루크레치아와의 사이에서 낳은 자신의 딸. 이 사랑은 끔찍한 근친상간이었던 것이다. 옛 애인을 찾아 수녀원에 간 카사노바는 수녀를 유혹해 정사를 벌이기도 하고, 처형장 앞에서 애정 행각도 서슴지 않는 등 호색한의 전형을 보여준다. 그는 문학에 심취해 늘 책에 빠져 있었으며 법학박사 학위를 받을 정도로 학문에도 깊은 관심을 보였지만, 그럴수록 그의 지적인 면모는 그를 더욱 매력적인 존재로 만들었다.

문헌에 따르면, 카사노바는 콘돔을 즐겨 사용했다고 한다. 카사노바가 살던 시대만 해도 오늘날과 같은 부드러운 라텍스 재질의 콘돔은 상상도 할 수 없었고, 염소나 돼지의 맹장을 말려서 콘돔으로 사용했다. 콘돔 입구에는 리본을 달아 묶을 수 있게 만들어서, 착용했을 때 성기가 빠져나오지 못하게 만들었다는 것도 요즘 콘돔과 다르다. 당시만 해도 콘돔은 귀한 물건인지라, 카사노바는 콘돔을 사용한 뒤에 물에 씻어서 재사용해야만 했다고 한다. 물론 콘돔의 거친 재질이나 재활용의 불편함도 그의 바람기를 잠재우진 못했지만 말이다.

카사노바와 함께 최고의 바람둥이로 손꼽히는 돈 주앙 역시 문학에 조예가 깊고, 음악과 미술 등 예술에 관심이 많았다. 중세 민간 전설에 처음 등장했던 이 바람둥이 귀족은 프랑스의 극작가 몰리에르의 희곡으로 유명해졌는데, 여자를 유혹했다가 죽이는 엽기적인 행각을 거듭하다가 성직자에게 처형을 당했다고 전해진다. 평소 그의 보헤미안적인 풍모와 잔혹할 정도로 냉정한 성격은 여성들에게 '매혹' 그 자체였다.

카사노바나 돈 주앙처럼 역사를 뒤흔든 바람둥이가 아니더라도, 우리 주변엔 바람기가 농후한 사람들을 종종 볼 수 있다. 그들은 매력적인 외모를 가졌으며 (반드시 잘생기거나 예쁜 외모를 가질 필요는 없다), 화술에 능하며, 쿨한 성격을 가졌고, 무엇보다 이성이 무엇을 원하는지 정확히 파악하고 있다. 때론 지적이며, 유머가 풍부하고, 사소한 행동에서도 배려가 몸에 배어 있다.

이들은 종종 남의 애인을 가로채는 만행을 저지르기도 하고, 애인이 있으면서도 다른 이성과 깊은 관계를 맺기도 하는

'양다리'의 달인들이다. 어떤 바람둥이는 '애인을 자주 바꾸는 한이 있더라도 양다리는 절대 안 한다'며 요상한 상도덕(?)을 강조하기도 하지만, 그렇다고 해서 그들의 퇴폐가 사회적으로 용납되는 것은 아니다. 왜냐하면 그런 사람들도 매력적인 이성이 나타나면 설령 애인이 있다고 하더라도 가로채는 데에 주저함이 없기 때문이다.

남이 좋아하면 나도 좋아진다

바람둥이들에겐 왜 여성들이 계속 꼬이고, 여성들은 왜 애인이 있는 바람둥이의 유혹에서 빠져나오지 못할까? 생물학자들이 몇년 전 발표한 연구결과에 따르면, 생태계에선 오히려 다른 암컷들이 선호하는 수컷을 차지하기 위해 경쟁까지 하는 경향이 있다고 한다.

예를 들면, 서인도제도의 트리니다드토바고에 서식하는 관상용 열대어인 거피(guppy)는 강물의 색깔에 따라 몸의 빛깔을 바꾼다. 암컷은 대개 밝은 오렌지 색깔을 지닌 수컷을 가장 좋아한다고 하는데, 몸빛깔이 밝은 수컷일수록 암컷을 보호하는 능력이 뛰어나기 때문이란다. 그런데 다른 암컷이 덜 밝은 빛깔의 수컷을 선택하는 광경을 목격하고 나면, 덩달아서 그런 수컷을 짝으로 고르는 경향이 관찰됐다. 즉, 거피들은 다른 암컷들이 선호하는 수컷에 관심을 보이고 그를 차지하기 위해 노력한다는 것이다. 이러한 모방 행동은 다른 암컷들의 판단을 활용해 자신에게 적합한 짝짓기 상대를 신속히 고를 수 있기 때문에 나름의 유용한 전략이 될 수 있다.

사람도 크게 다르지 않다. 사람은 다른 동물과는 달리 취향이 제각각이라서 이성을 고를 때 다른 동성의 선택 기준을 고려하지 않을 것 같지만, 그렇지 않다. 사람도 거피처럼 남들이 선호하는 이성을 선호하는 경향이 있다. 덕분에 한 집단 안에서 인기 있는 사람은 그중 가장 능력 있는 이성이 차지하는 경향이 있다. 그리고 '인기가 있다'는 사실은 그가 괜찮은 사람이라는 신호로 작용하기도 한다. 인간도 다른 사람들의 판단을 믿는 것이다. 바람둥이라는 사실을 알고서도 그와 기꺼이 사귀는 것도 같은 이유다('바람둥이는 절대 싫다'고 이성적으로는 말할 수 있지만, 그들이 유혹의 손길을 뻗치면 바로 뿌리치진 못할 것이다).

그렇다면 유혹을 거부할 수 없는 플레이보이나 팜므파탈은 타고난 것일까? 아니면 노력해서 배웠거나 길들여진 것일까? 타고난 성향도 있을 수 있다. 매력적인 외모와 성격, 그리고 뛰어난 능력을 갖춘 사람이 바람기 성향까지 타고났다면, 그는 플레이보이나 팜므파탈의 길로 들어설 확률이 높다.

앞에서 언급한 북아메리카 중서부 대초원과 산간지방에 서식하는 들쥐 '불스'에 대한 실험은 이를 뒷받침한다. 대초원에서 서식하는 불스는 평생 한 파트너하고만 짝짓기를 하며 직접 만든 둥지에서 새끼를 함께 돌보지만, 산에 사는 불스는 새끼를 낳아도 수컷은 아무런 책임을 지지 않으며, 곧장 다른 암컷과의 짝짓기를 위해 떠난다. 미국 에모리대학 래리 영 박사팀이 대초원에서 서식하는 성실한 수컷 불스들에게 '바소프레신'이란 호르몬을 차단하는 약물을 투여했더니, 평소에 자상하던 수컷이 교미가 끝나기가 무섭게 자취를 감춰버렸다. 게다가 산에 서식하는 불스를 유전적으로 변형해 바소프레신 수용체 양을 늘렸더니, 바람둥이 수컷 불스들이 갑자기 한 파트너에게 전념하고 새끼를 키우는 데 몰두하더라는 것이다. 이런 연구결과는 카사노바의 바람기가 생물학적으로 타고난 것일 수도 있다는 가능성을 조심스럽게 내포하고 있다.

당신 옆에 사람이 그 사람일지도…

몇년 전 한국방송 〈과학카페-다빈치 프로젝트〉팀의 의뢰를 받아, 바람기가 다분한 사람들의 뇌를 찍어 이성에 대한 반응을 살핀 적이 있었다. 제작진과 우리 연구실에서는 평소 바람기가 많다고 고민하는 지원자 6명을 대상으로 기능성 자기공명영상장치(fMRI) 실험을 실시했다. 결혼한 배우자나 사랑에 빠진 애인의 사진, 좋아하는 연예인 사진, 매력적인 이성의 사진을 차례로 보여주며 뇌 활성화 차이를 알아본 것이다.

결과는 놀라웠다. 아내를 볼 때에는 별로 반응을 보이지 않던 쾌락의 중추가 처음 보는 이성의 사진이나 좋아하는 연예인 사진 앞에서 마구 요동을 치는 것이다. 그들의 뇌에선 이성에게 호감을 느낄 때 분비되는 신경전달물질인 도파민이 마구 분비됐다. 그들은 사진을 보고 난 뒤에 하나같이 이렇게 말했다. 매력적인 이성의 사진을 처음 봤을 때 함께 시간을 보내고 싶은 거부할 수 없는 유혹을 강하게 느꼈다고. 그것은 거의 일종의 목표의식에 가까운 감정이었다고. 당신이 지금 함께 살고 있는 사람이 바로 이런 사람일 수 있다!

바람둥이를 가려내는 과학적 방법

인간은 어떻게 서로에게 매혹되는 걸까? 오랫동안 사랑이 '인류의 숙제'로 자리잡고 있는 이유는 우리가 아직 이 질문에 정확한 답을 찾지 못했기 때문이다. 정신과 의사이면서 베스트셀러 작가이기도 한 파트릭 르무안은 자신의 매혹적인 저서 『유혹의 심리학』(북폴리오, 2005)에서 인간은 끊임없이 누군가를 유혹하기 위해 태어난 존재라고 단언한다. 사람들은 온갖 감각기관을 자극하며 상대를 유혹하기 위해 때론 변신하고 때론 속임수를 쓰면서 일탈을 꿈꾼다. 이런 유혹의 심리는 결혼을 하고 나이가 들어서도 쉽게 사그라지지 않는다는 것이 르무안의 주장이다.

"씻지 말고 기다리시라"

그의 관점에서 보자면, 카사노바나 돈 주앙 같은 바람둥이는 누군가를 유혹하기 위해 끊임없이 노력도 하지만, 타고난 매력을 주체할 수 없는 존재들이다. 타고난 매력을 갖춘데다, 여성이 무엇을 원하는지 정확히 파악하고, 원하는 걸 들어줄 수 있는 능력까지 갖추었으니 어떤 여성이 그의 앞에서 무너지지 않을 수 있으랴!

남자들이 한눈에 반하는 여성들의 매력은 아름다운 외모에 크게 의존한다. 적당한 키와 적당한 크기의 가슴, 좌우대칭이 잘 이루어진 얼굴과 몸매, 매끈하고 환한 피부, 동공이 큰 눈과 붉고 도톰한 입술, 윤기나는 머리카락, 그리고 가는 허리와 풍만한 엉덩이. 이것은 지난 수십 년 동안 매력적인 여성에 대한 설문 조사에서 남성들이 줄기차게 반복해 적어낸 대답들이다.

그러나 『유혹의 심리학』은 주변에 남성이 끊이지 않는 여성은 '향기 전략'을 사용한다는 데 주목했다. 후각을 자극하는 것은 별로 중요하지 않을 것 같지만, 여성이 내뿜는 향기가 남성들을 유혹하는 데 생각보다 중요하다는 것이다.

역사적인 일례로, 프랑스의 황제 나폴레옹이 아내 조세핀에게 보낸 편지들을 후대 역사학자들이 분석하다가 나폴레옹이 그 편지들을 쓰게 된 동기를 알게 돼 매우 놀란 적이 있다고 한다. 적들과 전쟁을 치르느라 몇 달 동안 아내와 떨어져 지내야 했던 용맹하고 혈기왕성한 나폴레옹은 요새로 돌아와 사랑하는 아내에게 종종 편지를 보냈다고 한다. '이제 두 주 후면 도착할 테니 몸을 씻지 말고 기다리고 있으라'는 명령을 전하기 위해서!(우리나라에선 주로 씻고 기다리라고 했던 것 같은데.) 한번 상상해 보시라, '적들을 향해 전진!'을 외치던 장수가 요새로 돌아와 씻지 말고 기다리라는 편지를 쓰고 있는 모습을. '암컷의 성적 향기는 남성에겐 거부할 수 없는 최면적인 매혹'이라는 프로이트의 표현대로, 나폴레옹도 죽음의 전장에서 조세핀의 향기가 가장 그리웠던 모양이다.

매력적인 남성이 가져야 할 조건 역시 여성의 입에서 공통으로 나오는 것이 많다. 건강해야 하며, 키가 커야 하며, 어깨가 넓고 허리는 날씬해야 한다. 지적이어야 하며, 사회적 성공과 자기실현에 대한 야심이 있어야 한다. 물론 그것을 달성할 수 있는 성실함 또한 중요한 조건이다. 또 정서적으로 안정돼 있어

여성에게 신뢰감을 줄 수 있어야 한다(이런 걸 다 가지고 있는 사람은 뭘 해도 성공하겠다!). 관대함과 배려는 남성의 매력에서 빼놓을 수 없는 덕목인데, 바람둥이들이 늘 밥을 사고 자주 선물 공세를 하는 것도 이를 드러내기 위한 전략 중 하나다. 사회적 지위와 은행 잔고 역시 매력남의 필수 조건이다.

이런 조건은 여성들이 보편적으로 꼽는 '결혼상대자의 조건'인데, 바람둥이들은 이 모든 요소를 실제로 가지고 있을 필요는 없지만 최소한 '가지고 있다는 인상'은 주어야 한다. 그러한 가능성이 바로 여성들에게 뿌리칠 수 없는 유혹이 된다.

욕은 먹어도 실속은 챙긴다

흥미로운 것은 이 조건들 중에 '미모의 여성과 함께했던 과거'가 포함돼 있다는 점이다. 왜 미모의 여성과 교제했던 과거 경험이 여성들에게 오히려 매력적인 남성의 조건으로 받아들여질까? 매력적인 여성을 대해본 경험이 있는 남성이 여성을 어떻게 대해야 할지 잘 알고 있으며(학습이론이랄까?), 다른 여성에게도 매력적으로 보였다는 사실이 그를 선택하는 데 대한 확신을 줄 수 있기 때문이다. 이래서 바람둥이들이 욕은 먹을지언정 실속은 챙기는 모양이다!

몇 해 전, 미국의 어느 진화심리학자가 내게 '바람둥이 남성을 가려내는 방법'으로 알려준 것이 하나 있다. 그것은 남성 혹은 여성이 무의식적으로 '터치'를 얼마나 자주 하는가를 보라는 것이었다. 우리는 이성의 터치에 민감하다. 모두가 경험했다시피, 스킨십은 남녀 사이의 친밀감을 빠르게 증폭시킨다.

남녀의 유혹적인 행동을 연구한 결과들을 보면, 여성은 최초의 데이트에서 남성에게 매력적으로 보이기 위해 주로 목선을 드러내고 환하게 웃으며 1분 이상 눈맞춤을 지속한다. 반면 남성은 유머를 구사하려고 노력하며 눈맞춤을 지속하며, 자연스럽게 스킨십을 유도하려고 노력한다.

이때 주의할 사항은 나라마다 민족마다 스킨십에 대한 태도가 제각기 다르다는 사실이다. 한 행동심리학자가 카페에서 손님들이 보이는 행동양상을 몰래카메라로 촬영해 분석한 연구결과에 따르면, 나라마다 스킨십의 정도가 우리가 짐작하는 것보다 훨씬 차이가 크더라는 것이었다. 예를 들면, 한 시간 동안 푸에르토리코 사람들은 평균 180회 정도, 파리 사람들은 110회 정도 신체적 접촉을 한 반면, 미국 플로리다주 게인즈빌 사람들은 2회 정도에 불과하더라는 것이다(아마 우리나라 사람들의 신체 접촉은 미국 사람들보다는 많겠지만 파리 사람들보다는 훨씬 적을 것이다). 더욱 심한 것은 영국 사람들인데, 특히 런던내기들은 상대방과 카페에서 대화하는 동안 절대 접촉을 안 한다는 것이 실험 결과였다. 그러니 영국에 가서 아무 여성에게나 친한 척 접촉하지 마시길!

사랑은 사랑하게 만드네!

바람둥이는 원래 타고난 것인지, 스스로 학습하고 터득한 것인지에 특별히 관심을 두는 이유는 그들의 행동적 특징이 사랑에 빠진 연인들이 전형적으로 보이는 행동들의 기원을 설명해줄 수 있으리라 믿기 때문이다. 그러나 아직 우리는 근사한 답을 가지고 있진 못하다. 그들이 생물학적으로 이성을 끄는 매력을 보유하고 있지만, 전략적으로도 매력적인 행동들을 학습해 적용하더라는 것이 현재 우리가 가지고 있는 (어쩌면 당연한) 결론이다.

끝으로, 남자들이 알아두면 좋을 만한 바람둥이의 중요한 전략 한 가지를 소개하려고 한다. 카사노바의 자서전 『불멸의 유혹』을 보면 그가 여성을 대하는 태도와 철학을 언급한 대목이 간간이 나오는데, 여기에 주목할 만한 메시지가 있다. 카사노바는 여성이 자신을 사랑하게 만드는 방법은 간단하다고 말하면서 "여성은 자신이 매우 사랑받고 있으며 매우 소중한 존재"라는 사실을 일깨워주는 사람과 사랑에 빠진다고 말한다. 그래서 그는 그저 여성을 (매번!) 진심으로 사랑하고 그 여성이 얼마나 아름다운 존재인지 일깨워주고 소중하게 대해주었다고 고백한다. 그러면 놀랍게도 여성들은 (원래 그렇지 않던 여성들도) 실제로 아름다운 존재로, 사랑받는 존재로 변하고 그렇게 행동하며, 자신을 사랑해주는 남성을 진심으로 사랑한다는 것이다. 칭찬이 고래를 춤추게 하듯, 사랑은 여성을 사랑하게 만든다는 것이다.

그것을 실천하는 방법의 하나로 그가 제안하는 것은 이성과 대화할 때 내가 관심 있는 주제에 관해 이야기하기 전에 상대방이 관심 있어 하는 주제에 관해 이야기하라는 것이다. 때로는 이를 위해 공부를 할 필요도 있다. 상대방이 관심 갖고 있는 주제에 관해 이야기하고 그것을 함께 나누는 것만큼 사랑스러운 순간은 없다는 것이 희대의 바람둥이가 우리에게 전하는 조언이다. 아, 지금 알고 있는 것을 '그때'도 알았더라면!

에필로그:
원숙한 사랑에 관한 낭만적 기대

요즘 '황혼의 로맨스'가 큰 인기다. 한때 최고의 시청률을 기록하기도 했던 한국방송 주말드라마 〈엄마가 뿔났다〉에서 80이 넘은 나충복 할아버지(이순재 분)와 안영숙 할머니(전양자 분) 사이의 뜨거운 연애는 황혼의 로맨스를 '사회적 이슈'로 만들었다. 그들은 극 중에서 청춘남녀 못지않게 정열적인 사랑을 나누며 뜨거운 키스를 하는 장면까지 선보였다.

'황혼의 로맨스'는 여기서 그치지 않는다. 70대의 아름다운 사랑을 그린 만화가 강풀의 〈그대를 사랑합니다〉가 연극으로 공연되는가 하면, '본격 노인 개그만화'를 표방하며 노인들의 성생활을 재기발랄하게 그려낸 만화가 윤태호의 〈로망스〉도 신문 연재로 큰 인기를 끌었다. 출연진 평균 나이가 61살인 뮤지컬 〈러브〉도 노인의 사랑을 그려 인기몰이를 한 바 있다.

기혼여성 90퍼센트 "섹스리스는 남자 책임"

'황혼의 로맨스'를 그린 영화 중 걸작은 단연 낸시 마이어스 감독의 로맨틱 코미디 〈사랑할 때 버려야 할 아까운 것들〉(Something's Gotta Give)이다. 노인들의 사랑을 이처럼 아름답고 유쾌하면서도 진지하게 그린 작품이 또 있을까? 60대의 음반 사업가인 해리(잭 니콜슨 분)는 젊은 여성만을 골라 사랑을 나누는 희대의 바람둥이다. 그가 어느 날 자신에겐 더는 사랑의 열정이 없다며 집필에만 몰두하는 극작가 에리카

(다이앤 키튼 분)를 만나 사랑에 빠진다. 이 영화에서 애틋한 장면 중 하나는 그들의 힘겨운 섹스 장면. 섹스 도중 심박수가 너무 늘어나 심장마비에 걸릴까봐 걱정하고, 혈압 측정 장치의 매뉴얼이 잘 안 보여 안경을 찾는 그들의 모습은 관객의 폭소를 자아낸다. 안쓰럽지만 아름다운 그들의 사랑은 훼방꾼 키아누 리브스도 막을 수 없다!

'황혼의 로맨스'에 대해 의사들의 한결같은 목소리는 그들의 사랑이 결코 젊은이들의 사랑 못지않다는 것이다. 그러나 놀랍게도 지금까지 과학자들은 '노인들이 사랑에 빠졌을 때 그들의 뇌에선 어떤 일이 벌어지며 몸에선 어떤 변화들이 발생하는지'에 대한 연구를 제대로 하지 않았다. 그래서 우리는 노인들의 뇌가 사랑에 빠졌을 때 도파민의 분비량이 젊은이들에 비해 어느 정도 되는지, 성적 욕망을 자아내는 아드레날린과 테스토스테론 수치가 어느 정도 되는지 전혀 알지 못한다. 과학자들은 아직 진지하게 그들의 '사랑'을 연구한 적이 없는 것이다.

노인들의 '사랑'에 관한 연구가 크게 부족한 반면, 노인들의 성생활에 대한 연구는 오랫동안 지속돼왔다. 연구 결과에 따르면, 노인들은 성관계 횟수가 젊은이들에 비해 현저히 줄어들거나 성생활을 아예 그만두는 경우가 많다. 1970년대에 시행된, 60살 이상의 고령 남녀에 대한 설문조사에 따르면, 남편과 아내가 함께 생활하는 경우 54퍼센트의 부부가 성적 접촉을 정기적으로 하고 있으며 독신생활을 하는 경우에는 7퍼센트만이 성적 접촉을 하고 있었다. 자신의 배우자가 성관계에 관한 관심이나 능력이 없어졌다고 생각하는 응답자는 남성이 1퍼센트, 여성은 14퍼센트였으며, 자신이 성관계에 관한 관심이나 능력이 없어졌다고 응답한 경우는 남성이 15퍼센트, 여성은 10퍼센트였다. 또 자신이 성적으로 무능해졌다고 대답한 것은 남성이 29퍼센트인 데 비해, 여성은 거의 없었다.

그렇다면 고령자 부부가 성교를 그만두게 되는 나이는 언제일까? 미국의 설문조사에 따르면, 남성은 평균 68살, 여성은 60살이라고 한다. 또한 기혼남성의 약 60퍼센트, 기혼여성의 90퍼센트가 '성교를 하지 않게 된 책임은 남자에게 있다'고 응답했다.

이런 추세는 최근 삶의 질이 향상되고 비아그라 등 발기부전 치료제가 등장하면서 크게 개선되고 있다. 최근 스웨덴 고센버그대학의 닐스 베크만 박사 팀의 설문조사에 따르면, 성생활을 하는 70대 독신 남성은 지난 30년 사이 30퍼센트에서 54퍼센트로, 여성은 0.8퍼센트에서 12퍼센트로 급증했다.

미 시카고대학이 여성 1,550명과 남성 1,455명을 대상으로 실시한 설문조사에 따르면, 미국의 57~85살 남성 중 68퍼센트는 최근 1년 사이 최소 1번 이상의 섹스를 한 적이 있는 것으로 나타났다. 여성은 42퍼센트. 재미있는 것은 이 수치가 여성 쪽에서 더 많이 상승하고 있다는 것인데, 특히 나이 든 여성 중에 성관계를 원하는 이는 늘고 있으나, 성관계가 가능한 같은 나이대의 남성을 찾는 것이 힘들다고 토로했다고 한다.

노인의 성생활 증가 추세는 우리나라도 마찬가지다. 한양대학교 대학원 간호학과 대학원생 이창근 씨가 서울에 거주하는 65살 이상 노인 113명을 대상으로 조사한 바로는, 응답자 중 19.5퍼센트가 현재 성생활을 지속하고 있으며, 빈도는 월평균 1.37회인 것으로 조사됐다. 빈도는 한 달에 1번인 경우가 10명으로 가장 많았고, 다음은 두 달에 1번(4명), 한 달에 2번(4명), 한 달에 3번(2명), 일주일에 1번(1명), 1년에 2번(1명) 순이었다. 현재 성생활을 하지 않는 노인의 경우, 마지막으로 성관계를 한 평균연령이 남성은 63.1살, 여성은 57.4살로, 전체 평균이 61.3살이었다.

마지막 성관계 나이 61.3살

흥미로운 것은 '멋있는 이성을 보면 여전히 좋고 흥분되는가'라는 질문에 남자 노인의 84퍼센트, 여자 노인의 14.3퍼센트 가 '그렇다'라고 응답했다는 사실이다. 여성은 덜한 반면 남성은 아직도 멋있는 이성에 반응했다.

성생활을 하는 노인들이 그렇지 않은 노인들보다 삶의 만족도가 더 높은 것은 잘 알려진 사실이다. 우리나라 통계에서도 비슷한 결과를 얻었는데, 성생활에 대한 전체적 인지도를 나타내는 '성생활 인식도'의 경우, 남자 노인은 자아 존중감과 자아 성취감에, 여자 노인은 자아 성취감과 현실 만족도에 큰 영향을 미치는 것으로 조사됐다.

지난 2002년 70대 노인들의 '왕성한' 성생활을 사실적으로 묘사한 영화 〈죽어도 좋아〉가 개봉돼 큰 화제를 모은 적이 있다. 당시 영화는 노인도 젊은이 못지않은 성욕을 갖고 있다는 메시지를 확실히 전달함으로써 노인의 성을 되돌아보게 하는 계기가 됐다. '성에는 정년이 없다'는 것이다.

미 텍사스주립대학의 교수진들은 '왜 당신은 섹스하는가'에 대한 흥미로운 설문조사를 한 적이 있다. 이 조사에 참여한 2천 명은 '당신은 성생활에 만족하는가'라는 질문에 남성 56퍼센트와 여성 57퍼센트가 '그렇다'고 답했지만, 질문의 내용을 약간 바꿔 '당신은 성관계를 충분히 영위하고 있다고 생각하는가'라는 질문에는 56퍼센트의 여성과 68퍼센트의 남성이 '그렇지 않다'고 대답했다.

이 연구를 수행한 텍사스대의 파이퍼 슈월츠 박사는 "55살에 이혼하고 난 뒤 가장 훌륭한 성관계를 유지할 수 있었다"고 주장했다. 55살 이후에 섹스를 진짜로 즐길 수 있게 된다는 것이다. 누가 봐도 아름답고 현명한 젊은 여성이라 할지라도 성관계를 성공적으로 유지할 수는 없으며, 오히려 배우자와의 관계가 성숙되고 믿음이 넘쳐나는 나이 든 부부일수록 만족한 성생활을 즐기고 있다는 것이 그의 주장이다.

최근 칠레 노인들은 매우 행복한 시절을 맞았다. 칠레의 로프라도 시에서는 노인들에게 '비아그라'를 공짜로 나눠주고 있기 때문이다. 로프라도 시장 곤잘로 나바렛은 '삶의 질 향상에 활발한 성생활이 필수'라는 취지로 시민들에게 비아그라를 나눠주겠다고 발표하고, 노인 1,500명에게 한 달에 4정 정도 발기부전 치료제를 받을 수 있게 했다. 칠레는 앞으로 다른 지역에도 같은 조처를 할 계획인 것으로 알려져 시민들이 환호성을 지르고 있다(우리나라도 지지율을 50퍼센트쯤으로 올릴 수 있는 정책으로 '보건소에서 비아그라 나눠주기'를 권하는 바이다). 성에 대한 태도가 나라마다 얼마나 다른지를 잘 보여주는 예라고 할 수 있다.

사랑에 빠지기 시작한 20대 초반의 젊은이들에서부터 80대 노인들의 '황혼의 로맨스'에 이르기까지, 사랑에 대한 과학적인 연구를 때론 노골적으로, 때론 냉정하게 논의했다. 사랑에 보편적인 법칙이 있다면 그것이 무엇인지에 대한 진지한 노력을 열정적으로 수행해온 과학자들 덕분에, 사실 아직은 갈 길이 훨씬 더 멀지만, 이 정도의 이해를 얻을 수 있었으며, 그들의 눈물겨운 노력은 우리의 사랑을 조금이나마 현명하게 만들어줄 것이라 믿는다.

지난 30년 동안 사랑에 대한 과학적인 연구를 통해 우리가 얻은 교훈은 간결하다. 우리는 영혼만이 아니라 '육체와 뇌'라는 생물학적 기관을 통해 온몸으로 사랑한다는 것이다. 그것을 받아들이고 나를 제대로 이해할 때, 우리는 현명한 사랑에 눈을 뜰 수 있다.

모든 사람들이 '내 사랑은 매우 특별하다'고 생각한다는 점에서 우리의 사랑은 절대 특별하지 않다. 하지만 보편적인 사랑의 법칙에서 크게 벗어나지 못하는 존재임에도 온 인생을 통해 매번 남다른 색깔의 사랑을 펼친다는 점에서 우리의 사랑은 무엇보다 특별하다.

문학 속 사랑의 담론

박지현

박지현

서울대학교 중어중문학과를 졸업하고 동대학원에서 석사, 박사 학위를 받았다. 서울대학교 인문학연구원 및 서강대학교 언어정보연구소의 연구원을 지냈으며, 서울대학교 기초교육원 강의교수를 역임했다. 중국의 사회문화 및 서사전통에 관한 강의를 하고 있다. 주요 논문으로 「중국의 부계(扶乩) 신앙과 문인문화」「중국의 서사전통과 현대화」「상상 중국과 현실 중국: 개인, 가문, 국가」 등이 있으며, 공저로 『동서양 서사문학의 환상과 기이의 미학』『중국의 지식장과 글쓰기』 등이 있다.

프롤로그:
문학 속 사랑과 현실의 사랑

문학, 사랑의 진정성을 논의하다

문학은 있는 그대로 현실을 그려내지 않는다. 현실을 바라보는 사람들의 생각이나 감성을 표현할 뿐이다. 사랑, 그중에서도 남녀 간의 사랑은 오랜 옛날부터 문학적 담론의 주요한 대상이었다. 이성인 누군가에게 끌리고 그리워하며 만나서 황홀했던 인류 보편의 경험은 그 과정을 혹은 그 순간을 문학이란 언어 형식으로 재현하고 담론화하는 데 충분한 계기를 제공해왔다. 하지만 모든 문학 작품 속 현실이 그렇듯, 문학 속의 사랑 역시 현실의 사랑은 아니다. 사랑에 대한 사람들의 생각이나 감성을 드러내는 탐색이자 논의의 결과일 뿐.

사랑에 빠진 사람은 자신이 사랑에 빠졌다는 것을 안다. 사랑의 실체는 분명히 존재하고 누구든 경험하는 것이지만 어느 누구도 그 실체를 보여주거나 볼 수 없다. 21세기 과학의 발달은 사랑이 무엇일까에 대한 답으로 사랑에 빠진 남녀의 뇌사진이나 호르몬의 변화 과정을 보여줄 수 있지만 그 역시도 사랑의 실체라 하긴 어렵다. 사랑을 뇌 속에서 일어나는 신경물질의 화학 작용으로 설명하기엔 사람들이 사랑이라 느끼는 행위나 양태가 너무나 다양하기 때문이다. 담배를 피우고 싶으면 담배를 피우고 배가 고프면 밥을 먹는 행위와는 다르다. 사랑에 빠진 남녀의 뇌 사진은 동일한 양상을 보여주지만 그들이 사랑을 느끼는 순간이나 그것을 욕망하는 방식은 천태만상이다. 사람에 따라 다르고 같은 사람일지라도 상황과 조건, 나이, 대상에 따라 다르다.

인간의 감정은 흔히 희로애락(喜怒哀樂)이란 말로 표현된다. 기쁨과 슬픔, 노여움과 같은 감정은 웃음이나 눈물처럼 비교적 일정하게 대응되는 행동 양태가 있고 결코 모호하다고 할 수 없는 경계가 있다. 하지만 사랑은 변덕스럽고 모호하며 당황스럽고 낯설다. 순간의 설렘 혹은 떨림, 환희, 기쁨, 절망, 증오, 미움, 원망, 그리움, 상처, 때론 참혹함, 때론 무모함으로 가학과 피학을 오가며 변화무쌍하게 다가오는 그것을 어찌 희로애락과 같은 정의 가능한 감정의 하나로 분류할 수 있겠는가.

문학에서 사랑의 담론은 그 실체에 대한 탐색이라기보다 본질에 대한 탐색이라 할 수 있다. 사랑이 무엇인가는 사랑이 지닌 수많은 속성 가운데 무엇이 좀 더 본질적인 것인가에 대한 물음과도 등치된다. 이것은 종종 사랑은 어떠해야 하는가와 같은 규범론으로 연결되기도 한다. 시시각각 누군가를 변화무쌍한 감정의 소용돌이로 몰아가는 그것을 현상으로 따라잡는 것은 무의미한 일이다. 사랑의 실체가 아닌 본질과 규범에 관한 논의—이것을 우리는 사랑의 '진정성'이라 부를 수 있을 것이다—, 이것이 곧 문학 속 사랑 담론의 특징이라 할 수 있다.

사랑이라는 이데올로기

21세기 지구촌은 사랑의 전성시대다. 노래면 노래, 소설이면 소설, 드라마면 드라마, 무엇이든 사랑을 이야기하지 않는 것이 없다. 이야기 속 사랑은 세상과 나를 바꾸고 불가능한 일을 가능하게 해주며 모든 불합리를 합리로 전환시키고 모든 이기(利己)를 이타(利他)로 승화시킨다. 오늘날 소위 '사랑한다'라는 이유로 내려진 행동의 결단들, 예컨대 반대를 무릅쓴 결혼이라든지 도피, 용서, 희생, 복수, 배신, 심지어는 살인에 이르기까지 사랑이란 이름으로 행해진 결단적 행위에 대해 일방적인 비난을 가할 수 있는 상위의 가치는 없다. 하지만 현재 사랑이 누리고 있는 이같은 절대 가치로서의 지위는 처음부터 주어진 것이 아니다. 사랑을 다룬 수많은 문학 작품과 영화, 드라마 등을 통한 담론의 결과로 구축된 것이다.

동서양을 막론하고 사랑은 공동체의 간섭, 법률, 제도의 규약으로부터 자유와 독립을 쟁취해왔다. 개인의 인권이 성장하듯이, 개인의 가장 신성한 감정으로서 사랑 또한 그 권리가 증대되었다. 그러나 실상 우리가 경험하는 사랑의 실체가 정말 그렇게 신성한 것일까. 인간이 느끼는 다른 감정이나 욕망과는 달리 유독 '사랑'이 절대화될 수 있는 이유는 무엇인가. 흔히 근대의 '낭만적 사랑'은 무엇보다 감정의 순수성을 중시하는 개념이다. 조건 없고 이유 없는 사랑, 오로지 그대를 향한 마음만으로 인정되고 존속되는 사랑, 숱한 난관과 제약에도 변하지 않는 사랑, 그래서 재투성이 신데렐라와 왕자의 결혼이 가능하고 '기쁠 때나 슬플 때나 건강할 때나 아플 때나 부유할 때나 가난할 때나 사랑할 것'이라는 서약이 가능한 사랑, 이것이 바로 낭만적 사랑의 개념이다. 중요한 것은 이러한 낭만적 사랑의 결말은 섹스가 아닌 결혼, 즉 성스런 가정의 완성이라는 점이다.

혼인이라는 성사(聖事)로 완결되는 낭만적 사랑의 순수성과 순결함은 이미 그에 대한 회의가 만연하고 다양한 시각의 새로운 문학적 해체가 진행되었음에도 불구하고 여전히 오늘날, 사랑에 대한 하나의 환상이자 이념으로 작용한다. 사랑을 구성하는 여러 속성 가운데 이러한 순수성과 순결함이 그것의 본질로 부각되어 강한 생명력을 유지하는 이유는 '아가페' 즉 신의 인간에 대한 사랑, 그 무조건적이고 무한하며 절대적인 사랑에 대한 영원한 동경과 향수에서 나온 것이라 볼 수 있다. 신의 사랑, 아가페는 태초에 내가 안겼던 어머니의 품처럼 언제나 기대고 싶고 돌아가고 싶은 인간적 감성의 근원이다. 사랑을 통해 내가 아닌 나, 오히려 너가 되는 나를 경험하고 순간적으로 대상에 대한 완벽한 일치 혹은 절대적 몰입을 체험하면서 인간은 나의 '에로스' 속의 '아가페'를 인지하게 된다.

사랑에 있어 근대의 전환은 에로스 속 아가페의 인지, 즉 누군가에 대한 열정이 억눌러야 하는 인간의 위험한 욕망이 아니라 축복받아야 할 아름답고 숭고한 정신임을 인정함으로써 가능해진 것이다. 근대적 주체의 확립은 사랑에 있어서도 자신이 신처럼 될 수 있음을 감히 꿈꾸게 한다. 신에 대한 중세적 열등감의 극복은 인간의 사랑도 신의 사랑과 다를 바 없다는 환상을 갖게 하였고, 이 환상이 낭만적 사랑을 떠받치는 하나의 이데올로기가 되었다. 어찌 보면 낭만적 사랑으로 형성된 근대 부르주

와지의 가정은 하느님의 초윤리적인 사랑을 벤치마킹해 그들의 자유로운 결혼과 가정—신이 정해준 것이 아니라 스스로 선택한 것이므로—을 신성한 무엇으로 만들고 세상에서 가장 윤리적이며 합법적인 공간으로 만든 것이라 설명할 수도 있다. 이제 사랑은 파괴적 결말을 향해 가는 인간의 어리석은 욕망이 아니라 신성한 가정을 이루기 위한 인간의 가장 아름다운 권리이자 의무가 되었다.

중국의 사랑: 전복이 아닌 타협, 파괴가 아닌 복원의 사랑

흥미로운 것은 중국의 경우, 20세기 초 서구의 근대가 이식되기 전까지 문학 작품을 통한 사랑의 담론이 서구와 마찬가지로 공동체의 간섭과 법률, 제도의 규약으로부터 점차 자유와 독립을 확보해 가는 방향으로 전개되었다는 점이다. 다만 차이가 있다면, 사랑에 있어 근대의 전환과 같은 극적인 반전이 일어나지 않았다는 것이다. 죽음과 파괴를 부르는 위험한 욕망, 끊임없이 극기하고 부정해야 하는 대상에서 신성한 가정을 이루기 위한 아름다운 권리이자 의무가 되어버린 사랑의 근대적 전복은 발견되지 않는다.

중국의 전통 시기, 즉 한대(漢代)에서 청말(淸末)에 이르기까지 2천여 년 동안 중국의 사랑은 지속적으로 그러나 조용히 변화되었다. 사랑에 있어 근대적 전복이 발견되지 않는 이유는 어쩌면 그 전복의 전제가 되는 중세의 암흑기가 없었기 때문인지 모른다. 중국에서 욕망은 절제의 대상이지 부정의 대상이 아니었다.

남녀의 성적 결합, 즉 섹스는 사회 유지를 위한 동력이다. 일찍이 공자(孔子)가 '시(詩)'의 표준으로 제시한 "즐거우나 지나치지 않는다[樂而不淫(낙이불음)]"라는 말에서도 드러나듯이 성적 욕망은 정도를 벗어나지만 않는다면 기본적으로 자연스럽고 건강한 것이다. 고대 중국의 대표적 자연철학이라 할 수 있는 음양론(陰陽論)은 우주 만물의 모든 생성과 변화를 음과 양이라는 두 기운[氣]의 작용과 조화로 설명한다. 음양의 개념은 『역경(易經)』에 처음 나타나는데 하늘과 땅[天地], 해와 달[日月], 낮과 밤[晝夜], 불과 물[水火], 따뜻함과 차가움[溫寒] 등과 같이 기본적으로 자연을 구성하는 두 개의 대립물로부터 추상화된 개념이다. 중국에서 인간 사회는 자연과 마찬가지로 하늘의 이치, 즉 천도(天道)가 실현되는 장소이므로 인간들 사이의 관계 역시 이 음양의 범주로 자연스럽게 포괄되었다. 예컨대 남녀, 부부, 군신의 관계는 자연 속의 천지, 일월, 주야의 관계처럼 서로 대립적이면서 통일적인 음양의 원리로 생성된 것이다.

이러한 '천인감응(天人感應), 음양합일(陰陽合一)'의 관점에 따르면, 어린아이의 탄생은 남녀라는 음양의 대립물이 하나로 합쳐지면서 만들어낸 우주적 결과물이다. 게다가 신선술(神仙術)을 추구하던 고대의 방사(方士)들은 남녀의 성교 자체를 불로장생을 위한 하나의 방법으로 인식하고 '방중술(房中術)'이라는 고대 중국의 성 담론을 탄생시켰다. 이러한 방중술은 한대(漢代) 말엽 흥성하기 시작한 도교에 의해 계승되면서 이후 사회의 저변으로 확대되었는데, 문제는 이러한 남녀의 합일이 사랑과는 무관한 양생(養生)의 주요한 방식으로 인식되었다는 점이다.

중국의 경우 남녀 관계의 본질은 자연으로서의 성(性)에 있었고 그에 대한 욕망이 긍정되긴 했지만, 이것이 곧 사랑에 대한 인정이라고 볼 수는 없다. 사랑은 결혼의 부속물일 뿐, 자기 주도권을 가질 수 없었다. 어떤 의미에서 중국 문학 속 사랑의 담론은 바로 이 사랑의 자기 주도권 또는 결정권에 대한 사회적 합의의 기나긴 논의 과정이었다고 할 수 있다. 사랑이 결혼의 전제가 되는 근대적 혁명은 일어나지 않았지만, 내 안에 존재하는 사랑의 실체를 인지하고 제기함으로써 그것이 과연 무엇인지, 어떤 의미를 지니는지, 왜 사회가 그것을 수용하고 인정해야 하는지, 어떻게 수용하고 인정해야 하는지를 담론화했던 것이다.

21세기의 사랑: 절대 자유를 얻었으나 여전히 치명적인 사랑

동서고금을 막론하고 사랑과 결혼은 서로 행복하게 합치되기보다 장애가 되고 질곡이 되는 경우가 더 많았다. 물론 이 언술은 '문학 속에서'라는 단서를 반드시 달아야 한다. 실제 현실에서는 이러한 사랑과 결혼의 불일치가 불행과 파국으로 치닫기보다는 수용과 적응으로 귀결되는 경우가 더 많았다. 그럼에도, 사랑이 결혼의 절대 가치가 된 근대 이전이나 이후나 문학이 '사랑하는 사람과 함께 사는 것이 행복하다'라는 담론을 한결같이 생산하고 있는 것은 상당히 흥미로운 일이다.

이 둘 사이의 모순과 갈등은 어찌 보면 당연한 것이다. 본질적으로 사랑은 개인적인 욕망이며 감정이고, 결혼은 사회적인 제도이다. 이 둘 사이에는 개인과 공동체, 감성과 이성, 순간과 영원, 욕망과 규범의 문제 등등이 복잡하게 엇섞여 다양한 모순과 갈등을 일으킨다. 개인보다 공동체의 가치가 절대적으로 우선시됐던 전통시대에는 사랑이 제도로서의 결혼을 이길 수 없었다. 결혼이 선험이었고, 사랑은 따라오면 좋고 아니면 그만인 부속물이었다. 그러나 오늘날 21세기의 사랑은 그것이 선험이고, 결혼이 부속물이다. 근대적 주체의 확립으로 당당히 제도로서의 결혼과 등치되는 지위를 얻은 이래, 사랑은 오히려 결혼을 압도하는 지위 역전의 양상을 보이고 있다.

오늘날 사랑과 결혼의 문제는 오히려 사랑 자체에서 발생한다. 사랑은 절대적인데 유일하거나 영원하지 않다. 사랑해서 결혼을 했는데 사랑이 변했다. 결혼을 파기할 것인가, 새로운 결혼을 할 것인가, 아니면 아예 결혼을 하지 않을 것인가. 전통시대나 근대적 삶에 비해 우리 인생에서 제도로서 결혼이 주는 영향은 축소되었다. 그럼에도 여전히 문학은 '사랑하는 사람과 함께 사는 것이 행복하다'라는 담론을 생산한다. 유일하지도 영원하지도 않지만 사랑은 여전히 사랑이라 설명한다. 절대 가치로서 사랑의 지위는 전에 없이 공고한데 여전히 사람들은 사랑타령이다. 왜 그럴까? 아직도 사랑의 자유가 부족하기 때문인가, 아니면 사랑의 본질에 대한 합의가 이뤄지지 않았기 때문인가.

단언컨대, 사랑의 실체는 누구도 그려낼 수 없고 그 본질이 무엇인지는 누구도 확신할 수 없다. 다만 담론을 통해 제기되고 탐색될 뿐이다. 사랑의 담론이 발달하면 발달할수록 사랑은 복잡한 그 무엇이 된다. 전통시대 문학 속 인물들이 목숨을 바쳐 갈구했던 사랑의 가치와 자유는 적어도 오늘날 제도적으로, 법률적으로 완벽하게 실현되었다. 그러나 절대 가치와 자유를 획득한 오늘날의 사랑이 중세와는 또 다른 의미에서 여전히 치명적이라는 사실은 곱씹어 볼 필요가 있다.

이제 우리는 한대(漢代)에서 청대(淸代)에 이르는 중국 문학 속 사랑의 담론을 살펴볼 것이다. 2천여 년에 이르는 그 시기 동안 중국은 17~18세기 서구의 근대와 같은 사회 전반의 급진적인 제도 변화를 겪지 않았지만, 근대적 요소라 할 수 있는 현상의 변화들을 사회 내부에 포함하고 있었다. 20세기 서구의 근대적 사랑이 전래되기 전까지 중국의 사랑 담론은 나름의 방식으로 사랑의 독립과 자유, 주체의 자기 결정권을 논의해왔다. 대체로 사랑에 관한 서구의 담론이 좀 더 광기에 가깝게 읽혀지는 이유는 기본적으로 욕망에 대한 서구 문화의 관점이 본원적인 죄의식과 연동되어 있기 때문이라 여겨진다. 의식의 저변, 혹은 무의식의 세계와도 관련 있는 그것은 사랑을 주로 자아와 타자의 관계가 아닌 자아 내부의 문제로 논의하게 만들었다.

그에 반해 중국의 담론은 나와 나를 둘러싼 외부 세계의 관계에 치중한다. 사랑은 나 자신의 문제가 아니라 내가 맺고 있는 다양한 사회적 관계에서 발현되고 인식되는 문제이다. 따라서 담론은 어떻게든 문제의 해결을 찾아 타협을 시도한다. 그 결말이 해피엔딩이든 새드엔딩이든, 그 과정이 현실적이든 비현실적이든, 사랑 때문에 뒤틀리고 파괴된 관계는 어떻게든 봉합되고 복원되어야 한다. 사랑의 독립과 자유를 위해 서구와는 다른 궤적으로 사랑을 논의했던 중국의 담론들을 살펴봄으로써 사랑의 탐색에 새로운 시야가 열리기를 기대한다.

사랑의 발견: 그리움의 미학

사랑은 인류의 시작과 함께 있어온 것이겠지만, 문학의 관점에서 보면 '발견되는' 것이다. 문학과 같은 예술 담론이 생겨난 이래 사랑은 예술의 주요 내용이 되었다. 어쩌면 사랑이 예술 담론을 추동시킨 중요한 요인이었는지 모른다. 중국의 경우 문학은 시에서 시작되었다. 시는 노랫말을 문자로 정착시키는 과정에서 태동했는데 그 노래의 기원이 민간에서 발생한 민요이다. 주(周) 왕조의 성립은 '천하'의 개념을 탄생시키며 각 지역의 노래들을 채집해서 문자로 기록하게 했는데 그 결과물이 바로 유가(儒家) 경전의 하나인 『시경(詩經)』*이다.

즐거우나 지나치지 않고 슬프나 상하지 않게

『시경』에 들어 있는 민요들은 상당수가 남녀 간의 사랑을 노래한 것이다. 그중 『시경』의 첫머리를 장식

* 고대 중국의 시가를 모아 엮은 오경(五經)의 하나로, 본래는 3,000여 편이었다고 전하나 공자에 의해 305편으로 간추려졌다. 『시경』의 시들은 풍(風), 아(雅), 송(頌) 세 부분으로 나누어지는데, 이 중 풍은 국풍(國風)이라고도 하며 여러 제후국에서 채집된 민가이다. 사랑의 시가 대부분으로 남녀간의 애틋한 정과 이별의 아픔 등이 진솔하고 소박하게 담겨져 있다.

하는 「관저(關雎)」라는 시를 보자.

관저

꾸륵꾸륵 우는 저구새, 물가에 앉아 있네.
아리따운 아가씨는 군자의 좋은 배필.

올망졸망 마름풀, 이리저리 헤치노니
자나깨나 그리운 아리따운 아가씨.
그리워도 얻지 못해 자나깨나 생각하네.
그리움은 끝이 없어 이리 뒤척 저리 뒤척.

올망졸망 마름풀, 이리저리 헤치노니
금슬(琴瑟) 타며 벗하고픈 아리따운 아가씨.
올망졸망 마름풀, 이리저리 헤치노니
종고(鐘鼓) 울리며 즐기고픈 아리따운 아가씨.[1]

이 시에는 아리따운 아가씨를 만나 구애하고픈 젊은 남자의 심경이 잘 드러나 있다. 젊은 남녀라면 누구나 멋진 짝을 만나 사랑을 나누고픈 마음이 있을 것이다. 실제 모든 사랑의 단초라 할 수 있는 그 욕망이 순박하게만 느껴지는 이유는 이 시가 초기 민요의 보편적인 활달함과 자연성을 잘 간직하고 있기 때문이다. 그래서 공자는 이 시를 '즐거우나 지나치지 않고 슬프나 몸과 마음이 상하지 않는다[樂而不淫, 哀而不傷]'고 평하였다.

『시경』의 시들이 언제 만들어졌는지는 정확히 알 수 없다. 대략 서주(西周) 초(BC 11세기)에서 춘추 중기(BC 6세기) 사이에 채록된 것으로 알려져 있을 뿐이다. 『시경』의 맨 첫편, 국풍(國風) 주남(周南)의 첫 번째 시로 등장하는 「관저」는 흔히 서주 초기 유교적 덕화(德化)의 실현을 상징하는 시로 여겨졌다. 시를 문학이 아닌 정치로 바라봤던 유가들은 이 시가 보여주는 자연스런 건강함과 소박함을 도덕이 실현되는 태평시대에 인간의 감정이 지녀야 할 최소한의 덕목으로 생각했다. 사랑의 욕망을 부정할 수는 없으나 넘지 말아야 할 선의 표준으로 '낙이불음, 애이불상(樂而不淫, 哀而不傷)'의 「관저」를 설정했던 것이다.

그대와의 거리만큼 그리워하다

이러한 사랑의 표준은 전통 시기 중국의 남녀 관계를 규정하는 하나의 이념으로 작용하였다. 그러나 실상 이후의 문학이 포착하는 사랑의 양상은 결코 이러한 표준에 머물 수 없었다. 『시경』에 등장하는 또 다른 시를 보자. 진풍(秦風)편에 나오는 「겸가(蒹葭)」라는 시다.

겸가

갈대 푸르고
흰 이슬은 서리 되었네
내 말했던 그 임은 강 건너 계신다네
물길 거슬러 올라가 볼까

멀고도 험하여라
물길 따라 내려가 볼까
물 한가운데 계신 듯해라.

갈대 반짝이고
흰 이슬은 촉촉하네
내 말했던 그 임은 강 자락에 계신다네
물길 거슬러 올라가 볼까
가파르고 험하여라
물길 따라 내려가 볼까
물 속 바위 자락에 계신 듯해라.

갈대는 우거져
흰 이슬 아직 마르지 않았네
내 말했던 그 임은 강기슭에 계신다네
물길 거슬러 올라가 볼까
구불구불 험하여라
물길 따라 내려가 볼까
물 속 작은 섬에 계신 듯해라.[2]

이 시는 「관저」에 비해 누군가를 사모하는 마음이 좀 더 간절하고 애잔하다. 첫사랑의 시작 같은 설렘의 발랄함이 사라지고 이미 마음 깊은 곳에 침잠된 슬픔의 그리움이 표현되어 있다. 「관저」를 통해 공자가 제시한 '즐거움'과 '슬픔'이 조화롭게 공존하는 사랑의 표준은 '슬픔'으로 그 추가 기운 듯이 보인다. 게다가 그 슬픔은 더는 '몸과 마음을 상하지 않는' 중용의 덕을 유지하고 있지 못하다. 우리가 이 시에서 좀 더 주목해야 할 것은 바로 이 슬픔을 슬픔으로 고착시키고 있는—열정이나 환희로 전환시키지 않는—나와 사랑하는 임 사이의 영원한 '거리'다.

시에서 사랑하는 임은 강 건너에 있다. 나는 물길을 따라 임을 찾아 오르거나 내리거나를 반복하지만 결코 물을 건너지는 않는다. 임은 평행선처럼 강 건너에 있을 뿐이다. 내 간절한 마음이 통한 듯 임이 움직이지만 그건 어디까지나 물 한가운데 떠 있는 바위나 작은 섬까지일 뿐이다. 임 역시 물을 건널 수는 없다. 이같이 나와 임 사이에 존재하는 절대적 거리로서 강은 임에 대한 나의 사랑을 확인시켜주는 가혹한 매개인 동시에 그 사랑을 정당하게 혹은 숭고하게 만들어주는 현실의 장애이다.

현실에서의 이상사회를 꿈꿨던 정치가이자 사상가인 공자에게 사랑의 현실은 결코 자연적인 법칙과 질서를 거스르지 않는 조화로운 것이어야 했다. 그러나 미학 추구의 본성을 지닌 문학 담론은 조화 너머의 것을 생각한다. 고대 동서양의 문학 담론이 사랑의 비극성을 강조하고 숭고미를 추구하게 된 것은 사랑이 지닌 파괴적 속성을 간파했기 때문이다. 중요한 것은 중국의 경우 그 파괴의 속성을 파괴 자체로 비극화하지 않고 오히려 파괴를 견뎌내는 인고, 즉 욕망의 갈등을 내면화하고 침잠시키는 슬픔의 방식으로 비극화했다는 것이다. 여기서 가장 중요한 문학적 장치가 바로 '거리'이고, 그로부터 다양한 국면의 '그리움'이 재현되기 시작한다.

초창기 사랑에 관한 중국의 문학 담론에서 이 '거리'는 사랑을 구성하는 가장 본질적인 요소 중의 하나였다. 나와 임 사이에 존재하는 '거리'의 침범 혹은 소멸은 곧 사랑이 갖춰야 할 정당성 혹은 숭고성의 훼손을 의미한다. 그것은 때론 「장중자(將仲子)」(정풍鄭風편)라는 시에서처럼 오히려 '거리'의 확보를 통해서 사랑을 강화하는 시도로까지 이어진다.

장중자

제발, 둘째 도련님!
우리 마을 오셔서 제 냇버들 꺾지 마셔요.
버들이야 아깝겠어요? 제 부모님이 두렵답니다.
도련님이야 그립지만, 부모님 말씀도 두려운걸요.

제발, 둘째 도련님!
우리 담 넘어와 제 뽕나무 꺾지 마셔요.
뽕나무야 아깝겠어요? 전 형제들이 두렵답니다.
도련님이야 그립지만, 형제들 말도 두려운걸요.

제발, 둘째 도련님!
우리 뜰 넘어와 제 박달나무 꺾지 마셔요.
박달나무야 아깝겠어요? 전 남의 말이 두렵답니다.
도련님이야 그립지만, 남의 말도 두려운걸요.[3]

이 시를 받아들은 '둘째 도련님'은 그녀에 대한 마음을 접을 수 있었을까. 요즘 소위 '밀당(밀고 당기기)'이라 불리는 연애의 기술은 그 역사가 3천 년은 이어져 내려오고 있는 셈이다. 사랑이 아름답거나 정당하거나 숭고한 것이기 위해 나와 임 사이의 '거리'가 강조되고, 그 '거리'를 통한 사랑, 즉 '그리움'이 사랑의 실체로 담론화된 것은 적어도 중국의 시가 문학에 있어서는 확고한 전통으로 자리 잡은 듯하다.

근원적 거리의 절대 간극이 주는 슬픔

『시경』의 전통을 이어받은 한대(漢代)의 시 「고시십구수(古詩十九首)」* 는 처음에 민간에서 불리다가 미적 소양과 문자 지식을 갖춘 지식인들에 의해 오언시의 형식으로 정착된 작품이다. 「고시십구수」는 이후 중국 한시(漢詩)의 성립에 중요한 영향을 미치는데, 비단 그 언어적 형식뿐만 아니라 내용이나 정서에서도 원형적 역할을 했다. 중요한 것은 이 19편의 시가 하나같이 인생무상이나 이별과 관련된 '슬픔'을 노래하고 있다는 것이다. 그중 상당수는 사랑하는 임과의 이별을 노래한 것이다. 19수의 첫번째 시인 「행행중행행(行行重行行)」을 소개하면 다음과 같다.

* 『고시십구수』는 동한(東漢) 말엽에 완성된 작자미상의 오언고시로 양(梁)나라 태자인 소통(蕭統, 501~531)이 편찬한 『문선(文選)』에 최초로 실려 전한다.

행행중행행

가고 가고 또 가서
그대와 생이별일세.
만 리도 넘게 떨어져
각기 하늘 한 구석에 있구나.
길은 험하고 머니
만날 날을 어찌 알 수 있으랴.
북방의 말은 북풍에 몸을 기대고
남방의 새는 남쪽 가지에 둥지 튼다네.

헤어진 날 멀어질수록
허리띠는 나날이 헐거워지네.
떠도는 구름 밝은 해 가리니
길 떠난 임은 돌아올 생각 하지 않네.
그대를 그리워함이 나를 늙게 하는데
세월은 어느새 저물어가네.
버림받았다 말하지 말고
밥이나 더 먹도록 애써 봐야지.[4]

이 시의 화자는 멀리 헤어져 있는 두 남녀이다. 부부인 듯이 보이지만 자세한 사연은 알 길이 없다. 남자는 어딘가로 멀리 떠나 고향을 그리지만 돌아갈 길이 막막하다. 여자는 시름에 겨워 남자를 기다리지만 떠난 임은 소식이 없다. 이 시에 이르러 나와 임 사이의 '거리'는 '각기 하늘 한 구석'이란 표현에서 보듯 더는 멀어질 수 없는 물리적 거리의 최대치로 설정돼 있다. 더불어 그 '거리'를 통해 표현되는 사랑의 그리움 또한 슬픔의 경계를 넘어 절망과 원망의 기조를 담아내고 있다. 공자가 제시했던 중용의 슬픔, '애이불상(哀而不傷)'은 결국 '애이상지(哀而傷之)', 즉 몸과 마음을 상하는 파괴적 슬픔의 경지로 접어들게 된 것이다.

흥미롭게도 오늘날 대중가요들이 포착해 내는 사랑의 국면 또한 여전히 이같은 그리움, 즉 '거리'의 사랑, 슬픔의 사랑이 주를 이루고 있다. 얼마 전 유행한 드라마 〈시크릿 가든〉의 OST 곡 〈그 여자〉의 가사는 사랑의 본질이 어쩌면 두 남녀 사이의 근원적인 '거리'에서 발생하는 것일지도 모른다는 생각을 갖게 해준다.

> 얼마나 얼마나 더 너를
> 이렇게 바라만 보며 혼자
> 이 바람같은 사랑 이 거지같은 사랑
> 계속해야 니가 날 사랑하겠니
>
> 조금만 가까이 와 조금만
> 한발 다가가면 두발 도망가는
> 널 사랑하는 난 지금도 옆에 있어
> 그 여잔 웁니다

교통과 통신이 발달한 현대 사회에서 물리적 거리가 소멸된 바로 옆의 '그 남자'와 '그 여자'도 결국 하나가 아닌 두 사람인 이상 근원적 거리의 절대 간극을 메울 수는 없다. 거리에는 시공간의 차이에 의한 물리적 거리뿐만이 아니라 사회적 거리, 심리적 거리 등이 있을 수 있다. 그 거리를 극복하고 하나가 되고자 하나 극복할 수 없는 슬픔, 이것이 사랑의 본질이 아닐까. 적어도 감성으로서 사랑의 슬픔이 사랑의 기쁨보다 우위에 있는 것만은 분명해 보인다. 사랑의 기쁨은 짧은 순간의 기억이고 그리움과 같은 사랑의 슬픔은 아픔의 오랜 침잠이니까.

욕망의 문제: 환상의 미학

문학 담론이 가장 먼저 포착한 사랑의 숭고가 '슬픔으로서의 그리움'이라면 사랑의 또 다른 본령으로서 욕망은 문학 속에서 어떻게 담론화되었을까. 중국에서 성에 관한 담론은 일찍이 '방중술'이란 이름으로 『소녀경(素女經)』, 『현녀경(玄女經)』과 같은 저작들을 탄생시켰다. 또한 한대 말엽 흥성하기 시작한 도교는 이러한 성 담론을 대표적인 양생술의 하나로 계승하고 확산시켰다. 유가가 내건 이성적 도덕과 예를 통한 절제의 지침에도 불구하고 이러한 성 담론의 전통은 기본적으로 인간의 본능과 욕망에 대한 시선을 부정적인 것으로 고정시키지 않았다. 특히 주술적 신화의 전통이 강했던 전국(戰國) 시기 초(楚) 지역의 문학가들은 성을 신화적 환상성과 결합시키며 왕과 귀족들의 낭만적인 향유물로 만들었다.

섹스의 욕망, 미학으로 끌어들이다

흔히 향유적인 남녀 간의 성 결합을 지칭하는 용어로 '운우지정(雲雨之情)'이란 말이 있는데, 이 말은 전국 시기 말엽 초나라의 송옥(宋玉)이 지은 「고당부(高唐賦)」에서 유래된 것이다. 송옥은 그 서문에서 양왕(襄王, 298~263 BC 재위)의 명을 받아 「고당부」를 짓게 된 동기를 서술하면서 '운우지정'의 출처가 되는 초 회왕(懷王, 328~299 BC 재위)과 무산신녀(巫山神女)의 고사를 소개한다.

> 예전에 초(楚) 양왕(襄王)이 송옥(宋玉)과 함께 운몽(雲夢)의 누대에서 노닐다가 멀리 고당(高唐)의 누대를 바라보았다. 그 위에는 유독 운기(雲氣)가 모여 있어 높이 위로 뻗어 있었는데, 홀연히 모습을 바꾸며 순간에도 변화무쌍하였다. 왕이 송옥에게 물었다.
>
> "저것이 무슨 기운인가?"
>
> "이른바 '아침 구름[朝雲]'이라는 것입니다."
>
> "아침 구름이 무슨 뜻인가?"
>
> "예전에 선왕께서 고당을 유람하신 적이 있었는데 피곤하시어 낮에 잠이 드셨습니다. 꿈에 한 부인이 나타나 '첩은 무산(巫山)의 여자인데 고당에 잠시 놀러왔습니다. 임금께서 이곳에 유람 오셨다는 말을 듣고, 잠자리 시중을 들고자 합니다'라고 했습니다. 이에 왕이 동침하셨는데 떠나면서 작별하여 말하길, '첩은 무산의 남쪽, 높은 언덕의 험준한 곳에 사는데, 아침에는 구름이 되었다가 저녁에는 비가 되어 내립니다.

아침저녁으로 그곳 누대[陽臺]에 있습니다' 했습니다. 아침에 그곳을 보니 과연 그 말과 같아서, 그녀를 위해 사당을 세우고 '조운(朝雲)'이라고 불렀습니다."

"아침 구름이 처음 일어날 때 그 모습이 어떠한가?"

"그것이 처음 나올 때는 무성하기가 곧게 뻗어 있는 소나무 같습니다. 조금 지나면 밝아지는데 마치 아름다운 여인이 소매를 들어 햇빛을 가리면서 사모하는 이를 바라보는 듯합니다. 홀연 모습을 바꾸는데 빠른 기세가 마치 네 마리 말을 몰아 오색의 깃발을 세우는 듯합니다. 시원하기가 바람 부는 듯 소슬하기가 비가 오는 듯하다가 바람이 그치고 비가 개면 구름은 어디에도 없습니다."

"과인이 지금 그곳을 유람할 수 있는가?"

"할 수 있습니다."

"그곳은 어떠한가?"

"높고 전망이 좋아 멀리까지 바라볼 수 있습니다. 넓고 끝이 없어 만물이 납니다. 위로는 하늘에 닿아 있고 아래로는 깊은 못에 임해 있어 진귀하고 기이하기가 이루 다 말할 수 없습니다."

"과인을 위해 그곳이 어떠한지 한번 읊어줄 수 있겠나?"

"예, 알겠습니다." 송옥이 말했다.[5]

아침에는 구름이다가 저녁에는 비가 되어 내린다는 이 무산(巫山)의 여인은 현실계의 여인이 아니다. 그녀는 홀연 꿈속의 회왕을 찾아와 하룻밤 사랑을 나눈다. 회왕의 아들인 양왕이 그

● 서왕모(西王母): 한대 화상석(畫像石)에 묘사된 민간신화 버전의 서왕모. 이 여인은 주나라 목왕, 한나라 무제와 환상적 사랑을 나누는 아름다운 여신의 이미지로도 존재한다.

'아침 구름'의 모습이 어떠한지를 물었을 때 그 신비로운 변화를 설명하는 송옥의 답변은 성적 은유로 가득 차 있다. 이같은 환상계 신녀와의 하룻밤 로맨스는 비단 초나라 회왕에게만 일어났던 일은 아니다. 일찍이 서주(西周)의 목왕(穆王, 977~922 BC 재위)도 여덟 필의 준마가 끄는 수레를 타고 서쪽으로 순행을 떠났다가 곤륜산(崑崙山)에 이르러 서방의 여신인 서왕모(西王母)와 하룻밤을 화답하며 애틋한 사랑을 나눈다.

이러한 주 목왕과 서왕모의 로맨스는 「목천자전(穆天子傳)」이란 작품에 전하는데, 이 텍스트는 3세기 말 서진(西晉) 때 한 도굴꾼에 의해 오래된 무덤에서 발견되었다. 내용이 주 목왕 때의 일을 서술하고 있지만 제작 시기는 전국 시기 말엽으로 본다. 흥미로운 것은 중국 신화계의 대표적인 여신이라 할 수 있는 이 서왕모가 이후 한(漢) 무제(武帝, 141~87 BC 재위) 때에도 제왕과의 만남을 성사시켰다는 것이다. 「한무내전(漢武內傳)」이란 작품에 비교적 상세히 전하는 이 이야기는 현실계 제왕과 환상계 신녀의 하룻밤 만남이라는, 욕망과 관련된 사랑 이야기의 모티브를 더욱 강화시켰다.

그렇다면 왜 현실의 제왕들은 신녀를 만나는 것일까. 신들의 세계, 영적인 영역과의 소통은 본래 공동체를 위한 샤먼의 신성한 역할이었다. 그러나 왕이라는 막강한 현실의 권력이 등장하면서 샤먼의 역할은 전적으로 왕의 권력을 위해 복무하는 하나의 관직이 되었다. 이제 영적인 세계의 신들을 만나는 것은 왕의 특권이다. 왕은 샤먼의 중재를 매개로 신들과 교유하며 그들의 후원을 받는다. 이들 제왕의 신녀와의 만남은 이러한 교유와 후원의 연장선상에서 이해할 수 있다. 그러나 사랑 담론과 관련하여 우리가 주목해야 할 것은 앞에 이야기들에서 보여주는 무산신녀나 서왕모 등의 캐릭터는 『산해경(山海經)』과 같은 신화 속에서는 거의 찾아볼 수 없는, 그야말로 남성들이 꿈꾸는 여성성의 결정체로 새로이 만들어진 비신화적 캐릭터라는 점이다.

특히 서왕모는 그러한 변화를 극적으로 보여주는 좋은 예라 할 수 있다. 『산해경』*에 묘사된 그녀는 머리꾸미개를 꽂고 호랑이 이빨에 표범의 꼬리를 하고 동굴에 살고 있는 인물로, 주목왕이나 한 무제가 만난 서왕모와는 큰 차이가 있다. 한대 화상석(畵像石)에 남아 있는 모습 또한 삼족오, 구미호, 옥토끼 등을 거느리고 책상 앞에 앉아 있는 근엄한 판관의 이미지를 갖고 있을 뿐이다. 이처럼 성별이 모호한 탈여성적 신의 이미지로 존재하던 서왕모가 현실의 제왕들에게 불사약을 전해주며 하룻밤 낭만적 사랑의 파트너로 발전하게 된 계기는 무엇이었을까.

그것은 아마도 사랑의 욕망적 속성에 대한 문학 담론의 새로운 숭고 찾기, 다시 말해 그러한 욕망이 아름답거나 정당하거나 숭고한 것이기 위해 있어야 하는 요소들에 대한 탐색의 결과라고 설명할 수 있을 것이다. 사랑의 욕망, 다시 말해 섹스는 그 자체로 강렬한 체험이다. 하지만 그것은 인간의 가장 동물적인 속성을 드러내주는 치부이기도 하다. 인간의 가장 근저에 자리 잡고 있는 이 욕망의 발산을 미학의 경계로 끌어올리기 위해 채택된 방식이 바로 신비와 환상의 모드이다. 이는 '엑스터시(extacy)'라 불리는 종교적 신비 체험에 대한 사랑 담론의 벤치마킹으로도 볼 수 있는데, 이에 따라 기존의 신화적 인물들은 합일을 통해 나를 망아적 경지로 이끄는 환상의 존재로 상상적 전

* 중국에서 가장 오래된 지리서이자 신화서이다. 대체로 BC 4세기 이후 전국시대의 저작으로 인정되고 있으며, 한(漢)나라 초기에 그 존재가 확인되었지만 사라졌다가 동진(東晋) 때 곽박(郭璞, 276~324)이 복원하여 지금까지 전한다. 산경(山徑), 해경(海徑), 대황경(大荒經), 총 18권으로 구성돼 있다.

이를 이루게 된다.

사랑의 상대가 환상계의 신녀라는 사실은 사랑에 관한 서사의 초점을 '만남'과 '합일' 그 자체에 집중하게 만든다. 두 인물의 만남에는 어떠한 현실적 계기나 배경이 없기 때문에 사랑이 지닌 일체의 사회적 함의들, 예컨대 현실의 도덕적·제도적 규약의 한계들이 제거되고 성과 관련된 욕망의 코드에 충실하기 위한 새로운 구도가 형성된다. 여기서 우리는 앞서 문학 속 사랑 담론의 첫번째 숭고로서의 그리움을 논할 때 그것의 가장 중요한 요소로서 언급됐던 '거리'의 문제를 다시 한 번 생각해볼 필요가 있다. 신녀라는 이계(異界)의 존재는 사실 이러한 거리의 문제를 가장 극대화한 설정이라 할 수 있다. 하지만 이들은 '거리'를 통한 사랑을 하지 않고 '거리'를 소멸시킨 사랑을 하기 때문에 즐거움이나 슬픔 같은 감성의 유발을 매개화하지 않는다. 사랑은 단지 황홀한 환상의 체험으로 표상될 뿐이다. 이때 현실계와 환상계 사이의 절대적인 거리는 오히려 신녀가 지닌 신비롭고 낯선 성적 매력으로 발산되고 호기심의 긴장도를 유지하는 기능을 한다. 이같은 거리의 소멸은 매우 우연적이고 일회적이기 때문에 이들의 사랑은 매우 농축적이고 만남의 유일한 목적이라 할 수 있는 합일의 은유로 충만되어 있다.

이같은 제왕과 신녀의 로맨스는 위나라 조식(曹植, 192~232)의 「낙신부(洛神賦)」에 이르러 최고의 문학적 성취를 이루게 되는데, 조조(曹操)의 아들이자 탁월한 문학가인 조식은 이 작품에서 현실계와 환상계 사이의 절대 거리를 우연적 소멸을 통한 환상적 합일의 기제로 사용하지 않고 결코 이뤄질 수 없는 슬픈

● 동진(東晋) 고개지(顧愷之)의 〈낙신부도(洛神賦圖)〉: 조식과 낙신의 경계를 초월한 사랑과 이별의 안타까운 마음을 잘 드러낸 작품

사랑의 물리적 기제로 사용함으로써 사랑에 있어 그리움과 환상이라는 두 가지 숭고를 접목하는 성과를 가져왔다. 조식은 서문에서 이 작품이 옛날 송옥의 작품을 따라 지은 것임을 밝히고 있는데 내용인즉 낙수(洛水)를 지나다가 우연히 마주친 낙수

의 여신 복비(宓妃)와 한눈에 사랑에 빠졌으나 이뤄질 수 없었던 슬픔을 노래하고 있다. 이 작품은 이후 동진(東晋)의 유명한 화가 고개지(顧愷之, 348~409)에 의해 「낙신부도(洛神賦圖)」로 형상화되면서 경계가 달라 이뤄질 수 없는 애틋하고 절실하면서도 신비롭고 환상적인 사랑의 전형—이는 단순한 그리움 속 슬픔의 침잠과는 다른 것이다—으로 사람들의 머릿속에 각인되었다.

조식의 「낙신부」에서 보여주는 그리움과 환상의 접목은 환상 속에 구체적인 현실의 코드를, 그리움 속에 현재 진행 중인 욕망의 코드를 부여했다. 그 결과 이 작품은 후대의 사람들에 의해 조식과 조비(曹丕), 그리고 조비의 부인인 견후(甄后)의 삼각관계로 해석되어 읽히게 되는데, 조식이 실상은 자신의 형수인 견씨를 사모했고 그녀에 대한 사랑을 낙수의 여신 복비에 기대어 읊은 것이라 생각하였다. 견씨는 본래 원소(袁紹)의 둘째아들 원희(袁熙)의 아내로 절세미인이었다. 원소가 관도대전에서 조조에게 패한 후 그녀는 조비의 차지가 되었는데, 조비가 위나라의 황제가 된 후 총애를 잃고 마침내 죽임을 당했다. 훗날 그녀가 낳은 조예(曹叡)가 황위를 계승하자 문소황후(文昭皇后)로 추존되었다.

한이 망하고 위·촉·오 삼국이 대치하던 혼란한 시기에 파란만장한 삶을 살았던 한 아름다운 여인과 역시 치열한 권력 투쟁의 과정에서 끊임없이 형인 조비의 핍박과 경계를 받고 살얼음 인생을 살아야 했던 진사왕(陳思王) 조식이 서로 안쓰러운 처지를 바라보며 이룰 수 없는 사랑을 나눴다는 사실은 충분히 문학적인 개연성을 갖춘 이야기다. 역사적으로는 규명되지 않는 이 이야기를 「낙신부」와 관련하여 많은 사람들이 실제적인 사건으로 믿고 있는 것은 전적으로 그 작품을 통해 조식이 보여준 문학적 역량과 관련이 있을 것이다.

일상의 경계를 벗어난 특별한 한 번의 만남

흥미로운 것은 이후 이러한 이계 여인과의 사랑이 점차 보통 사람들의 일반적인 체험으로 확산되었다는 점이다. 신녀를 만나는 특이한 체험은 제왕만의 특권이 아니라 일반 사람들도 얼마든지 경험할 수 있는 일상사가 되었다. 다만 현실계 남자의 신분이 낮아짐에 따라 우연히 맞닥뜨리는 환상계 여자의 신분도 신녀(神女)에서 귀녀(鬼女)로 내려앉았다. 어떤 의미에서 보면, 고귀한 신녀만이 자유로운 행동으로 이승의 남자와 사랑을 나눌 수 있었던 것에서 일반적인 귀녀들도 남자를 만날 수 있는 '저 세계'의 신분 해방이 이뤄진 셈이다.

「낙신부」가 출현한 이후 위진남북조에서 당대(唐代)에 이르는 시기에 많은 관리들과 문인(文人)들은 길을 가다, 혹은 여행 중에, 혹은 꿈속에서 서왕모나 낙수의 복비와 같은 절대적 존재는 아니지만, 이름 모를 혹은 이름을 알 만한 저 세계의 여인들을 만나 하룻밤 사랑을 나눈다. 우연히 그들 앞에 나타난 여인들은 따뜻한 밥과 잠자리를 제공하기도 하고 화려한 파티를 열어 한바탕 흐드러진 환락을 제공하기도 한다. 날이 밝으면 여지없이 떠나야 하는 그들은 아쉬움을 뒤로 한 채 기약 없는 재회를 꿈꾸며 정표를 나눈다. 그녀의 집을 떠나며, 혹은 잠이 깨며 현실로 돌아온 남자는 덩그러니 서 있는 무덤을 보며, 혹은 무언가로 변해 버린 파티의 흔적을 보며 어젯밤의 여인이 이 세상 사람이 아님을 깨닫는다. 오로지 온전하게 남아 있는 정표만이 마치 신데렐라의 구두처럼 그들의 만남을 증명할 뿐이다.

오늘날 많은 사랑 이야기 가운데 낯선 여행지에서 만난 두 남녀의 사랑 이야기는 과거 이러한 이계 여인과의 사랑 이야기와 많이 닮아 있다. 여행이라는 것은 일상의 탈출, 경계의 이탈을 의미하는 모티브이다. 여행과 함께 현실의 모든 사회적 관계로부터 벗어난 남녀는 그 어느 때보다 자기 자신의 욕망에 충실한 사랑을 한다. 낯섦이 주는 거리감은 끌림의 긴장을 유지하기 위한 기제로 작용하며, 제한된 시간은 감정의 과정을 압축하고 욕망 자체에 집중할 수 있는 조건을 형성한다. 그러나 이때의 사랑은 일상의 경계를 벗어난 특별한 한 번의 '만남'으로 끝이 나며 '그녀' 혹은 '그'는 더는 서사에서도 현실에서도 존재하지 않는 은밀한 기억의 흔적으로 남는다.

신의의 문제: 맹세의 미학

지금까지 살펴본 중국 문학 속 사랑의 담론은 사랑이 야기하는 기쁨이나 슬픔, 그 본령으로서 욕망과 같은 사랑의 특징이나 속성에 관한 탐색이라고 할 수 있다. 그렇다면 가치로서의 사랑은 어떻게 담론화되었을까. 사랑에 관한 가치 담론의 형성은 사랑을 단순히 현상으로만 존재하는 무엇이 아니라 '인간다움'의 하나로서 지켜야 할 무엇 또는 형이상학적 도덕규범의 영역과 관련된 무엇으로 보기 시작했음을 의미한다.

욕망이 아닌 약속으로서의 사랑

6세기 진(陳)나라 서릉(徐陵)이 편찬한 시가 총집 『옥대신영(玉臺新詠)』에 처음으로 등장하는 무명씨의 작품 「공작동남비(孔雀東南飛)」는 총 357구 1785자로 이루어진 중국의 대표적인 서사시다. 시의 서문에 의하면, 한나라 말엽 건안(建安) 연간(196~219)에 여강부(廬江府)의 관리인 초중경(焦仲卿)의 처 유난지(劉蘭芝)가 시어머니에 의해 쫓겨난다. 그녀는 재혼하지 않겠다고 맹세했지만 친정에서 재혼을 강요하자 물에 빠져 죽었다. 초중경이 이를 듣고 마당의 나무에 목을 매어 죽으니 세인들이 이를 가엾이 여겨 시를 지었다는 것이다.

집안의 반대로 이룰 수 없었던 두 남녀의 사랑과 죽음이라는 점에서 얼핏 셰익스피어의 『로미오와 줄리엣』이 연상되는 이 이야기는 동양적 사랑 서사가 구성할 수 있는 정신의 고양으로서 감동의 전형이 어떠한 것인지를 보여주는 중요한 작품이다. 이 시는 죽음으로써 사랑을 지킨 한 부부의 애절하고도 비장한 이야기를 그렸다. 중요한 것은 그 비극의 주된 지점이 현실의 그 어떤 관계나 억압으로도 갈라놓을 수 없는 두 남녀의 절대적 욕망으로서의 사랑이 아니라 바로 그 사랑에 대한 이성적 약속에 놓여 있다는 점이다. 사건의 발단이 되는 시의 도입부를 보자.

공작동남비

공작새는 동남으로 날아가며
5리에 한 번씩 뒤돌아본다.
"열 셋에는 생견을 짜고
열 넷에는 의복을 짓고
열 다섯엔 공후를 타고
열 여섯엔 시서를 읊고
열 일곱엔 당신 아내가 되었건만
마음은 늘 괴롭고 슬퍼요.
당신은 부(府)의 관리가 되어
다른 마음 없이 충실하지만
저는 빈방에 홀로 남아
서로 만날 날이 드물어요.
동틀 무렵 베틀에 올라
밤늦도록 쉬지도 못하고
사흘에 다섯 필씩 끊어대도
어르신은 굼뜨다고 탓하십니다.
베 짜기가 굼뜬 것이 아니라
며느리 되기가 어려운 것.
어차피 감당할 수 없다면
공연히 머물러봐야 소용없으니
바로 시부모님께 아뢰어
일찌감치 돌려보내 주세요."

관리는 이 말을 듣고
안방으로 올라가 어머니께 아뢰네.
“저는 본래 못난 놈인데
요행히도 이 처를 얻었습니다.
머리 얹고 부부가 되었을 때
황천까지 함께 할 생각이었습니다.
함께 부모님 모시기를 두세 해,
이제 시작일 뿐 얼마 되지도 않았습니다.
행실에 나쁜 점도 없는데
어찌하여 야박하게 대하십니까?”

어머니는 관리에게 말하네.
“어찌 그리 용렬하느냐?
이 애는 예절도 없고
거동도 모두 제멋대로다.
내 오랫동안 분을 참고 왔는데
너는 어찌 네 멋대로 말을 한단 말이냐.
동쪽 집에 참한 아가씨가 있어
이름이 진나부(秦羅敷)라 한다.
사랑스럽기가 그지없으니
어미가 너를 위해 얻어주마.
빨리 이 아이를 쫓아 내거라.
쫓아내서 다시는 들이지 말라.”

관리는 꿇어앉아 아뢰네.
"엎드려 삼가 어머님께 아뢰니다.
만약 지금 이 처를 내치시면
저는 평생 다시 장가들지 않겠습니다."
어머니는 이 말씀을 들으시고
마루를 치시며 대로하셨네.
"이놈이 두려운 것이 없구나!
감히 계집의 역성을 들다니!
내 이미 은정을 잃었으니
결단코 허할 수 없다."

언뜻 보면 단순한 고부간의 갈등처럼 보이는 이 모순은 봉건시대 혼인의 결정권이 전적으로 가문에 있었음을 보여주는 것이다. 시어머니는 며느리가 맘에 들지 않아 트집을 잡는 것처럼 보이지만, 실상은 새로운 정략적 혼사를 위해 기존의 혼사를 파기하려는 것이다. 결국 그 뜻을 거역할 수 없었던 젊은 부부는 이별한다. 유난지가 쫓겨나던 날, 초중경은 그녀를 배웅하며 '맹세코 그대와 헤어지지 않으려니 잠시 돌아가 자신을 기다려 달라' 당부한다. 유난지도 그 마음을 받아들이며 '자신은 실처럼 질긴 갈대가 될 테니 당신은 움직이지 않는 반석이 되어 달라' 약속하고 친정으로 돌아간다. 그러나 유난지의 집안에서도 다른 혼사의 기회가 생기자 그녀의 의지와는 상관없이 혼인을 추진한다. 초중경은 이 소식을 듣고 애가 끓어 달려온다.

관리가 아기씨에게 말하네.
"그대가 높아지는 것을 축하하오.
반석은 반듯하고 굳건하여
천년이라도 가련마는
갈대는 한때 질길 뿐이니
하룻밤이면 변하는구려.
그대는 날로 귀해지고
나는 홀로 황천으로 향하겠소."

아기씨가 관리에게 말하네.
"무슨 뜻으로 그런 말씀을 하시나요?
똑같이 핍박받아 하는 일,
당신도 그렇고 저도 그런 것을!
우리 황천에서 만나요.
부디 오늘 말을 어기지 말기를!"
손을 굳게 잡고 이별한 후
각기 집으로 돌아가네.
산 사람들이 영결을 고하니
사무친 한을 어찌 다 말할 수 있으리.
세상을 하직할 생각이니
다시는 살아서 볼 수 없으리라.

그리고 마침내 혼인 날, 유난지는 스스로 목숨을 끊는다.

그날 소와 말이 울 때
신부는 혼례를 거행하는 청려로 들어갔네.
어둑어둑 황혼이 지나고
적막하니 사람들이 막 잠자리에 들었네.
"내 목숨은 오늘로 끊어지리니
넋은 떠나고 주검만이 남으리라."
치마를 잡고 신을 벗고
몸을 던져 연못으로 뛰어들었네.
관리는 이 소식을 듣고
영원한 이별임을 알았네.
마당의 나무 밑을 배회하다가
스스로 동남쪽 가지에 목을 매었네.

두 집안에서 합장을 요구하여
화산(華山) 옆에 함께 묻었네.
무덤의 동서 양편에 소나무, 측백나무를 심고
좌우 양측에 오동나무를 심었네.
가지와 가지가 서로 덮이고
이파리와 이파리가 서로 닿았네.
나무에 한 쌍의 새가 날아드니
스스로 원앙이라 부르네.
고개 들고 서로를 바라보며
매일 밤 오경(伍更)이 되도록 우네.[6]

이러한 「공작동남비」의 이야기 구조는 실제 『로미오와 줄리엣』의 원형으로 보이는 오비디우스(BC 43~AD 17)의 『변신이야기』에 나오는 그리스로마 신화 「퓌라무스와 티스베」와 매우 유사한 점을 발견할 수 있다. 다만 두 이야기 사이에는 기본적인 설정의 차이가 있는데, 초중경과 유난지는 금실이 좋은 부부였고 퓌라무스와 티스베는 양쪽 집 벽 사이에 난 틈으로 몰래 사랑의 밀어를 속삭이던 연인이었다. 초중경과 유난지의 부모는 결혼을 파기함으로써 이들 사랑을 방해하고, 퓌라무스와 티스베의 부모는 결혼을 허락하지 않음으로써 사랑을 방해한다. 초중경과 유난지의 죽음은 더는 맹세를 지킬 수 없다는 좌절과 절망에서 스스로 선택한 것인 반면, 퓌라무스와 티스베의 죽음은 우연과 오해로 뒤틀린 비극적 운명의 결과라고 할 수 있다. 흥미로운 것은 두 이야기 모두 에필로그에 해당하는 죽음 후의 상황이 초자연적 현상을 수반한 변형신화의 구조를 보이고 있다는 점이다.

> 일이 이렇게 된 줄을 모르고 티스베는 떨면서 동굴에서 나왔다. 그리고 애인과 만나기로 한 나무 밑으로 갔다. 그런데 그곳에는 사랑하는 퓌라모스가 피투성이가 되어 쓰러져 있는 것이 아닌가. 티스베는 사랑하는 연인의 뒤를 따라 자결하고 말았다. 죽기 전에 티스베는 이런 기도를 했다. "무정한 부모님들이시여, 죽음도 우리를 갈라놓지 못할 것입니다. 우리를 한 무덤에 묻어주소서. 그리고 우리 두 사람의 죽음을 지켜본 나무여, 우리의 죽음을 영원히 기억하여 사람들이 우리 둘이

흘린 피를 되새기도록 그대 열매를 어둡고 슬픈 색깔로 물들여주소서." 신들은 티스베의 기도를 들었고 그리하여 이때부터 뽕나무 열매인 오디는 검붉은 색깔로 익게 되었다. 그리고 양가의 부모들 역시 티스베의 뜻을 알아채고 두 사람의 시체를 화장한 다음 뼈를 한 항아리에 넣었다.[7]

문헌적으로 증명하긴 어렵지만, 「공작동남비」와 「퓌라무스와 티스베」는 실제 동일한 이야기에서 나온 동서양의 각기 다른 번안 버전일 가능성이 있다. 「공작동남비」는 일찍부터 몇몇 학자에 의해 외래문화 영향설이 제기되어왔는데, 그 이유는 이 작품이 근원적으로 내포하고 있는 몇 가지 이질성, 첫째 장편 서사시라는 장르 자체가 중국의 시 전통을 벗어나 있다는 것과, 둘째 '죽음으로 귀결되는 사랑'이라는 주제 자체가 주는 생소함 때문이다. 전통적으로 중국에서 남녀 간의 사랑은 죽음으로 귀결되거나 결단될 만큼 절대적 가치가 있는 무엇으로 인식되지 않았다. 「공작동남비」에서도 드러나듯이 결혼과 이혼, 그리고 재혼은 정치적 혹은 경제적 이해관계에 따라 얼마든지 반복되거나 번복될 수 있는 것이었다.

프러포즈, 약속이 사랑을 만들다

중요한 것은 「공작동남비」의 이야기가 어디에서 나온 것이든 간에, 그들의 사랑이 죽음에 이르는 과정에 개입된 지극히 중국적인 문법의 설정인데, 시에서도 드러나듯이 이들의 절망은 오늘날의 관점에서 보면 사랑의 좌절이라기보다 사랑에 대한 맹세, 즉 약속의 좌절에서 비롯된 것이다. 죽음으로 끝난 이들의 사랑이 당시 사람들의 공감과 문화적 인증을 받을 수 있었던 이유는 그것이 사랑을 향한 사랑이 아니라 가치를 향한 사랑, '지킴' 즉 신의의 사랑이었기 때문이다. 텍스트 속의 '악'은 오히려 그 지킴의 규범을 파괴했던 양가의 집안이다. 반면 「퓌라무스와 티스베」의 사랑은 그 자체가 비극적 죽음과 파국의 원인이다. 오로지 사랑을 향해 나아가는 두 남녀의 순수하고 맹목적인 행동이 운명의 장난처럼 예정된 파국을 불러왔던 것이다. 「공작동남비」의 죽음이 가치를 위한 결단이라면 「퓌라무스와 티스베」의 죽음은 순수에 대한 희생이다.

약속, 즉 믿음의 의리로서 '신의'는 동양적 대인관계 담론의 절대적 핵심어다. 중국에서 이러한 신의를 고귀함으로 형상화하여 미적 감수성으로 연결시키는 데 결정적 역할을 한 것은 아이러니하게도 사마천(司馬遷, 145?~86 BC)의 역사서 『사기(史記)』다. 사마천은 『사기 · 열전(列傳)』의 첫머리를 「백이열전(伯夷列傳)」으로 장식하면서 백이 · 숙제 형제가 보여준 은(殷) 왕조에 대한 의리를 부각시켰다. 백이 · 숙제의 의로움은 '대의(大義)'가 아닌 '사의(私義)'의 실천이다. 비록 그들이 주 무왕(武王)의 대의에 도덕적 결함이 있음을 지적하고 있지만, 그들과 주(周)나라의 대립은 도덕과 비도덕의 대립이 아닌 도덕의 공적 영역과 사적 영역 사이의 대립이다. 의로움의 사적인 실천은 이후 「자객전」에 이르러 그 전형적인 낭만성과 비장미를 획득하며 하나의 미학적 가치로 승화한다.

형가(荊軻)를 대표로 하는 「자객전」의 인물들은 오로지 개인적인 관계, 그 사이의 약속을 바탕으로 사적인 신의의 의로움을 실천한다. 이는 이후 후한(後漢) 때 인물인 범식(范式)과 장소(張劭)의 고사에서 볼 수 있듯이 친구와의 약속을 목숨보다 더 중히 여기는 '사생지교(死生之交)'의 개념으로 확대된다. 같은 맥락에서 남녀 간의 사랑도 만약 이를 단순한 인간 내면의 욕망이 아닌 사회적 함의를 지닌 관계의 한 양상으로 본다면, 본질적으로 신의의 국면을 포함할 수밖에 없는 것이다.

「공작동남비」는 사랑의 담론을 신의의 담론과 결합시킨 중요한 작품이다. 이로부터 남녀 간의 사랑은 단순한 감정이나 욕망이 아닌 엄연한 사회적 관계의 한 동력으로 인지되기 시작했고, 「자객전」이나 사생지교 이야기에서와 같은 사회적 숭고를 획득하게 된다. 이제 사랑은 인간이 추구할 만한 가치 혹은 고귀함을 지닌 바람직한 무엇이 되었으며, 신의는 점차 사랑 담론의 중심 코드로 부상하게 된다.

중국을 비롯한 아시아에서 신의는 오늘날까지도 사랑의 가장 중요한 요소로 여겨지는 듯하다. '나는 너를 사랑한다'는 프러포즈는 엄밀히 말하면 '나는 앞으로 너를 계속 사랑하겠다'라는 약속의 프러포즈다. 사랑의 약속은 원래 사랑을 전제로 맺어지는 것이지만 때론 약속이 사랑을 만들기도 한다. 어떤 의미에서 사랑의 형식이라 할 수 있는 약속은 그 자체로 충분히, 혹은 사랑보다 더 아름다울 수 있다. 오늘날 아직도 많은 드라마에서 조강지처를 응원하고 지지하는 이유는 사랑을 신의라, 약속이라 생각하기 때문일 것이다. 그렇지 않다면 사랑하지 않는데 같이 사는 것만큼 기만적인 일이 또 있을까.

자유연애, 담론의 중심으로 들어오다

일반적으로 남녀 간의 자유연애는 근대 사회의 지표로 인식된다. 그러나 자유연애는 어느 시대에나 있었다. 문제는 그 사랑의 권리에 대한 인정이다. 일찍이 『맹자』 등문공(滕文公) 편에는 다음과 같은 이야기가 나온다.

> 사내아이가 태어나면 그를 위해 아내가 있기를 원하고, 여자아이가 태어나면 그를 위해 남편이 있기를 원하니, 이러한 부모의 마음은 누구에게나 있다. 그럼에도 부모의 명과 매파의 말을 기다리지 않고 흙집의 구멍을 뚫어 서로 엿보고 담을 넘어 몰래 만나면 부모와 나라사람들이 모두 천하게 여겼다.[8]

마치 서양 신화 『변신이야기』에 나오는 퓌라무스와 티스베의 행각을 보기라도 한듯, '흙집의 구멍을 뚫어 서로 엿보고 담을 넘어 몰래 만나는' 청춘 남녀를 예로 들어, 군자들의 출사(出仕)의 길이 아무리 급해도 과정에 도(道)가 있어야 하는 이유를 설명하고 있는 맹자는 사회적으로 이들의 자유로운 사랑이 결코 우호적인 담론의 지원을 받고 있지 못함을 전달하고 있다. 동서고금을 막론하고 청춘들의 사랑은 언제나 공동체의 제약과 간섭을 받았다. 이런 까닭에 자유연애 자체는 사랑이 문학 담론에 나타난 이후에도 오랜 기간 사랑 담론의 중심에 서지 못했다.

오히려 중국에서 사랑의 자유 내지 권리에 관한 문제는 「공작동남비」에서처럼 연인이 아닌 부부의 사랑을 통해 형상화됐다는 점에 주목할 필요가 있다. 그들은 부부임에도 사랑의 권리를 보장받지 못하고 공동체의 억압을 받았다. 두 사람의 자결로 비극적 결말을 맞은 이 작품에서 사랑의 자유에 대한 추구는 부부의 신의로 전화되어 담론으로서의 가치를 부여받았다. 이러한 부부간의 애절한 사랑 이야기는 남송(南宋) 초의 대표 시인인 육유(陸游, 1125~1210)와 당완(唐婉) 부부의 고사에서도 찾아볼 수 있다.

육유는 외사촌인 당완과 결혼하였다. 당완은 아름답고 다재다능한 여인이었는데 육유의 어머니는 조카이자 며느리인 당완을 매우 못마땅하게 여겨 결국 그녀를 친정으로 돌려보냈다. 이혼 후 육유는 왕(王)씨 성을 가진 여인과 재혼하였고 당완은 조사성(趙士誠)이란 사람과 재혼하였다. 몇 년이 지난 후 당완과 육유는 심원(沈園)이란 곳에서 우연히 마주친다. 당완은 남편의 허락을 받아서 육유에게 약간의 음식과 술을 보내고 그녀를 잊지 못하던 육유는 통탄해하며 정원의 벽에 「채두봉(釵头鳳)」이라는 사(詞)를 적어넣는다.

당완에 대한 절절한 그리움과 사랑의 안타까움을 표현한 이 작품은 두 사람 사이의 고사와 함께 후대에 전해지면서 많은 시인들의 감수성을 자극하였다. 사랑의 권리는 설령 그들이 부부라 하더라도 보장받을 수 없는 것이었는데, 이러한 자유 상실의 비극성이 주로 부부 사이의 사랑을 통해 형상화된 것은 그들 사랑의 권리에 윤리적인 방패를 씌워주기 위함이었던 것으로 보인다. 문학 속의 이혼은 두 사람의 사랑이 식어서 생겨난 문제라기보다 사랑의 자유권에 대한 공동체의 가혹한 탄압을 보여주는 사건이었다.

하지만 사랑에 있어 내가 누구를 사랑할 것인가의 문제는 예나 지금이나 공동체의 바람대로 제어될 수 있는 것이 아니다. 사랑의 파괴성, 치명성은 바로 이 마음의 절대성, 내가 누구를 사랑할지 나 자신도 모르며 한번 시작된 사랑은 누구도 말릴 수 없다는 데에 있다. 결국 『시경』이 나온 지 천여 년이 지난 당대 중엽 이후에 이 자유연애의 문제는 서서히 담론의 중심으로 들어오기 시작했다. 이는 지금까지 사랑 담론의 매체가 주로 시(詩)나 부(賦) 같은 운문 장르이던 것에서 전기(傳奇)라는 새로운 소설서사 장르로 전환된 것과 밀접한 관련이 있다. 사랑 담론에 확대된 서사성은 순간이나 보편으로 존재하는 사랑이라는 감정보다 구체적인 인물과 상황 속에서 전개되는 사건으로서의 사랑, 즉 '연애'를 부각시키는 결과를 가져왔다. 문제는 이같은 서사 장르 속 새로운 사랑 이야기들이 과연 어떤 미학적 숭고를 장착하고 담론으로서의 가치를 획득하게 되었느냐는 것이다.

연애, 기이한 사건으로서의 사랑

8세기 후반에 지어진 진현우(陳玄祐)의 「이혼기(離魂記)」[9]는 이런 맥락에서 가장 흥미로운 전기 작품 중의 하나이다. 실제 이 이야기를 통해 '부모와 나라 사람들이 모두 천하게 여기던' 젊은 청춘 남녀의 자유연애 행각은 사회적 공인을 위한 하나의 미학적 공식을 획득하게 된다. 천수(天授) 3년(652) 청하(淸河) 사람으로 형주

(衡州)에 살고 있는 장일(張鎰)에게는 천랑(倩娘)이라는 어여쁜 외동딸이 있었다. 그는 생질인 왕주(王宙)가 어려서부터 총명하고 인물이 뛰어나자 내심 그를 천낭의 배필로 생각해두고 있었다. 장천낭과 왕주는 성장하며 서로 사랑하는 사이가 되었지만 집안사람들은 아무도 이 사실을 모르고 있었다.

그러던 어느 날 장일은 자신의 막객(幕客)으로 있다 관직에 나간 사람으로부터 청혼이 들어오자 이것이 더 좋은 혼처라 생각하고 혼인을 승낙하였다. 왕주는 분하고 원통한 마음에 그곳을 떠나리라 결심하고 관직을 구한다는 구실을 붙여 외숙인 장일에게 서울로 보내줄 것을 청했다. 마침내 배를 타고 길을 떠나 몇 리 떨어진 한 나루터에 배를 정박시키고 잠을 청하려는데 놀랍게도 천랑이 나타났다. 그녀는 왕주를 떠나보낼 수가 없어 맨발로 도망쳐나온 것이었다. 왕주는 그녀를 배 안에 숨기고 밤을 타서 달아났다. 그리고 밤낮을 가리지 않고 뱃길을 재촉해 촉(蜀) 땅에 도착했다.

두 사람은 그곳에서 아들 둘을 낳고 5년여를 살았다. 그러나 아내가 부모를 그리워하자 왕주는 그녀를 데리고 형주로 돌아갈 결심을 한다. 형주에 도착하여 왕주가 먼저 장일을 찾아가 지난 일을 이야기하고 사죄하니 장일이 깜짝 놀라며 자신의 딸은 지난 5년간 줄곧 병으로 방에 누워 있었다고 전한다. 배 안에 정말 장천랑이 와 있는 게 확인되고 그 소식이 전해지자 병들어 방에 누워 있던 딸은 아무런 말없이 일어나 또 다른 천랑을 맞이하기 위해 밖으로 나갔다. 두 사람은 흡연히 합쳐져 한몸이 되었고 입고 있던 옷은 서로 겹쳐져 두 겹이 되었다.

전통시대에 공동체, 즉 가족의 용인을 받지 못한 사랑은 이러한 도피 외에 별다른 돌파구가 없었다. 혼인은 전적으로 가족의 결정 사항이고 사업이었기 때문이다. 물론 이것은 가족이 공동체로서 의미가 있는 어느 이상의 조건과 신분을 가진 사람들의 상황이었고 사회의 하층민들은 비교적 자유로운 사랑의 선택을 할 수 있었다. 문제는 사회적으로 천시되던 이런 사사로운 사랑이 어떤 계기로 문학 담론에 들어오게 되었느냐는 것인데, 이는 당대라는 시기의 사회 분위기와 밀접한 관련이 있는 것으로 보인다.

중국에서 당대는 한(漢)의 멸망 이후 4세기에 걸친 오랜 분열기의 지역 왕조들이 새로운 중앙권력에 의해 통합되면서 이전과는 다른 차원, 다른 형태의 문화 융합이 일어나던 시기였다. 일반적으로 분열의 시기에 중원은 다양해진 경로를 통해 들어오는 외래문화와 지역문화, 비주류문화들이 경쟁적으로 발원하면서 전체 문화의 외연이 확대되는 경향을 보여준다. 그 이후에 등장하는 통일 왕조는 이러한 바탕 위에 새로운 제국 문화의 형성을 도모하는데, 특히 당 왕조의 이씨(李氏) 황실은 서북 변방의 세족(世族) 출신으로 문화 교류와 통합에 있어 매우 개방적이고 유연한 사고를 지닌 집단이었다. 남북 실크로드를 통한 동서무역이 어느 때보다 왕성했던 이 시기 제국의 왕조는 세계화 지수가 높았을 뿐만 아니라 대내적으로도 단일 이념의 교조화를 꾀하지 않고 유·불·도 통합적인 문화 구축을 지향했다.

영혼의 분리, 욕망과 윤리의 간극을 해소하다

이런 까닭에 당시 사회는 그 어느 때보다 활달하고 진취적인 분위기를 지녔는데, 시문(詩文)을 중심으로 한 전통적인 문학 담론에 있어서도 인간 중심의 현실적 낭만성이 강화되는 양상을 보여주었다. 이는 그 이전 시기, 특히 위진남북조의 문학 담론이 귀족 취향의 유미주의와 형이상학 추구의 경향을 보인 것과는 대비되는 것으로, 전기(傳奇)라는 소설 장르의 출현 역시 '기이'라는 당시 독특한 현실 낭만주의 미학 범주의 탄생을 의미하는 것으로 설명할 수 있다. 「이혼기」와 같은, 전기에 포함된 다수의 애정담은 작품에 등장하는 두 남녀의 연애 사건이 '기이'하기 때문에 담론화될 수 있었다. '기이하다[奇]'는 '괴이하다[怪]'와 달리, 근원적으로 다른 경계의 사건이어서 생겨나는 낯섬과 불가해의 영역을 포함하고 있지 않다. '괴이하다'가 피계(彼界)의 다름에 대한 미학적 인식의 표현이라면 '기이하다'는 아계(我界) 속 다름에 대한 인식의 표현이다.

사회적으로 공인되지 않는 사사로운 사랑이 '기이'하기 위해서는 현실에서 찾아볼 수 없는 '다름'의 기제가 있어야 한다. 이때의 다름은 미학적 인식의 대상으로, 단순한 차이가 아니라 일정한 숭고 가치를 내포하는 개념이다. 「이혼기」의 경우, 왕주와 장천낭의 사랑이 기이한 이유는 '이혼(離魂)' 즉 영혼의 분리라는 놀라운 현상이 일어났기 때문이다. 여기서 영혼의 분리는 장천낭이 처한 모순, 즉 사랑하는 사람과 함께 있고 싶다는 욕망과 부모의 명을 따라야 한다는 공적 윤리 사이의 분열을 보여주는 문학적 장치다. 그녀는 자신도 모르게 자신의 영혼을 분리시킴으로써 현실에선 이룰 수 없는 욕망과 윤리 사이의 간극을 해소하였다. 분리된 두 영혼이 하나로 합쳐지는 순간 간극은 사라지고 이 기이한 현상 앞에 그녀의 사랑에 대한 공동체의 간섭은 더 이상 힘을 가질 수 없었다.

여기서 한 가지 주목해야 할 것은 영혼의 분리가 한편으론 바로 그 간극, 즉 '거리'의 유지를 위한 장치이기도 하다는 점이다. 장천낭이 왕주를 따라 나섰을 때 그것은 두 사람 사이에 존재하는 거리의 소멸을 의미하는 것이 아니었다. 왕주를 따라나선 것은 장천낭이 아닌 그녀의 영혼[즉 혼(魂)]이었고, 또 다른 하나의 영혼[즉 백(魄)]이 본래의 자리를 지키고 있었다. 두 사람 사이의 거리는 왕주를 따라나섰던 영혼이 왕주와 함께 돌아와 본래의 자리를 지키던 영혼과 합치되었을 때, 즉 '떠남'이 아닌 '돌아옴'을 통해 비로소 소멸된다. 이것은 어떤 의미에서 거리의 소멸이 아닌 거리의 극복이다. 장천낭의 사랑이 숭고성을 획득하는 지점이 바로 여기인데, 본래의 자리를 지키던 영혼의 존재는 애초에 왕주를 따라나선 영혼의 도덕적 기반이었던 셈이다.

견국부인이 된 기녀 이와

한편 전기의 또 다른 대표적 애정담의 하나인 백행간(白行簡, 776~826)의 「이와전(李娃傳)」[10]은 자유연애 담론의 또 다른 미학 공식을 보여준다. 이 이야기는 전통 시기 중국의 가장 보편적인 자유연애, 즉 과거를 보러 온 젊은 사인(士人)과 기녀의 사랑을 다루고 있는데 이들의 사랑이 숭고성을 획득하는 과정이 특별하다.

당의 수도인 장안(長安)은 인구 100만에 이르는 당시 세계 최대 규모의 도시로 활기와 열정이 넘치는 곳이었다. 제국의 통일과 함께 정치의 중앙집권화를 위해 실시한 과거제도는 각 지역에 기반을 두고 있는 전통적인 세족의 자제들과 신흥 사대부들을 장안으로 모여들게 했다. 그들은 지금의 국립대학에 해당하는 국자감(國子監)에 소속되어 공부하거나 여러 가지 다른 방식을 통해 과거 급제를 위한 노력을 기울였다. 특히 이들은 입신양명을 위해 단순히 과거 시험을 준비하는 데서 그치지 않고 평소 자신의 명성을 높이고 인적 네트워크를 구성하기 위한 일종의 사회적 커뮤니티를 형성하는데, 그러한 커뮤니티의 주요한 기반이 바로 연회 문화였다.

중국 연회 문화의 주요 담당층은 '기녀[妓]'라고 불리는 특수한 신분의 여성들이었다. 당대 이전까지 기녀는 주로 궁에 소속된 '궁기(宮妓)'와 세족들이 집안에서 사사로이 부리는 '가기(家妓)'로 구분되었다. 당대에 들어와 중앙집권적 행정체제가 구축되면서 새로이 각 행정 단위에 소속된 '관기(官妓)'들이 등장하는데 그중 수도인 장안의 기녀는 다른 지방 행정 단위의 일반 관기들과는 다른 삶을 살았다. 장안 기녀는 흔히 '북리(北里)'라고 불리던 평강방(平康坊)이란 구역에 모여 살았는데 이들은 관에 소속된 노예의 신분이었지만 고관대작들을 상대하며 실질적인 지위가 높았고 많은 자유를 누리고 있었다. 한편 입신양명을 꿈꾸며 고향을 떠나 장안으로 들어온 다재다능한 젊은 사인(士人)들은 이들과 교류하며 문화적인 충족과 위안을 얻고 더 나아가 중앙 정계의 실력자들과 연결될 수 있는 기회를 얻었다. 기녀와 사인은 일차적으로 손님과 접대부인 비즈니스 관계였지만 일정 수준의 예술문화를 공유하고 정신적 교류를 나눌 수 있었던 까닭에 종종 그 이상의 친밀감을 느끼며, 때론 걷잡을 수 없는 로맨스에 빠져들곤 했다.

이 작품의 주인공인 이와는 평강방에서도 명성이 높은 기녀로 웬만한 지위와 돈으로는 접근할 수 없는 여인이었다. 천보(天寶, 741~756) 연간 상주자사(常州刺史) 형양공(滎陽公)의 아들인 생(生, 아무개씨란 뜻)은 뛰어난 재주를 지닌 청년으로 집안의 기대를 한몸에 받고 넉넉한 여비를 챙겨 장안으로 들어온다. 우연히 평강방의 길을 지나다 이와를 목격한 그는 한눈에 반해 손님으로 청해 들어간 후 아예 그곳에 눌러앉아 버렸다. 1년여를 흥겨운 놀이와 주연으로 보내다 보니 생이 가진 재물은 바닥이 났고 기생어미의 인심이 사나워지면서 그들 사이에도 금이 가기 시작했다.

어느 날 노파는 생을 쫓아낼 계략을 세우고, 이와도 어쩔 수 없이 그에 따르면서 생은 돈 한푼 없이 오갈 데 없는 신세가 되고 만다. 이와에 대한 의구심과 배신감에 식사도 못하고 결국 병이 들어 길거리에 버려진 그는 장의사 사람들의 도움으로 몸을 추스르고 일거리를 얻는다. 생은 워낙 재주가 뛰어난 사람이라 장의사에 있으면서 만가를 듣고 다 외웠는데 그의 노래 실력을 따라갈 자가 없었다. 어느 날 동쪽 장의사 대표로 경연에 나갔다가 때마침 황제를 배알하러 온 아버지 형양공에게 우연히 목격되는데, 그 모습을 본 형양공은 아들이 가문을 더럽혔다며 그를 외진 곳으로 데려가 무참히 매질을 한 후 버려둔다. 거의 숨이 끊어질 지경에서 간신히 구조된 생은 결국 몸을 회복하지 못하고 지팡이를 진 채 걸식을 하러 다닌다.

전날 생을 속이고 몰래 다른 곳으로 이사를 갔던 이와는 우연히 걸식을 하는 생의 목소리를 듣고 놀라 뛰쳐나온다. 눈앞의 몰골에 너무나 기가 막혀 눈물이 쏟아진 이와는 노파를 압박해 20년간 키워준 관계를 청산하고 생을 돌보기 시작한다. 몇 년간에 걸친 극진한 내조로 생은 마침내 과거에 장원 급제하고 관직을 제수 받아 임지로 떠나게 된다. 이와는 자신의 도리를 다 했다며 생의 곁을 떠나려는데 생이 붙잡자 여정의 중간까지만 그를 배웅하기로 한다. 마침 그곳에서 형양공을 만난 그들은 지난날을 용서 받고 부자의 관계를 회복한다. 그리고 그간의 사정을 알게 된 형양공이 이와의 공을 인정하여 생으로 하여금 중매인을 세워 정식 청혼을 하고 육례를 갖춰 그녀를 아내로 맞아들이게 한다. 그녀는 훗날 견국부인에 봉해지고 아들 넷을 두었는데 모두 높은 관직에 올랐다.

물론 이 같은 기녀와 명문세족 사인(士人) 사이의 해피엔딩 사랑 이야기는 현실적으로 존재하기 어려운 것이다. 당시 사인과 기녀의 연애는 특별한 것이 아니었으나 정식 혼인—첩(妾)이 아닌 처(妻)로—은 있을 수 없는 일이었다. 장안에 와서 과거 급제를 하면 유력 인사의 사위가 되고 심지어 그 혼인을 위해 고향의 조강지처를 버리는 일도 심심치 않게 있었던 시대였다. 이들의 사랑이 기이한 이유는 바로 이들이 혼인을 했다는 데에 있다.

이들의 혼인은 형양공이 이와의 공을 인정하여 이뤄진 것이지만, 실상 생을 곤궁에 빠뜨린 것은 이와 자신이었다. 중간에 형양공이 생을 내치고 거의 죽음에 이르도록 방치하는 과정이 없었다면 이와는 그저 전도양양하던 한 사인의 신세를 망친 못된 기녀에 불과했을 것이다. 형양공의 매정한 내침으로 나락으로 떨어진 생의 처지가 이와의 각성을 일으키고 결과적으로 이와가 생의 부인이 되는 계기가 되었다. 형양공의 입장에서 볼 때 이와는 자신의 아들을 망가뜨린 기녀이기 이전에 자신이 포기하고 죽음으로 내몬 아들을 본래에 기대했던 자리로 훌륭하게 되돌려놓은 고마운 사람이다.

여기서 이와가 생을 망가뜨린 사람이자 구원한 사람이란 설정은 의미심장하다. 이와에게 있어 이러한 변화는 사랑에서 윤리로의 전환을 의미한다. 이와의 사랑은 오히려 생을 망가뜨린 원인이었다. 그녀는 행복한 시간을 보냈고 사랑이 식자 그를 버렸다. 생이 만신창이 걸인이 되어 나타났을 때 이와가 각성한 것은 도덕적 자각, 즉 그에 대한 미안함과 죄책감 때문이지 사랑 때문이 아니었다. 이후 그녀의 헌신은 신의의 완성, 즉 그를 제자리로 돌려놔야 한다는 윤리적 책무감의 실천이었다고 볼 수 있다. 이와의 혼인은 그녀의 사랑에 대한 보상이 아니라 이 같은 윤리적 책무, 신의에 대한 보상이었던 것이다.

결과적으로 「이와전」의 숭고성은 이와가 기녀라는 미천한 신분에도 불구하고 사랑하는 사람에 대한 과거 자신의 잘못을 깨닫고 마침내 자기희생을 감수하며 유가적인 의리를 실현했다는 데에 있다. 기녀의 연애는 공동체의 간섭 대상이 아니었기 때문에 그 자체로 슬픔을 야기하는 '거리'의 요소를 갖고 있지 않다. 기녀의 사랑에 있어 거리는 바로 신분의 차이, 즉 사인(士人)과 사랑할 수는 있어도 그의 부인이 될 수는 없는 신분적 한계에 있다. 이와가 생의 부인이 될 수 있었던 것은 그녀가 공동체가 지향하는 훌륭한 유가적 도리를 실현함으로써 신분적 거리를 극복할 수 있는 주류의 덕목을 보여줬기 때문이지 생에 대한 사랑이 특별했기 때문이 아니다. 만약 이와가 장천낭처럼 혼백이 분리되는 전략을 선택했다면 그녀는 생의 부인이 되지 못했을 것이다.

사랑과 결혼은 달라

그렇다면 당시 자유연애는 이렇듯 만인의 연인으로 공인되어 있었던 기녀들에게만 일어났던 일이었을까. 전통 시기 중국에서 가장 대표적인 사랑 서사로 꼽히는 원진(元稹, 779~831)의 「앵앵전(鶯鶯傳)」[11]은 바로 양갓집 규수와 젊은 사인의 흔히 '사통(私通)'이라 불리는 결혼 전 자유연애를 다룬 작품이다. 이 작품의 주인공인 최앵앵은 비록 아버지를 일찍 여의었지만 기녀가 아닌 양갓집 규수이다. 여기서 '아버지의 부재'라는 조건은 양갓집 규수인 그녀를 일정 부분 기녀와 비슷한 상황에 놓이게 하고 자유연애를 가능케 하는 요소이다. 게다가 그녀는 어머니, 어린 남동생과 함께 포주(蒲州)라는 곳을 지나다가 변란을 만나 보구사(普救寺)라는 절에 임시로 기탁하고 있었다.

이때 마침 그 절에 머물다가 이들 모녀에게 도움을 준 장생(張生)은 앵앵을 보고 한눈에 반하여 사모하는 마음을 품게 되었다. 그는 본래 스물세 살이 되도록 여인을 가까이한 적이 없었

● 당(唐) 주방(周昉)의 〈잠화사녀도(簪花仕女圖)〉: 「이와전」, 「앵앵전」의 배경이 되는 당대 미인도

는데 그녀의 뛰어난 자태와 품성을 보고 사랑에 빠져 병이 나고 말았다. 장생은 그녀에 대한 마음을 숨길 길이 없어 연정이 담긴 시를 적어 보내지만 앵앵은 그저 쌀쌀맞게 대할 뿐이다. 절망에 빠진 장생이 넋을 놓고 지내던 어느 날 밤, 놀랍게도 앵앵이 시녀 홍랑(紅娘)을 앞세우고 장생의 방을 찾아온다. 이때부터 이들은 서쪽 행랑에서 한 달간 꿈 같은 밀회를 나눈다. 장생은 앵앵의 어머니인 정씨에게 직접 혼사를 청하려 했으나 마침 장안으로 떠날 일이 있어 미루게 된다.

그로부터 몇 달 후 장생은 다시 포주로 가서 최 아가씨와 또 몇 달을 만났다. 그녀는 서예면 서예, 문장이면 문장, 무슨 기예든 놀라운 실력을 가지고 있으면서도 그 재주를 잘 드러내려 하지 않았다. 언젠가 몰래 엿들은 거문고 실력도 너무나 훌륭했으나, 아무리 들려 달라 청해도 들어주지 않았다. 장생은 그럴수록 그녀에게 더욱 매혹되었다. 어느덧 과거 기일이 다가오면서 장생은 다시 장안으로 떠나게 되었다.

이별의 밤, 최 아가씨는 차분한 목소리로 "문란하게 맺어진 사랑, 버림 받는다 해도 원망하지 않겠다"며 처음이자 마지막으로 장생이 그토록 소원하던 거문고 연주를 들려준다. 마침내 슬픈 음절이 사방으로 흩어져 사람들이 흐느끼자 그녀 자신도 문득 타던 손을 멈추고 거문고를 팽개친 채, 눈물을 흘리며 뛰어들어가 다시는 나오지 않았다. 장생은 그해 과거에 급제하지 못하고 장안에 그대로 머물게 되었다. 최 아가씨에게 편지를 보내 위로하니 답장이 왔는데 그 문장이 너무나 심금을 울리는 것이어서 사람들에게 회자되었다. 그러나 정작 장생 자신은 그녀와의 관계를 정리하고 있었다. 그로부터 1년쯤이 지나 최 아가씨와 장생은 각기 다른 사람과 결혼을 했다. 장생이 우연히 그녀가 사는 곳을 지나다가 남편 되는 사람에게 부탁하여 먼 촌수의 오라버니 자격으로 만나기를 청하였으나 그녀는 끝내 모습을 나타내지 않았다.

이러한 장생과 최앵앵의 연애 고사는 특히 앵앵의 캐릭터와 그녀의 문장, 시들이 상당히 독특하고 매력적인 것이어서 후대 사람들의 주목을 받았다. 중요한 것은 「앵앵전」이 보여주는 사랑 담론의 새로운 국면이 무엇인가 하는 점인데, 이 작품의 경우 두 주인공의 사랑은 다른 작품들과는 달리 외부의 어떤 힘, 즉 부모나 가문으로 표상되는 공동체의 간섭이나 제약으로부터 직접적인 방해를 받지 않았다. 이들의 사랑은 전적으로 개인 의지의 선택이었고 얼마든지 그들 자신의 결정에 따라 사랑의 결실을 이룰 수 있었음에도 불구하고 결과적으로 결별이라는 결말을 맞이한다. 이는 그 당시 대부분 사인(士人) 계층의 남성들이 그랬듯 장생에게 있어 사랑과 결혼이 각기 다른 메커니즘 속에서 작동하고 있었기 때문이다. 처음 앵앵에 대한 사랑이 진실하고 간절한 것이었음에도 불구하고 그는 그것이 반드시 혼인으로 성사되어야 한다는 의지를 갖고 있지 않았다.

'아름다운 그녀', 앵앵

흥미로운 것은 이들의 결별이 독자들에게 특별한 슬픔이나 분노로 다가오지 않는다는 점이다. 이는 그 결말이 '버림받은 앵앵'이란 관점에서 조명되지 않고 '현명했던 장생'이란 관점에서 조명되었기 때문이다. 장생이 앵앵에 대한 마음을 정리한 이유는 그녀가 자신이 감당하기에는 너무나 아름답고 뛰어난 여인이기 때문이란 것인데, "대체로 하늘이 미녀에게 내린 운명은 자신에게 재앙을 내리지 않으면, 반드시 다른 사람에게 재앙을 미치는 법"으로 "내가 가진 덕이 그와 같은 재앙의 씨를 이겨내지 못하는 것이기 때문에 감정을 참아 둔 것"이라는 말에 사람들은 깊은 감명을 받고 장생을 스스로 저질러 놓은 잘못을 잘 수습한 사람이라 평가한다.

하지만 사랑을 버린 남자의 치사한 변명처럼 들리기도 하는 이 담론은 역설적이게도 「앵앵전」이 바로 '앵앵 그녀'를 위한 작품임을 보여주는 증거이기도 하다. 사랑 담론으로서 「앵앵전」의 서사 포인트는 내가 사랑한 앵앵, 그녀가 얼마나 내 맘을 설레게 하며 매력적인지 새침하면서도 다정하고 사랑스러운지를 드러내주는 데 있다. 그 결과 중국의 애정 서사에서 가장 돋보이는 여성 캐릭터, 많은 이에게 회자되고 사랑받는 '내 맘 속의 연인 앵앵'을 탄생시켰던 것이다. 장생의 떠남은 오히려 그녀에 대한 사랑을 환상화하는 데 일조하는 장치다. 둘이 그렇게 만나 혼인에 이르렀다고 할 때 그들의 사랑은 또 얼마나 그렇고 그런 평범한 것이 되고 마는가.

어떤 의미에서 「앵앵전」은 제왕-신녀, 나그네-귀녀의 하룻밤 로맨스 모티브를 가장 충실하게 답습하고 있는 자유연애 서사이다. 환상계에서나 만날 수 있는 '아름다운 그녀'는 이제 현실계에도 있다. 하지만 그녀는 떠남이 예정되어 있고 떠남으로써 환상화된다. 환상계의 신녀 혹은 귀녀와 현실계의 앵앵이 다른 점은 환상계의 서사는 지속의 가능성을 열어두지 않는 반면 현실계의 서사는 지속의 가능성을 열어두고 있다는 점이다. 하지만 환상계의 여인들이 현실계의 삶을 바꿔놓을 수 없듯이 현실계의 그녀도 현실의 삶을 바꿔놓을 수는 없다. 중국의 사랑은 공동체의 인정을 받기 위해 늘 타협하거나 인내하지 전복을 꿈꾸지 않는다. 사랑은 늘 두 남녀 사이가 아닌 사회적 관계 속에서 인식되며 그런 확장성 때문에 불꽃 같은 혁명성을 갖진 못한다.

불륜,
용서할 수 있거나 없거나

중국에서 어느 때보다 문학을 통한 사랑의 담론이 활발하던 시기는 명나라 중엽인 15~16세기 이후이다. 이때 중국에서는 '이학(理學)'이라 불리는 주자학(朱子學)에 대해 '심학(心學)'이라 불리는 양명학(陽明學)이 일어나 인간의 다양한 심리적 욕구 혹은 욕망에 대해 긍정하고 이해하려는 분위기가 형성되어 있었다. 송대(宋代) 이후 장강(長江)을 중심으로 한 교역의 발달과 상업의 성장은 '강남(江南)'이라 불리는 지금의 안휘(安徽), 강소(江蘇), 절강(浙江) 일대 뱃길 도시의 활성화를 가져왔고 명대 이후 이 지역을 중국 경제와 문화의 중심지로 부각시켰다. 도시의 발달은 사람들의 삶을 다양하고 복잡한 관계망 속으로 몰아넣으면서 확장시킨다. 무엇보다 도시 간 인적·물적 교류가 확대되면서 예전에는 드러나지 않았던 다양한 인간관계 및 이해관계가 형성되고 오락 및 문화 소비 시장이 확대되면서 소설, 희곡과 같은 이야기 문학이 꽃을 피우게 되었다.

상업적 도시 문화의 확산과 함께 비약적으로 발전하기 시작한 이야기 문학은 기본적으로 대중적인 통속성을 지향한다. 그 가운데서도 남녀 간의 사랑은 단골 테마 중의 하나였다. 이 시기 이야기 문학에서 보이는 사랑 담론의 가장 큰 특징은 불륜서사의 확대이다. 이는 명대 초기 유가적 이념 강화의 차원에서 열녀 담론이 확대되었던 것과 좋은 대조를 이룬다.

탐할수록 허기진 욕망

이 시기 불륜 서사의 가장 대표적인 작품은 『금병매(金瓶梅)』[12]이다. 흔히 '사대기서(四大奇書)'라 칭송되는 명대 장편소설 중의 하나인 이 작품은 노골적인 성애 묘사와 인간의 추악스러움에 대한 집요한 폭로로 세상에 등장한 순간부터 큰 충격과 반향을 일으켰고, 지금까지도 그 주제에 관한 논의가 분분한 작품이다. 난릉(蘭陵)의 소소생(笑笑生)으로 알려진 작자 또한 추론만이 무성할 뿐 아직까지 베일에 싸여 있다.

『금병매』의 주인공인 서문경(西門慶)은 타고난 수완과 감각으로 부를 축적해 악행을 일삼는 약재상으로, 16세기 중국 사회의 주요한 세력으로 성장한 전형적인 신흥 상인이다. 그는 단순한 장사꾼이 아니라 권력을 가진 악질 토호이며 불법과 폭력을 일삼는 지역 깡패인 동시에 비정상적으로 여자를 밝히는 호색광이다. 서문경은 본래 『수호전(水滸傳)』 무송(武松) 고사에 등장하는 인물로 반금련(潘金蓮)과 사통하다 그녀의 남편인 무대랑(武大郎)에게 들키자 그를 독살할 것을 사주하고 후에 그 동생인 무송에게 죽임을 당하는 인물이다. 『금병매』는 이같은 『수호전』의 무송 고사를 가져다가 서문경 일가의 삶과 몰락으로 이야기를 확대한 장편 소설이다.

서문경에게는 모두 1처 5첩, 즉 6명의 부인이 있었다. 첫째부인인 오월랑(吳月娘)은 전처가 죽자 정실로 맞아들인 새 부인으로 이후 서문경 집안의 중심을 지탱하는 가장 정상적이고 현실적인 인물이다. 둘째부인인 이교아(李嬌兒)는 본래 기루에서 노래를 부르던 기녀였는데 풍만한 몸집에 미모가 빼어난 것도 방사(房事)의 기교가 뛰어난 것도 아니었지만 풍류가 뛰어나 서문경의 총애를 받다 첩으로 들어온 여인이다. 셋째부인인 맹옥루(孟玉樓)는 본래 포목상의 정실부인이었으나 남편이 죽자 매파의 주선을 통해 적지 않은 재산을 들고 서문경의 집안으로 들어온다. 넷째부인인 손설아(孫雪娥)는 본래 죽은 전처의 시녀로 나이도 어린데다 자그마한 체구에 몸이 날래고 음식 솜씨가 좋아 서문경이 간단하게 머리를 올려주고 첩으로 삼았다.

『금병매』가 낳은 최고의 캐릭터인 반금련은 서문경의 다섯째 부인으로 그 이력부터가 예사롭지 않다. 그녀는 본래 재봉일을 하는 반씨 집 여섯째딸로 어려서부터 자색이 뛰어나고 전족한 발이 작고 예뻐 '금련'이란 이름이 지어졌다. 아버지가 죽자 어머니는 생활고를 이기지 못하고 아홉 살 금련을 왕초선(王招宣)네 집에 팔아 악기 다루고 노래 부르는 것, 화장하고 옷 입는 것, 애교 부리는 법 등을 배우게 했다. 금련은 천성이 영리해 뭐든지 빨리 배우고 솜씨가 뛰어났다. 나중에 왕초선이 죽자 어머니는 그녀를 다시 장대호(張大戶)의 집에 팔아넘긴다. 예순이 넘은 장대호는 부인의 눈치만 보다가 꽃봉오리처럼 피어나는 금련의 아리따운 모습에 욕정을 참지 못하고 그녀를 취했다가 이상한 병세가 생긴다. 이 사실을 알아챈 부인이 노발대발하자 장대호는 하는 수 없이 그녀를 떡장수 무대에게 시집보낸다. 못생기고 왜소하고 남자답지 못한 무대에게 만족할 수 없었던 금련은 우연히 길을 지나던 서문경과 눈이 맞아 날이면 날마다 욕정을 불태우고 이 사실을 알게 된 무대를 독살하기에 이른다. 서문경은 사람들을 매수해 무대가 병이 도져 죽은 것처럼 꾸미고 마침내 금련을 첩으로 맞아들인다.

마지막 여섯째 부인인 이병아(李瓶兒)는 본래 서문경의 친구인 화자허(花子虛)의 정실부인이었다. 화자허가 밖으로만 나돌고 도통 집안을 돌보지 않자 이병아는 그에게서 마음이 떠났다. 어느 날 화자허의 집을 찾아온 서문경이 이병아를 보고 마음에 품었는데 그녀 또한 싫지 않은 기색이었다. 마침내 두 사람은 담장을 넘나들며 사통하기에 이른다. 마침 화자허가 재산을 둘러싼 집안 분쟁으로 송사에 휘말려 가산을 탕진하고 울화병으로 숨을 거두자 이병아는 미리 서문경에게 빼돌려 두었던 재산을 가지고 그의 집으로 들어간다.

이상에서 보듯이 서문경의 여성 편력과 축첩의 과정은 한마디로 맘에 드는 물건을 보면 일단 사야 하는 구매 소비 욕구와 크게 다르지 않다. 예컨대 그는 무대의 독살을 사주하고 반금련과 하루가 멀다하고 만나면서도 중매로 들어온 맹옥루와의 혼사를 치르고 심지어 손설아의 머리를 올려준다. 이 여섯 명의 부인이 있는데도 끊임없이 기루를 드나들며 기녀들, 심지어 이교아의 조카인 이계저(李桂姐)를 품기도 하고 반금련의 시녀인 방춘매(龐春梅)를 건드리고 하인 내왕(來旺)의 처인 송혜련(宋惠蓮)과 사통한다.

이 끊임없는 욕망의 분출은 단순히 생물학적인 성의 욕구만으로는 설명할 수 없는 상당히 심리적인 요소를 지니고 있다. 종종 그것은 아무리 탐해도 채워질 수 없는 세상과 재물에 대한 소유의 욕구로 은유된다. 『금병매』는 전통시대 처음이자 거의 마지막으로 가장 진지하게 성(sex)을 인간의 근원적인 소유욕과 연결시켜 담론화하고 있는 작품이다. 서문경의 경우 그 소유욕은 물질적인 것이다. 그렇다면 서문경의 여인들은 끊임없이 무엇을 탐하는 것일까?

뒤틀린 절대욕망의 끝, 그 불편한 파멸

『금병매』라는 제목은 서문경의 여인들 중 반금련, 이병아, 방춘매의 이름을 한 글자씩 따서 조합한 것이다. 이는 서문경이 사랑했던 아니 갖고자 했던 수많은 여인 중 이 세 명의 의미가 좀 더 각별하다는 뜻이다. 아마도 그 각별함은 이들이 분출시킨 욕망이 다른 여인들에 비해 좀 더 강렬한 데서 나온 배려였을 것이다. 반금련은 『금병매』에서 서문경에 대한 가장 지독한 집착을 보여주는 인물이다. 특히 성에 대한 그녀의 유별난 집착은 오로지 자신이 가지고 있는 자산이 몸뚱어리 하나밖에 없다는 절박한 인식에서 비롯된 것이다.

반금련은 한마디로 서문경의 총애가 아니면 그 집안에서 아무런 권리도 지분도 역할도 행사할 수 없는 무일푼 무배경의 인물이다. 그녀는 맹옥루나 이병아와 달리 가지고 들어온 재산도 없었고, 이교아나 손설아처럼 특화된 직분—이교아는 회계 담당, 손설아는 요리 담당—이 있는 것도 아니었다. 게다가 그녀는 남편을 독살했다는 결정적인 약점이 있었다. 그녀가 어떻게든 그 집안에서 살아남기 위해서는 자신의 유일한 무기인 미모와 색(色), 영리한 말솜씨를 이용해 서문경의 욕망을 장악하고 오월랑의 환심을 사야 했다.

어떤 의미에서 보면 반금련은 이들 중 가장 가련한 인물이다. 그녀는 어려서부터 여기저기 팔려다니며 자신의 몸 하나에 의지해 살아왔다. 남자들을 사로잡을 만한 뛰어난 미모와 재주를 가지고 있었음에도 불행히 만난 남자들이 다 변변치 못했다. 이제 겨우 남자 같은 남자를 만났는데 뺏길 수 없다는 생각이 그녀를 절박한 상황으로 몰며 강한 노예근성을 형성하게 했다. 서문경의 소유욕이 재화와 관련된 물질적인 것이라면, 여인들의 소유욕은 권력과 관련된 정치적인 것이다.

이병아 역시 서문경을 지배하려는 욕망이 반금련 못지않았다. 다만 그녀의 욕망에는 단순히 생존의 기반을 위한 것이 아니라 조금 더 이차적인 사회문화적 의미의 이유가 있었던 것으로 보인다. 이병아의 특이한 이력, 예컨대 당시 최고의 세도가인 채경(蔡京)의 사위였던 양중서(梁中書)의 첩이었으나 워낙 엄하고 강경했던 채씨 부인의 관리로 첩이 아닌 첩으로 살았다는 점, 이후 그 집안이 정치적 파산을 맞으면서 붕괴되자 적지 않은 재산을 챙겨 친정으로 도망갔다 화자허의 정실이 되었다는 점, 그러나 그가 가장 내지 남편으로서의 책임을 방기한 채 소송에 휘말리자 그를 배신하고 죽기를 기다려 서문경에게 재가했다는 점이 그녀의 욕망 속에 가정, 즉 남편과 아내로서의 관계에 대한 선망이 있었음을 짐작하게 해준다. 반금련의 욕망 속에 서문경이 단순히 자신에게 생존적 조건을 충족하는 남자였다면, 이병아의 욕망 속에 서문경은 사회적 의미의 조건을 충족하는 남편의 의미를 지니고 있다. 이로부터 그녀는 서문경과의 사이에 아들 관가(官哥)를 낳자 이전과는 사뭇 다른 양상의 성격을 보인다.

한편 반금련의 시녀로서 서문경의 총애를 받았던 춘매는 신분에 대한 열등감이 그 욕망의 성격을 주요하게 규정한다. 반반하고 영리했던 그녀는 서문경의 총애를 받음으로써 실제 첩의 지위에 오른 손설아보다 더한 권력과 지위를 누린다. 홍미로운 것은 반금련과의 관계인데, 금련은 다른 여인들, 특히 이병아와 서문경의 관계를 죽도록 질투하여 어떻게든 둘을 훼방하고 이병아와 그녀의 아들 관가를 괴롭히지만 춘매와는 오히려 굳건한 결탁 관계를 유지한다. 심지어 그녀는 서문경과 춘매의 첫 관계를 이병아로부터 그를 빼어오기 위해 작정하고 유도한다. 이후 춘매가 주도적으로 서문경과의 관계를 지속함에도 전혀 문제삼지 않았을 뿐만 아니라 오히려 춘매를 시녀가 아닌 동렬의 친구로 대우한다.

이 둘의 결탁은 욕망의 이해관계가 상충하지 않고 서로 보완될 수 있었기에 가능한 것이었다. 반금련의 입장에서 춘매는 경쟁자가 아니라 서문경을 묶어두는 데 도움이 되는 든든한 조력자이다. 한편 춘매 입장에서 반금련은 자신의 실질적인 지위와 권력을 뒷받침하는 든든한 후원자인 동시에 의기투합을 위한 동지다. 둘은 쌍둥이처럼 닮았으며 욕망의 지향이 같았으나 나눠가질 수 있는 것이기에 동지가 될 수 있었다.

『금병매』에서 남녀 관계의 본질은 욕망이다. 자연으로부터 모방된 음양합일의 욕망이 아니라 잉여적 쾌락으로서의 성에 대한 욕망이다. 이것은 반드시 취하지 않고는 배길 수 없는 소유의 욕망, 혹은 대상에 대한 완벽한 조종과 장악을 꿈꾸는 지배의 욕망과 결합하여 그 어느 것으로도 제어할 수 없는 막강한 욕망의 카르텔을 형성한다. 그러나 이 뒤틀린 절대 욕망의 끝은 파멸이 있을 뿐이다. 윤리와 비윤리의 재단을 뛰어넘어 파멸의 막장을 향해 달려가는 그들에게서 우리는 묘한 이중적 감정, 거북한 호기심과 불쾌한 연민을 느낀다.

● 20세기 전반 『금병매』 삽화
『金瓶梅全圖』, 曹函美 그림, 時代圖書公司, 1936.

이러한 『금병매』의 근원적인 불편함은 이 작품을 대중적인 불륜 서사로 있게 하지 않는다. 대중은 불륜을 즉자적으로 재단하고 판단하고 옳다 그르다로 처분하길 좋아한다. 그러나 『금병매』는 이러한 윤리적 재단 이전에 그것을 불가하게 하는 깊은 당혹감과 민망함, 인간에게 더 이상 무언가를 기대할 수 없게 하는 회복 불가의 회의감을 발산시킨다. 뒤틀린 절대 욕망으로 발버둥치는 작품 속 인물들은 서서히 파멸의 끝을 향해 달려가지만 그 파멸의 순간에도 독자들은 전혀 통쾌하거나 후련하지 않다. 지속되는 언짢음은 아마도 우리 내면 깊숙이 숨겨놓았던 그 막장의 욕망들을 눈앞에 버젓이 대면하는 데서 오는 극심한 낯섦 때문일 것이다.

외로움에 지친 '이런 죽일 년놈들'의 사랑

16세기 중국에서 『금병매』 같은 인간의 데카당스적 욕망에 대한 집요한 보고서가 나왔다는 사실은 참으로 주목할 만하다. 이는 그 당시 사회가 이러한 욕망들을 양산하고 어느 정도 수용할 수 있는 분위기였음을 말해주는 것이다. 좀 더 대중적인 담론의 불륜 서사들을 살펴보면 실제 이 시기 제도와 관습을 뛰어넘는 인간의 욕망이 어떠한 방식, 혹은 윤리적 재단으로 사회적 관계 속에 수용되거나 거부되는지를 알 수 있다. 흥미로운 것은 이 시기 많은 불륜 서사의 결말이 '이런 죽일 년놈들'이란 분노의 배출 속에 윤리적으로 처단되기보다 용서와 화해로 기존의 관계 속에 다시 수용되는 해피엔딩을 지향하고 있다는 점이다.

대표적으로 「장흥가가 진주적삼을 다시 만나다」[13](이하 「진주적삼」)라는 소설을 보면, 길 떠난 남편을 기다리지 못하고 다른 남자를 받아들인 왕삼교아(王三巧兒)가 우여곡절 끝에 남편인 장흥가(蔣興哥)에게 다시 돌아가는 이야기를 다루고 있다. 장흥가와 삼교아는 낮이나 밤이나 서로 떨어질 줄 모르고 깨가 쏟아지던 신혼 부부였다. 소상인인 장흥가는 성실하고 능력 있는 남편이었고 삼교아는 예쁘고 다정한 아내였다. 생업을 위해 배를 타고 멀리 장사를 나가야 했던 장흥가는 아내를 혼자 집에 두고 길을 떠나는 것이 마음에 걸렸지만 달리 방도가 없었다.

1년이면 돌아온다던 장흥가는 기한이 넘도록 소식조차 없고 예쁜 아내는 기다림에 지쳐 상심의 나날을 보내는데 어느 날 진대랑(陳大郎)이란 남자가 그녀 앞에 나타난다. 진대랑 또한 집을 떠나 먼 길 장사를 나온 상인으로 삼교아를 보고 한눈에 반해 어떻게든 그녀를 만나고 싶어 했다. 외로움에 지친 삼교아는 결국 그와 깊은 사랑에 빠지고 고향으로 돌아가는 그에게 장씨 집안의 가보로 내려오는 진주적삼을 정표로 준다.

한편 예기치 못했던 상황으로 1년이 넘도록 소식도 전하지 못한 채 외지를 떠돌던 장흥가는 일을 마무리짓고 집으로 돌아가던 중, 우연히 진대랑을 만나 진주적삼을 보고 의구심을 품다가 아내의 불륜 사실을 알게 된다. 절망감에 집으로 돌아온 장흥가는 조용히 아내를 친정으로 보내면서 장인 앞으로 이혼서를 딸려 보낸다. 친정으로 돌아와 이혼서를 확인한 삼교아는 죄책감과 절망감에 목을 매어 죽으려 했으나 친정어머니한테 발견되어 목숨을 구한다. 이후 그녀는 처음 관직 발령을 받아 가족을 두고 임지로 들어가며 첩을 구하던 오걸(吳杰)이라는 현령에게 재가한다.

한편 고향으로 돌아온 진대랑은 삼교아를 잊지 못해 종일 진주적삼만 바라보았다. 아내인 평씨(平氏)가 그것을 숨겨버리자 마음이 답답해진 그는 삼교아를 보기 위해 집을 나섰다가 떼강도를 만나 곤경에 처하고 마침내 병이 들어 죽고 만다. 시신을 수습하기 위해 집을 나선 평씨도 예기치 못한 곤경에 처하면서 오갈 데 없는 신세가 되었는데 마침 재취 자리를 구하던 장흥가와 연결되어 그의 아내가 된다. 이리하여 진주적삼은 본래 주인에게로 돌아오게 되었다. 훗날 장사를 나갔다가 소송에 휘말리게 된 장흥가는 마침 그 사건을 맡은 판관이 오걸이었는데 우연히 그 내용을 알게 된 삼교아의 도움으로 억울한 누명을 벗게 된다. 두 사람 사이에 애정이 남아 있음을 안 오걸은 삼교아를 다시 장흥가에게 보내준다.

이 이야기의 배경이 되는 장강 중하류 일대 뱃길 도시들은 끊임없이 오고가는 사람들과 물자들로 늘 떠들썩하고 분주한 가운데 먼 길 떠난 임 때문에 외로운 여인들과 오랜 기간 객지를 떠도느라 외로운 상인들이 넘쳐나는 곳이었다. 제국의 수도이자 정치·교육의 중심인 당대(唐代) 장안이 혈기왕성한 젊은이들의 열기로 낭만적 에너지가 분출되는 곳이었다면, 이러한 교역·상업 중심의 내륙 뱃길 도시들은 겉으로는 왁자지껄하지만 그 이면에는 외로움에 지친 사람들의 깊은 상심과 쓸쓸함이 묻어나는 곳이라 할 수 있다. 비록 제도와 관습의 장벽이 높다 하더라도 이러한 도시에서 누군가의 위로로 시작되는 열정적 사랑의 출현은 막을 수 있는 것이 아니었다.

주목할 만한 것은 이 당시 사랑에 관한 이야기들 가운데 이처럼 외간 남자와 사통하고 불륜을 저지른 아내를 포함하여, 사기로 기만을 당하거나 혹은 납치로 정절을 잃은 아내들을 남편이 다시 받아주는 구조의 이야기들이 그렇지 않은 이야기들보다 더 많다는 점이다. 지나치게 쿨한 것은 아닌가 느껴지는 이 시기 '착한 남편들'은 아내가 인간의 기본적 선량함을 내다버리고 불륜을 넘어 패륜으로 치닫지 않는 한—예컨대 자신의 불륜을 감추기 위해 남편을 죽인다든지 시부모를 음해한다든지 하는 식으로—, 한순간의 실수로 인정될 수 있는 불륜의 욕망에 관대했다. 그들은 불륜과 패륜의 차이, 즉 아내의 욕망이 어쩔 수 없는 상황에서 비롯된 자연스런 성의 발현인지 잉여적 쾌락으로서 성에 대한 맹목적 탐닉인지를 구분하였다.

어찌 보면 전통 시기 중국에서 결혼과 함께 당위로서 지켜야 하는 여성의 정절은 남성과의 관계에서보다 개인적인 윤리 실천의 관점에서 이해되었던 듯하다. 결혼과 함께 남편이 아내의 성을 독점하는 관념의 구축은 오히려 근대적인 사유재산권의 확립에서 강화되었을 가능성이 크다. 아내의 성이 남편의 소유가 아니라 개인적 윤리의 대상이었다는 것은 그 윤리의 기준이 어떻게 움직이느냐에 따라 얼마든지 다른 잣대가 적용될 수도 있다는 뜻이다. 외간 남자와의 사통이라는 동일한 행위를 두고 어떤 여인은 용서를 받고 어떤 여인은 죽임을 당한다. 그리고 이 동일한 행위에 대한 서로 다른 극단의 처분이 모두 대중의 지지를 받았다. 적어도 이 시기 중국에서 사통, 즉 여성의 불륜은 그 행위 자체의 옳고 그름보다 그것을 야기한 주체의 의지, 즉 동기로서의 '뜻[志]'이 중요한 윤리적 잣대의 근거로 담론화되었던 것이다.

'정(情)'의 대두:
무엇이 사랑을 지속시키는가?

사랑의 윤리와 관련하여 외간 남자와의 사통이라는 중대한 배신 행위가 용서되었던 것은 사랑의 가치적 요소라고 할 수 있는 '신의'가 단순히 약속을 지키느냐 아니냐의 문제로 직결되지 않았기 때문에 가능한 것이다. 여성의 불륜이 행위 자체로 비난받지 않고 그 안에 담긴 '뜻[志]'을 헤아려 구제될 수 있었다는 것은 사랑을 유지하는 데 있어 성적 욕망 혹은 약속으로서의 신의 외에 또 다른 요소가 있음을 암시한다. 실제로 명대 중엽 이후 급속히 확대되기 시작한 이야기 문학의 사랑 담론은 『금병매』에서 보듯 욕망과 불륜의 문제를 담론의 새로운 중심으로 부각시키는 한편 사랑의 내면적·감정적 측면, 즉 사랑의 유발자로서 단순한 성적 욕망이 아닌 '마음'의 문제를 본격적으로 탐색하기 시작했다.

이전 시기 사랑을 다룬 이야기들 속에서 '마음'은 서사의 주요 대상이 아니었다. 사랑의 감정적 측면은 주로 헤어진 후의 아쉬움, 안타까움, 그리움의 형태로 묘사되거나 열정적 사랑에 빠진 남녀들의 욕망 충만한 토로나 고백의 형태로 전달되었다. 어떤 의미에서 보면 그리움이나 열정은 사랑과 관련하여 특화된 '마음'이라 할 수 있다. 사랑의 본질적 내면으로서 '마음'은 이 시기 비로소 사랑에 관한 주요 담론의 하나로 부각되기 시작했는데, 이는 무엇보다 불륜에 관한 서사가 가져온 반면적 성과라 할 수 있다. 다시 말해 무엇이 사랑의 신의를 깨뜨리는가에 대한 논의가 반대로, 그렇다면 무엇이 사랑의 신의를 지켜주는가에 대한 논의로 자연스레 연결되었다는 것이다.

열정이 사라지고 난 후—사실 대부분은 열정이 아예 존재하지 않았을 가능성도 크지만—, 사랑의 신의를 지켜주는 건 약속에 대한 선험적 윤리 의식일 수 있다. 그러나 그 신의가 깨어졌을 때 모든 사랑이 다 파괴되지 않았다는 사실은 사랑의 신의가 단순히 약속이라는 형식과 그 형식에 대한 이성적 추구에 의해 유지되는 것만은 아니라는 사실을 말해준다. 사랑에 관한 한—친구 사이엔 오히려 어려울 것이다—, 깨어진 신의는 다시 회복될 수 있다. 그렇다면 무엇이 사랑의 신의를 지켜주기도, 회복시키기도 하는 것일까.

마음의 진실성

앞서 인용한 「진주적삼」이라는 작품에서 아내 왕삼교아의 배신에 절망감을 느낀 장흥가가 이혼서와 함께 그녀를 친정으로 보낸 후 그녀가 쓰던 패물함을 보고 상심하는 장면이 나온다. 그는 그녀가 쓰던 물건을 차마 치워버리지 못하고 봉해서 눈에 띄지 않는 곳에 보관해 둔다. 얼마 후 삼교아가 오걸에게 재가를 하게 되었을 때 장흥가는 그 소식을 듣고 재혼 날 인부를 불러 그 패물함들을 내어다 열쇠 꾸러미와 함께 오걸의 배에 실어다 주게 한다.

이 장면은 비록 장흥가가 삼교아를 쫓아 보내긴 했으나 그녀에 대한 마음이 아주 지워지지 않았음을 상징적으로 보여주는 것이다. 삼교아는 이 패물함들을 보고 마음이 무척 짠했다. 자신을 배신한 아내를 모질게 대하지 못하고 따뜻한 마음 씀씀이를 보이는 그 감정의 실체는 무엇인가. 그것은 아마도 전날에 나눴던 사랑의 추억이 아내의 배신으로 받은 상처에도 불구하고 그녀에 대한 감정을 애틋하게 하는 것이리라. 우리가 흔히 '정'이라 부르는 남녀 간의 모호한 감정은 열정과는 분명 다른 것이다.

열정은 뜨겁고 강렬하지만 정은 따뜻하고 애틋하다. 열정은 불태우지만 정은 느낄 뿐이다. 열정은 시작과 끝이 분명하지만 정은 시작과 끝이 분명치 않다. 열정은 우연적이고 언제든 타오를 준비가 되어 있는, 순간 가속의 감정이지만 정은 반드시 공유된 기억과 일정한 시간의 흐름이 있어야 발동하는 경험 기반의 감정이다. 원래 중국에서 '정(情)'은 '성(性)'과 대립되는 개념이었다. '성'은 태어나면서 갖춰지는 보편으로서의 본성이다. 그에 반해 '정'은 감정으로 나타나는 마음의 움직임을 가리킨다. 그것은 흔히 '칠정(七情)'이라 하여 인간의 일반적인 감정을 통칭하는 용어로 쓰였으나 점차 남녀 간의 사랑을 지칭하는 용어로 전화되었다.

주로 현상 내지 감각으로서 성(sex)에 대한 욕망을 지칭하는 '성·색(聲·色)'이라는 용어와는 달리 '정'은 처음부터 마음의 움직임, 즉 사랑의 감정적 국면을 직시하는 용어였다. 그러나 명대 이전까지 텍스트를 통해 구현된 사랑의 감정은 대체로 열정이나 그리움 같은, 좀 더 그 마음의 움직임이 명확하고 분명한 것들이었다. 오늘날 우리가 사용하는 마음으로서의 '정'—'러브(love)'와는 구별되는—의 개념은 주로 명대 나온 소설, 희곡 텍스트들에서 발견되기 시작한다. 예컨대 「기름 파는 총각이 꽃 중의 꽃을 차지하다」[14](이하 「기름 장수」)라는 소설은 뜨거운 열정이 아닌 마음으로서의 '정'이 어떻게 상대의 마음을 움직여 사랑의 결실을 맺을 수 있는지를 보여주는 대표적인 작품이다.

기름 장수 진중(秦重)은 본래 기름집을 경영하는 주십로(朱

十老)의 양자였으나 가게를 차지하려는 경리의 모함으로 쫓겨나 기름통을 지고 장사를 다니는 총각이었다. 당시 그 도시에는 '화괴낭자(花魁娘子)'란 명성을 얻은 왕미랑(王美娘)이란 기녀가 있었는데 그녀 또한 본래는 유복한 상인 집안의 외동딸이었으나 난리통에 부모와 헤어져 못된 친척 손에 기루에 팔려 기녀가 된 처지였다. 미랑은 미모를 갖춘데다 똑똑하고 재주가 뛰어나 금세 명성을 얻었지만 기녀로서 머리를 올리고 손님을 받으려 하지 않아 기생어미가 애를 태웠다. 하는 수 없이 계략을 세워 술에 취하게 한 후 억지로 머리를 올리자 미랑은 속으로 굳게 종량(從良, 양민이 되는 것)을 결심한다.

그러던 어느 날 길에서 우연히 왕미랑을 본 진중은 한눈에 반해 그녀와 하룻밤을 보내고 싶다는 꿈을 갖게 된다. 1년여를 노력해 화대를 마련한 진중은 기루를 찾아가지만 미천한 신분 때문에 다시 한 달여를 기다려 왕미랑을 만나게 된다. 그러나 다른 연회 참석으로 이미 술이 잔뜩 취해 들어온 미랑은 몸조차 가누지 못하는 상황이었다. 진중은 술병으로 괴로워하는 그녀를 밤새 정성껏 보살핀다. 토물을 자신의 옷으로 받아내고 속이 쓰릴까 따뜻한 차를 마시게 하고 편히 잠들게 한다. 이튿날 미랑은 진중의 신분을 알게 되지만 그의 착하고 진실한 마음에 감동하여 그를 기억하게 된다.

다시 일상으로 돌아온 진중은 지난날 모함에 속아 잘못 진중을 내쫓았다는 사실을 알게 된 주십로의 부름을 받고 집으로 들어가 그의 가게를 물려받는다. 한편 태수의 아들인 오공자(吳公子)는 방탕한 인물로 유람을 나와 미랑을 불렀는데 그녀가 다른 이유로 접대를 거절하자 하인들을 보내 행패를 부리고 미랑을 연회장으로 끌고 나오게 했다. 미랑이 계속 저항하자 폭력을 행사하며 그녀의 꽃신을 벗기고 전족을 끌러 발이 드러나게 했다. 상상할 수 없는 모욕에 설움이 북받쳐 길바닥에 주저앉아 울고 있는데 때마침 진중이 길을 지나다 그녀를 보고 놀라 영문을 묻고는 같이 눈물을 흘리며 따뜻하게 감싸주었다. 간신히 진정을 시키고 가마를 태워 기루로 데려다주었는데 마침내 미랑이 그날 밤을 진중과 함께 보내며 종량의 의지를 밝힌다. 그녀는 종량을 위해 그간 모아둔 돈을 꺼내 기생어미를 설득하고 길일을 택해 진중과 결혼한다.

이 이야기에서 애초에 왕미랑은 진중이 넘볼 수 있는 여인이 아니었다. 진중은 양민이고 왕미랑은 기녀였지만 실질적인 신분에 있어 진중이 왕미랑의 짝이 되긴 어려웠다. 진중은 우연히 길에서 미낭을 보고 한눈에 반하지만 그녀에 대한 열정은 실현되지 못하고 '하룻밤만이라도' 하는 소박한 꿈으로 간직된다. 이 꿈은 1년여의 노력으로 실현되지만 어이없는 상황으로 허무한 결말을 맺게 된다. 그러나 그 순간 진중은 오히려 자신의 마음이 진정이었음을 증명한다. 진중의 진심은 미랑에게 전달되어 깊은 인상을 남겼다. 하룻밤의 꿈은 지나가고 예의 그 성실한 삶의 현장으로 돌아온 진중은 간혹 미랑을 생각하며 자신의 기반을 닦아나간다. 갈수록 삶의 회의와 피곤함을 느껴가던 미랑은 순간순간 그날 밤 기름 장수를 떠올리는 자신을 발견하며 탄식한다. 그러던 어느 날 봉변을 당하고 위기에 빠진 미랑을 때마침 길을 지나던 진중이 구해주면서 두 사람의 인연은 마침내 결실을 맺게 된다.

이 이야기에 나오는 진중이란 인물은 지금까지 다양한 사랑 이야기 속 남자 주인공과는 사뭇 다른 양상을 보인다. 그는 예의 그 남자 주인공들이 가지고 있는 능력, 지위, 재주, 돈, 인물과 같은 요소들 중 어느 것도 갖추고 있는 것이 없었다. 오로지 마음의 진실성 하나로 미랑의 마음을 얻었던 것이다. 미랑 또한 처음부터 진중을 좋아했던 것은 아니다. 살면서 그가 그날 밤 자신에게 보여줬던 진실한 행동과 다정함에 점차 이끌리게 됐던 것뿐이다. 이들에게서 열뜬 사랑을 발견할 수는 없다. '정', 즉 마음의 교감이 두 사람을 부부로 이어줄 수 있었던 것이다.

이성이 아닌 감성의 약속

사랑에 있어 이러한 '진심' 혹은 '진정'의 추구는 이 시기 다른 작품들에서도 종종 발견되는 것이다. 「두십랑이 화가 나 보물 상자를 강물에 빠뜨리다」[15](이하 「두십랑」)라는 작품을 보면, 북경(北京, 즉 명대의 수도)의 이름난 기녀인 두십랑이 이갑(李甲)이라는 태학생과 사랑에 빠진다. 이갑이 결국 빈털터리가 되어 기생어미에게 쫓겨날 판이 되자 두십랑은 이갑을 따라 종량할 것을 결심한다. 기생어미는 기적(妓籍)에서 그녀를 빼내갈 조건으로 은 삼백 냥을 요구한다. 이갑이 이리저리 돈을 변통하러 다녔지만 아무도 그를 도와주지 않았다. 두십랑이 이불 속에 감춰두었던 은 백오십 냥을 내놓으며 나머지를 구해보라 한다. 이갑의 고향친구인 유우춘(柳遇春)은 기녀이면서 이갑에 대한 마음이 한결같은 두십랑의 곧은 심지에 감탄해 기꺼이 돈을 마련해 준다.

그러나 이갑은 두십랑을 데리고 길을 떠난 후에도 계속 자신감을 보이지 못한다. 당장의 여비며 생활비, 고향으로 돌아가 부친을 뵐 일이 모두 걱정이었기 때문이었다. 돈 문제는 용케도 두십랑이 그때그때 해결을 했지만 막막한 심정은 여전하였다. 그때 옆 배에 타고 있다 두십랑의 노랫소리에 마음을 빼앗기고 미모에 반한 손부(孫富)라는 사람이 이갑의 걱정을 들어주는 척하면서 금 천 냥에 두십랑을 넘기라는 제안을 한다. 그의 논리인즉 두십랑이 산전수전 다 겪은 기녀인데 그 마음을 어찌 믿을 수 있을 것이며, 결국 기녀에게 빠져 빈털터리가 되어 돌아가면 부친의 용서를 받을 수 없으리라는 것이었다.

이갑은 마음이 찢어지는 듯했지만 그 외에는 달리 방법이 없어 보였다. 두십랑에게 차마 입을 못 떼다가 눈물을 흘리며 말문을 여니 의외로 그녀가 잘 된 일이라며 차분하게 그 제안을 받아들인다. 다음날 손부의 배로 옮겨가면서 가지고 있던 패물함을 열어 보이는데 3단으로 된 각각의 서랍에는 그 값을 헤아릴 수조차 없는 세상의 온갖 값비싼 금은보화들이 가득 들어 있었다. 그녀는 그것을 하나하나 열어 강물에 던져버린 후 패물함을 안고 강물에 뛰어든다.

이갑의 비극은 무엇보다 두십랑의 진심을 믿지 못한 데서 비롯된 것이다. 두십랑 또한 이갑의 근심을 알고 있으면서도 끝까지 그 문제들을 해결할 수 있는 능력이 자신에게 있다는 것을 말하지 않았다. 그것은 그녀가 이갑의 조건을 따지지 않고 자신이 가진 모든 것을 바쳐 그를 믿고 사랑하듯이, 그 또한 그녀의 조건을 보지 않고 그가 할 수 있는 모든 것을 다해 믿고 사랑하기를 바랐기 때문일 것이다. 어쨌든 이 '진심'에 대한 열망과 시험은 실패로 돌아가고 사랑의 상처를 안은 가련한 여인은 스스로 목숨을 끊는다.

이쯤에서 이야기는 다시 '신의'의 문제로 돌아가는 듯하다. 그러나 사랑에 관한 '진정'의 발견은 그 신의가 단순히 맹세에 대한 약속, 혹은 이성적 윤리 의식에 의해 지켜지는 것은 아니라는 점을 분명히 한다. 사랑의 신의는 마음, 즉 '정'의 존재로 유지된다. 이성이 아닌 감성의 코드로. 설령 신의의 약속이 깨졌다 하더라도 여전히 그 '정'이 존재한다면 신의는 언제든 다시 회복될 여지를 갖는다. 이때 욕망으로서의 열정은 있어도 그만 없어도 그만이다. '정'의 존재는 확실히 욕망과는 별개의 사안인 것으로 보인다.

'사랑' 그 자체를 이야기하다

문학 속 사랑의 담론에서 '정'의 발견은 사랑이 무엇인가에 대한 물음에 어느 정도 합의된 결론을 내어놓은 듯하다. 이후 청대(淸代)에 나온 많은 사랑 이야기들은 이 '정'을 중심에 놓고 남녀 간의 다양한 서사를 전개시켰다. 중국에서 최고의 고전 문학 작품으로 꼽히는 조설근(曹雪芹, 1715?~1763?)의 『홍루몽(紅樓夢)』은 바로 이 '정'에 관한 최고의 통찰력과 미학적 성취를 보여주는 대단히 심오하고 흥미로운 작품이다.

『홍루몽』의 주인공인 가보옥(賈寶玉)은 '정성(情聖, 정의 성인)'이란 평판을 얻을 정도로 '정' 그 자체를 체현하고 있는 인물이다. 태허환경(太虛幻境, 홍루몽 속 진(眞)의 세계) 신영시자(神瑛侍者)의 환생이기도 한 그는 태어나면서부터 입에 옥, 즉 '통령보옥(通靈寶玉)을 물고 나와 보옥이란 이름이 지어졌다. 대가문 가부(賈府)의 계승자인 그는 세상의 부귀영화며 공명 따위엔 아무런 관심이 없고, 할머니인 대부인과 어머니 왕부인의 비호 아래 어려서부터 장난기 많고 제멋대로인데다 예사롭지 않은 엉뚱한 말과 행동으로 종종 사람들을 당혹스럽게 했다. 그는 여자들의 물건이며 그네들과 함께 지내는 것을 좋아했는데 7,8살밖에 되지 않은 아이가 입버릇처럼 이런 말을 했다.

> 여자는 물로 된 몸이요, 남자는 흙으로 된 몸이어서 여자를 보면 마음이 맑고 상쾌하지만 남자를 보면 더럽고 냄새가 나 견딜 수가 없다.[16]

사람들은 그가 색광이 될 거라고 수군거렸지만 그는 여자들을 단지 동무처럼 생각하고 친하게 지낼 뿐 색과는 거리가 멀었다. 그는 10대의 대부분을 대관원(大觀園)이란 가부의 후원에서 집안의 여러 형수, 자매들, 시녀들과 기거하며 시회(詩會)를 열고 지기(知己) 간의 순수하고 격의 없는 정을 나누며 지냈다. 그는 천성이 자유롭고 정이 많아 신분고하를 막론하고 자기와 뜻이 맞으면 누구에게든 아낌없는 정을 주었다. 문제는 그의 이러한 사랑이 너무나 보편적이어서 마치 생명이 있는 모든 것을 사랑하는 마음이나 같았다는 것인데, 이로 인해 그를 좋아하는 고종사촌 임대옥(林黛玉)과는 종종 티격태격 오해와 싸움이 생겼다.

하지만 임대옥에 대한 가보옥의 사랑도 전일(專一)한 것이어서 겉으로는 그 특별함이 잘 드러나지 않았지만 그의 정신은 언제나 그녀와 강하게 밀착되어 있었다. 사람들은 두 사람이 어려서부터 같이 자라 친하다고 생각할 뿐 그 이상의 감정이 있다고는 생각하지 못했다. 처음에는 자신도 그 사랑을 제대로 자각하지 못했으나 점점 의식 저변에서 강하게 밀착되어 있는 그녀에 대한 특별한 감정을 깨닫고 서로 사랑을 확신하게 된다.

가보옥의 임대옥에 대한 사랑은 성인 남녀들의 예의 그 사랑, 즉 욕망의 기초 위에 어느 순간 분명하게 각인되며 마음을 사로잡는 열정의 그 사랑이 아니라 여덟 살 어린 나이부터 같이 부대끼고 교감하며 형성된 정신적·정서적 유대 속의 애착이라 할 만하다. 그러므로 가보옥의 사랑 인식은 자각적이고 선명한 감정 표현의 형태로 표출되지 못하고 잠재적이고 무의식적인 행동이나 토로를 통해 자기도 모르게 분출된다. 태어나면서부터 입에 물고 나온 통령보옥의 존재를 매개로 의식의 세계와 무의식의 세계를 넘나드는 보옥의 정신세계는 종종 의식의 세계에만 머물러 있는 다른 사람들의 눈에 '정신이 나갔다'로 표현되는 일탈의 경지를 체험한다.

작품 속에서 세 번에 걸쳐 나타나는 보옥의 사랑 고백은 모두 이러한 무의식적 일탈의 경지에서 분출된 것이다. 첫번째는 보옥이 자신을 멀리하는 것이라 오해해 상심에 젖은 대옥이 떨어진 꽃잎들을 장사지내 주면서 부르던 노래에서 야기되는데,

사라진 대옥을 찾아 나섰다가 노래의 마지막 구절을 듣게 된 보옥이 그 자리에 쓰러져 대성통곡을 함으로써 드러난다.

꽃장례 지내는 나를 어리석다 비웃지만
다음날 내가 죽으면 그 누가 묻어 줄까?
봄이 가고 꽃이 지는 무렵이
나이 젊은 소년 소녀 늙어 죽는 그때이리라.[17]

이 노랫말은 꽃다운 나이에 요절하는 대옥의 운명을 암시하는 구절이지만, 보옥에게 있어 대옥의 부재는 순간의 상상만으로도 감당하기 어려운 절대적 슬픔이었던 것이다.

두 번째는 설보채(薛寶釵)의 존재와 금옥(金玉)의 인연설로 근심이 쌓여 병이 난 대옥에게 보옥이 화를 내며 무언가 말을 하려다 하지 못하고 대옥이 휑하니 떠나버린 그 뒷자리에 자기도 모르게 쏟아져나온 사랑의 고백이다.

"대옥 누이, 이 가슴속에 서리고 서린 심사를 지금까지는 고백해볼 용기가 없었어. 그렇지만 오늘은 더 참고 있을 수가 없어서 용기를 내어 고백했던 거야. 이제는 죽어도 한이 없겠어. 사실은 나도 누이 때문에 몸을 상하고 있었어. 그저 아무한테나 함부로 말할 수가 없는 일이라 지금까지 숨겨 왔을 뿐이야. 아마 대옥 누이의 병이 나아야 내 병도 나아질까봐. 잠을 자도 그렇고 꿈을 꾸어도 마찬가지야. 난 한시도 대옥 누이를 잊고는 살 수가 없단 말이야."[18]

19세기 전반 『홍루몽』 삽화
『汪惕齋手繪紅樓夢粉本彩畵』 汪圻(1776~1840) 그림

작품을 통해 유일하게 등장하는 이 직접적인 고백은 대옥이 아닌 보옥의 시녀인 습인(襲人)이 듣지만 이 순간 보옥의 정신은 잠시 무의식의 세계에 있었기 때문에 앞의 사람이 누구인지를 전혀 인지하지 못한다.

세 번째는 대옥의 시녀인 자견(紫鵑)이 보옥의 마음을 떠보려는 심산으로 대옥이 곧 고향인 소주(蘇州)로 돌아간다는 말을 하는 순간 일어난다. 보옥은 그 말을 듣고 너무나 큰 충격에 빠진 나머지 그만 정신줄을 놓고 만다. 이는 며칠 간 큰 소동으로 이어지고 집안 어른들이 총동원되어 대옥이 떠나지 않음을 확인하고 안심시킨 후에야 제자리로 돌아올 수 있었다.

일체감을 욕망하다

이러한 가보옥의 임대옥에 대한 열망은 의식 이전에 무의식의 차원에서 생성된 일체감에 대한 욕망이라 할 수 있다. 이 일체감은 애초에 이들이 신영시자와 강주선초(絳珠仙草)의 환생이라는 인연의 설정으로 그 서사적 기반을 갖춘 것이지만, 작품 속에서 여덟 살 첫 만남의 순간 이미 표출되기 시작한다. 첫 대면에 어디선가 만난 듯한 친밀감을 느낀 보옥은 자신이 갖고 태어난 옥을 임대옥은 갖고 있지 않다는 이유로 자신의 생명줄과도 같은 통령보옥을 자신도 필요없다며 팽개친다. 전혀 예기치 못한 돌출 행동에 대부인과 왕부인은 당황하지만 그것이 바로 이들 두 사람의 근원적인 일체감을 드러내는 무의식의 표출인 줄은 전혀 눈치 채지 못한다.

자기가 좋아하는 주변의 모든 사람들에게 스스럼없이 애정을 베풀고 표현하는 가보옥에게 임대옥만이 특별한 이유는 바로 그 일체감의 욕망이 있기 때문이다. 가보옥은 이종사촌인 설보채에게도 호감을 갖고 정을 나누지만 임대옥에게 드러내는 일체감의 욕망을 그에게는 드러내지 않는다. 보옥의 대옥에 대한 사랑은 완전한 정신적·정서적 동질성의 유대를 바탕으로 하는 것이다. 설보채는 가보옥을 이해하지만 임대옥은 그를 이해할 필요조차 없다. 설보채는 가보옥을 위해 충고를 하지만 임대옥은 그를 위해 눈물을 흘릴 뿐이다. 어떤 의미에서 가보옥과 임대옥의 사랑은 '이 세상 딱 하나뿐인 나의 반쪽'에 대한 열망이다.

사랑의 담론은 어느덧 그 유일성에 대해 논의하기 시작했다. 흥미로운 것은 『홍루몽』의 사랑관에 나타나는 정신과 육체의 대립이다. 『홍루몽』 안에는 대관원 대 비(非)대관원의 구조가 존재하는데 가보옥과 그 자매들의 공간인 대관원은 그들만의 순수와 진정이 존재하는 세계이다. 아직 세상의 때를 입지 않은 그들이 보여주는 마음의 정(情)은 지극히 순수하고 정신의 교감을 중시하는 것이다. 가보옥의 임대옥에 대한 열망, 임대옥의 가보옥에 대한 열망에는 육체적 성(sex)의 요소가 없다. 정신적·정서적 교감을 통한 일체감의 충만이 그들이 추구하는 사랑의 본질이다. 가보옥은 성장한 이후에도 시녀들과 아무런 거리낌없이 마음 가는 대로 농을 나누고 신체 접촉을 하는데 그들의 이러한 행동은 대관원 밖의 시선으로는 이상하고 못마땅한 것이었다. 가보옥은 그러한 자신의 행동에 대해 이제 남들 눈이 있으니 그러지 말라는 핀잔을 들으면 뜨끔하고 민망해하기보다 서글퍼했다. 그에게 있어 육체적 욕망은 부귀영화나 공명에 대한 추구처럼 오히려 이해할 수 없는 자기 세계 밖의 낯선 존재다.

반면 대관원 밖의 세상, 즉 가부(賈府)는 타락과 욕망과 위선이 넘치는 어른들의 세계다. 가보옥을 제외한 집안 남자들의 애정관계는 문란하고 욕망과 추태로 얼룩져 있다. 이러한 대관원과 대관원 밖 세상의 정신과 육체, 순수와 욕망, 진정과 타락의 대립은 사랑 담론에 있어 '애정'과 '애욕'의 구분을 더욱 활성화한다. 진정한 사랑은 육체적 욕망이 아닌 일체를 지향하는 정신의 추구이며 대상을 향한 순수한 마음이라는 관념이 생겨나면서, 사랑의 정신적 측면에 대한 담론이 확대되었다. 그러나 이러한 정신의 열망도 결과적으로 인간을 미망되게 한다는 점에서는 육체적 욕망과 크게 다를 바가 없다. 작품 전체에 걸쳐 불가적 세계관을 수용하고 있는 『홍루몽』은 그래서 경환선녀(警幻仙姑, 태허환경을 주재하는 선녀)의 입을 통해 이들의 사랑을 '의음(意淫)'이라 명명한다.

그러나 더 큰 문제는 이들의 사랑이 결국 대관원 밖의 세상, 즉 집안 어른들에 의해 무참히 깨졌다는 사실이다. 지금까지 봐왔던 어떤 사랑에 비해서도 절대적이고 순수한 가보옥과 임대옥의 사랑은 '세상물정'이라는 이름의 논리, 즉 봉건적 가문의 자기 증식 논리와 계산에 의해 비극적 결말을 맞게 된다. 대부인과 왕부인은 처음부터 금옥(金玉)의 인연설을 믿고 가보옥의 배필로 왕부인 여동생의 딸인 설보채를 염두에 두고 혼사를 진행한다. 그러한 사실을 눈치 챈 임대옥은 병이 더욱 깊어졌고, 이즈음 통령보옥을 잃고 정신이 오락가락하던 가보옥은 아예 상황을 파악하고 대처할 능력이 없었다.

혼사가 급속히 진행되자 고민하던 보옥의 시녀 습인은 마침내 왕부인을 찾아가 보옥이 임대옥을 마음에 두고 있다는 사실을 아뢰고 보옥의 병이 더 깊어질 것을 걱정한다. 그러나 어른들의 계책이 세워지고, 보옥은 자신이 대옥과 결혼하는 줄 알고 오히려 병세가 호전되어 결혼식에 나선다. 한편 보옥이 설보채와 혼례를 올린다는 소식을 들은 임대옥은 결국 피를 토하며 혼례를 올리던 날 쓸쓸히 죽어간다.

왜 그 사람을 좋아하는 걸까

그러나 이같은 비극적 결말은 이들의 사랑이 결정적으로 그 당시 가부(賈府)와 같은 상위 0.01퍼센트의 대가문에서 일어났기 때문에 발생한 것이다. 『홍루몽』이란 작품은 기본적으로 인간의 '정'에 관한 진지한 고찰서인 동시에 수많은 사회적 함의를 담고 있는 문제적 작품이다. 이 시기 사랑 담론 자체에 좀 더 집중하는 다른 이야기들에서는 오히려 사랑과 결혼이 더욱 일치되는 경향을 보인다. 특히 사랑의 정신적 측면, 즉 사랑에 있어 정신적 교감과 일체의 가치를 중시하는 담론이 발전하면서 사랑은 점차 결혼에 대한 자기 주도권을 획득해가기 시작했다.

사랑의 정신적 측면에 관한 담론의 발전은 무엇보다 명대 텍스트들에서 구축해놓은 '마음'의 담론에 기반한 것이다. 이제 이야기는 단순히 남녀의 '이합(離合)' 즉 만나고 헤어짐의 우여곡절을 이야기하지 않는다. 내가 그를 왜 좋아하는지, 어떻게 좋아하는지, 왜 그 사람인지에 대한 설명을 하기 시작한다. 본격적이고 진정한 의미의 사랑 탐색이 시작된 것이다. 담론의 초점이 사랑의 과정이나 결과가 아닌 사랑 그 자체로 이동하면서 사랑의 의미는 확장되고 가치는 제고되었다. 일체(一體)에 대한 열망으로서 사랑은 마음의 진정성을 확인하는 과정이고 그 진정성은 밖에서 주어지거나 획득되는 것이 아닌 내재된 무엇이므로 어느 순간 자연스런 발산을 통해 그 존재감을 드러낸다.

가보옥과 임대옥의 사랑은 신영시자와 강주선초라는 전생의 인연이 말해주듯 그 내재적 진정성의 원인 결과가 분명하다. 다만 그 인연을 현세의 시각으론 볼 수 없기 때문에 사람들은 그 사랑의 실체성을 인식하지 못할 뿐이다. 이 관점에 따르면 사랑은 결코 우연적인 감정도 신의적인 감정도 아니다. 저 세계와의 인과적 연동 속에서 언젠가는 그렇게 될 수밖에 없는 신성한 운명의 발현이다. 그들 사랑의 비극은 저 세계를 알 수 없는 현세적 인식의 한계에서 비롯된 것이며 그 비극마저도 실제로는 그렇게 예정된 그들의 운명인 셈이다.

에필로그: '마음'에 관하여

사랑의 발견에서 사랑의 독립에 이르기까지, 엄밀히 말해 오늘날 사랑이 누리는 가치는 인간의 서사가 만들어준 것이다. 21세기 현재 우리 사회에 유행하는 사랑 담론의 주류는 사랑의 본질적 속성이 '욕망'이라는 데 많은 동의를 하고 있는 것으로 보인다. 19세기 말 이후 서구에서 들어온 근대적 사랑의 이미지는 사랑의 순수성과 유일성에 대한 관념을 강화하고 연애와 결혼의 신성성을 강조했다. 그러나 이러한 관념적 진정성의 사랑이 현실적 사랑의 변덕, 그 순전하지 못함과 부딪치면서 사랑의 유일성, 절대성에 대한 믿음은 흔들리기 시작했다. '사랑은 변한다'는 명제가 진리로 받아들여지는 지금, 그 변화의 동력은 곧 '욕망'이라는 등식이 자연스럽게 성립되었다.

그렇다면 우리가 적어도 인생에 한번쯤은 경험하게 되는 사랑의 열병, 그 '진정성'의 실체는 무엇일까. 자기 복제를 위한 DNA의 욕망일까. 그 혹은 그녀와 섹스를 하고 싶다가 아니라 함께 있고 싶다로 느껴지는 그 감정의 실체, 때론 키스보다 감미로운 대화, 세상 다른 어떤 일도 생각할 수 없는 정신의 몰입, 나를 다 내어주고도 후회가 없는 강렬한 이타심, 그리고 집착, 이 모든 것이 생물학적 욕망의 고도로 발달된 자기기만과 포장의 결과라고 설명할 수 있을까. 엄밀히 말하면 욕망은 변화의 주범이 아니다. 욕망은 예나 지금이나 내 안에 변함이 없다. 욕망의 메커니즘은 언제나 일정하고 균일하다. 오히려 변화의 주범은 이 욕망을 어떻게 발현할까를 결정하는 내 안의 '마음'이다.

근대 이성에 대한 반발, 물질주의, 욕망의 긍정, 성 담론의 활성화로 요약될 수 있는 오늘날 우리 사회의 사랑 담론의 배경은 얼핏 16~17세기 명대 후반의 사회 배경과 매우 유사하게 느껴진다. 당시 흥성했던 이야기 문학 속 사랑 담론의 가장 중요한 성과는 '마음' 즉 '정'의 발견이었다. 물론 당시 텍스트에 나타나는 '마음'은 잉여적 쾌락의 욕망과 대를 이루는 인간적 본성으로서의 마음, 사랑을 싹트게 하고 사랑의 신의를 회복시켜주는 선한 진정성의 기반이었다. 하지만 지금 내가 변화의 주범이라 말하는 '마음'은 진정성의 기반인 동시에 진정성의 해체자이다.

우리 안에는 잉여적 쾌락의 욕망과 선한 진정성의 대립이 있는 것이 아니라 사랑의 진정한 주재자로서 '마음'이 있다. 마음은 욕망과 신의의 통일이기도 하고 감성과 이성의 통일이기도 하고 과거적 기억과 현재적 판단, 그리고 미래적 상상 혹은 지향의 통일이기도 하다. 지금 사랑의 진정성이 의심 받고 그 전적인 책임을 욕망이 뒤집어쓰고 있는 형국에서 우리에게 필요한 사랑 담론의 과제는 무엇보다 '마음'에 대한 검토인 듯하다.

주

사랑의 역사

1 조르주 뒤비 외, 『아름다운 사랑과 성의 역사』, 김석희 역, 공동체, 1991, 198-200쪽.
2 쥘리아 크리스테바, 『사랑의 역사』, 김인환 역, 민음사, 2008, 210쪽.
3 주경철, 『문학으로 역사 읽기, 역사로 문학 읽기』, 사계절, 2009, 40-51쪽.
4 필리프 아리에스 외, 『사생활의 역사, 3권 르네상스부터 계몽주의까지』, 이영림 외 역, 새물결, 2002, 693-695쪽.
5 로베르 뮈샹블레, 『악마, 천년의 역사』, 노영란 역, 박영률출판사, 2005, 122-123쪽.
6 에드먼드 카 외, 『스페인사』, 김원중 · 황보영조 역, 까치, 2006, 173쪽.
7 프랑수아 르브룅, 『옛 프랑스인의 부부생활』, 주명철 역, 까치, 1994, 24-25쪽.
8 위의 책, 28-29쪽.
9 위의 책, 86쪽.
10 아리에스, 앞의 책, 632-633쪽.
11 〈중앙일보〉 2014년 9월 22일자 기사.

문학 속 사랑의 담론

1 朱熹 集註, 『詩集傳』, 臺灣中華書局, 民國71年(1982), 1-2쪽.
2 위의 책, 76-77쪽.
3 위의 책, 48쪽.
4 홍상훈 지음, 『漢詩 읽기의 즐거움』, 솔, 2007, 17쪽.
5 김영문 외 번역, 『문선역주』 권3, 서울대중국어문학총서, 소명출판, 2010, 243-245쪽.
6 徐陵 編, 吳兆宜 注, 『玉臺新詠』, 國學基本叢書, 臺灣商務印書館, 民國57(1968), 34-45쪽.
7 오비디우스 지음, 『변신이야기』, 천병희 옮김, 숲, 2005, 183-188쪽.

8 김학주 역주, 『맹자』, 서울대학교출판문화원, 2013, 236-237쪽.

9 정범진 편역, 『앵앵전』, 성균관대학교출판부, 1995, 65-68쪽.

10 위의 책, 188-206쪽.

11 위의 책, 234-255쪽.

12 笑笑生 지음, 『금병매』, 강태권 옮김, 솔, 2002.

13 馮夢龍 지음, 『강물에 버린 사랑』, 김진곤 편역, 예문서원, 2002, 83-139쪽.

14 馮夢龍 지음, 『삼언』, 최병규 편역, 창해, 2002, 227-298쪽.

15 馮夢龍 지음, 앞의 책, 김진곤 편역, 13-43쪽.

16 曹雪芹 · 高鶚 지음, 『홍루몽』 권1 제2회, 안의운 · 김광렬 옮김, 청계, 2007, 68쪽.

17 위의 책 권3 제27회, 190쪽.

18 위의 책 권6 제57회, 185-220쪽.

더 읽을거리

『아름다운 사랑과 성의 역사』 조르주 뒤비 외 지음, 김석희 옮김, 공동체, 1991

원저는 프랑스의 역사학 잡지 『이스투아르(*L'Histoire*)』에 실렸던 성과 사랑의 역사에 대한 기사들을 모은 내용. 프랑스의 심성사, 사회사, 문화사 분야 최고 수준의 역사가들이 해당 분야 연구 성과들을 읽기 편하게 쓴 책. 유럽 역사학에서 이루어낸 사랑의 역사에 관한 매우 좋은 입문서이다.

『옛 프랑스인의 부부생활』 프랑수아 르브룅 지음, 주명철 옮김, 까치, 2006

원래 프랑스의 대학 교재 중 한 권으로서 앙시앵레짐 시기의 결혼, 가족, 성, 육아, 산아제한 등에 관한 내용을 정리한 책. 대학생 수준의 독자들을 위해 쓴 작은 크기의 책이지만 좋은 내용을 인정받아 아카데미 프랑세즈의 저술상을 수상한 양서이다.

『사생활의 역사』 필리프 아리에스 외 지음, 이영림 외 옮김, 새물결, 2002

사랑만 아니라 더 넓게 사람들의 사적 영역 전반에 대한 연구를 포괄한 총서. 다른 역사서들이 전쟁이나 정치 등의 '공적 영역'을 주로 다루는 데 비해 이 시리즈의 책들은 인간의 내밀한 '사적 영역'을 천착한다. 로마 시대부터 현대에 이르는 전 역사 시대를 시기와 영역별로 나누어 각국의 대가들이 집필한 글들을 두툼한 책 다섯 권에 담은 대저이다. 기존 역사서와 다른 시각의 탁월한 글들이 많다.

Sex at Dawn: How We Mate, Why We Stray, and What It Means for Modern Relationships **Christopher Ryan, Harper, 2011**

인간의 섹스에 대해 지금까지의 정설과는 완전히 다른 각도에서 고찰한 도발적인 책. 선사시대 인류의 조상의 삶에서 유래한 행동 패턴이 현재 우리에게도 깊은 영향을 준다고 보는 점에서는 진화론자와 유사하게 출발하지만, 기존의 통상적 믿음 혹은 상식을 깨는 혁신적인 해석을 시도한 흥미로운 내용을 담고 있다.

「사랑을 위한 과학」 **토머스 루이스, 패리 애미니 등 지음, 김한영 옮김, 사이언스북스, 2001**
인간의 낭만적 사랑이란 행위를 최신 뇌과학의 성과를 통해 이해하고자 했던 역사와 그를 통해 알게 된 사실들을 세 명의 정신과 의사가 설명하고 있는 책. 특히 부모의 사랑과 애착 형성, 연애의 생물학적 실체, 진실한 사랑의 치유력 등을 흥미롭게 다루고 있다.

「LOVE: 사랑에 대해 알아야 할 모든 것」 **A.M. 파인스 지음, 윤영삼 옮김, 다산초당, 2005**
알라야 파인스의 사랑에 관한 역작. 사랑에 대한 온갖 실험과 설문조사 결과 등을 흥미롭게 소개하고 있으며, 무엇보다 과학적인 사랑 탐구 내용을 아름다운 문학 작품에 대한 끊임없는 인용과 대비시켜 매력을 한껏 발산시키고 있는 책. 사랑의 과학에 대한 백과사전.

「연애본능」 **헬렌 피셔 지음, 정명진 옮김, 생각의나무, 2010**
심리학과 신경과학적인 접근을 통해 사랑을 과학적으로 규명하는 사랑학의 대표 연구자 헬렌 피셔가 쓴 사랑의 과학서. 애정에 관련된 뇌의 화학 작용에 대해 포괄적이면서도 알기 쉽게 기술하고 있는 이 책은 사랑의 초기에서부터 이별에 이르기까지 우리가 겪는 사랑의 격정을 뇌의 화학 작용으로 흥미롭게 풀어간다. '케미가 통한다'는 의미를 과학적으로 밝히려는 책.

「연애와 결혼의 과학: 지금까지 당신이 몰랐던 사랑의 진짜 얼굴」 **타라 파커포프 지음, 홍지수 옮김, 민음사, 2012**
설문조사와 인터뷰, 관찰과 비디오 녹화, 피부 반응 측정, 심장 모니터, 그리고 기능적 자기공명영상(fMRI)을 이용해 부부 관계를 분석해 얻는 결론을 소개하고 있는 책. 이를 통해 결혼의 가장 기본적인 요소들을 해체하고, 특정 결혼이 오랫동안 유지될지 아니면 이혼으로 끝날지를 예측하는 연구자들을 소개한다. 연애와 결혼의 과학을 넘어 인간관계의 과학을 보여주는 책.

「연애: 생존기계가 아닌 연애기계로서의 인간」 **제프리 밀러 지음, 김명주 옮김, 최재천 감수, 동녘사이언스, 2009**
인간은 왜 문학을 하고 노래를 작곡하고 그림을 그리는가? 그것은 자신의 창의성을 드러내서 짝짓기에 유리한 고지를 점하기 위한 노력으로 진화적으로 발전하게 됐다고 흥미롭게 주장하는 책. 진화심리학으로 현대인들의 문화적 행위를 냉철하게 분석해온 제프리 밀러의 역작.

「욕망의 진화」 **데이비드 버스 지음, 전중환 옮김, 사이언스북스, 2007**
진화심리학자 데이비드 버스가 인간의 사랑, 연애, 섹스, 결혼을 진화심리학의 관점에서 기술한 책. 진화심리학이 무엇인지 이해하는 데 매우 유용한 지침서. 특히 남녀가 진화심리학적으로 다른 전략을 따르기 때문에 생길 수 있는 다양한 갈등(불륜 등)을 흥미롭게 보여준다.

『뇌는 0.1초 만에 사랑에 빠진다』 모기 겐이치로 지음, 박재현 옮김, 브레인월드, 2010
모기 겐이치로는 유명한 일본의 신경과학자이면서 작가. '사랑'이란 주제를 뇌과학으로 풀어내고 있으면서 동시에, 철학과 문학, 심리학 등 인간의 삶을 규정해온 다양한 학문을 동원하여 그 본질을 파헤치고 있는 책. 이 책은 두 남녀가 만남에서 이별까지 사랑의 흐름을 자연스럽게 따라가며 뇌와 감정의 변화를 설명한다. 0.1초 만에 작동해 우리를 사랑에 빠뜨리는 편도체의 작용에서부터 상대방을 분석하고 평가하고 때론 후회하게 만드는 대뇌피질의 활동까지, 사랑이 깊어지고 이별하는 과정을 흥미롭게 과학으로 분석하고 있다.

『올 어바웃 러브 All about Love』 벨 훅스 지음, 이영기 옮김, 책읽는수요일, 2012
에리히 프롬의 『사랑의 기술』을 잇는 21세기 사랑의 고전으로 평가받는 책. 금세기 여성주의에 가장 큰 영향을 미친 벨 훅스의 저술 중 사랑에 관한 그의 생각이 집약된 대표작. 1950년대의 에리히 프롬부터 스캇 펙에 이르기까지 정신분석학자들이 '사랑에 빠진다'는 개념에 대해 비판을 해왔음에도 불구하고, 아직도 우리가 그런 환상에 매달리고 있는 까닭은 무엇일까? 벨 훅스는 '사랑에 빠지는 것'이 '의지를 가지고 사랑을 선택하는 것'보다 왜 훨씬 수월한지 주목한다. 사랑에 대한 교육은 사랑이라는 말에 대한 올바른 '정의'를 내리는 것에서부터 시작되어야 하며, 사랑에 대한 정의를 다양하게 보여준다. 사랑에 대한 매우 지성적인 에세이.

『홍루몽(紅樓夢)』 조설근(曹雪芹) 지음, 홍상훈 옮김, 솔출판사, 2012
18세기에 나온 중국의 가장 위대한 소설. 700명이 넘는 등장인물 속에 역사적 흥망성쇠를 겪는 거대한 귀족가문을 설정하고, 다시 그곳을 무대로 하여 신화세계와 현실세계를 오가는 신비로운 사랑의 삼각관계를 깊이 있게 그려내 마침내 삶의 진정한 의미에 대한 진지한 고뇌와 성찰을 제시한다. 거대 사회 속 일체감을 욕망하는 소년 소녀의 사랑이 어떻게 빛을 발하고 사라지는지를 담담하면서도 심오한 울림으로 그려낸 작품이다.

『모란정』(원제: 牡丹亭) 탕현조(湯顯祖) 지음, 이창숙·이정재 옮김, 소명출판사, 2014
서양에 셰익스피어의 『로미오와 줄리엣』이 있다면 중국에는 탕현조의 『모란정』이 있다. 1598년에 당시 유행하던 곤곡(崑曲) 공연을 위한 대본으로 창작된 이 작품은 죽음을 뛰어넘은 청춘남녀의 열정적 사랑을 유쾌한 해피엔딩으로 그려내고 있다. 가장 중국적인 방식의 사랑 이야기. 중국 4대 희곡의 하나.

『요재지이(聊齋志異)』 포송령(蒲松齡) 지음, 김혜경 옮김, 민음사, 2002

온갖 귀신과 사물의 정령이 펼치는 무한한 동양적 상상력의 세계를 담은 중국의 대표 문언(文言) 단편소설집. 1679년에 처음 발표된 이 작품집에는 상당수의 사랑 이야기가 들어 있다. 대표적으로 〈향옥〉 〈향낭〉 〈연성〉 〈영녕〉 같은 이야기를 통해 중국 지식인의 독특한 세계 인식과 열정이 아닌 관계로서의 사랑 관념을 엿볼 수 있다.

『송대 중국여성의 결혼과 생활』 P. B. 에브레이 지음, 배숙희 옮김, 삼지원, 2000

대표적 송대 여성사 연구자인 저자는 과거 중국에서 나타났던 결혼의 의미와 문화, 성립 과정 등을 살펴봄으로써 그것이 여성의 삶에 어떤 의미로 작용했는지를 제시한다. 가정의 관리자, 어머니, 과부, 첩으로서의 여성의 역할과 지위, 노동, 부부관계 등을 통해 당시 여성이 남자들이 했던 것과 마찬가지로 광범위하게 다른 힘의 영역을 차지했고 가족 및 친족 제도의 구성과 유지, 변화에 작용했음을 강조한다.

『중국성풍속사』 R. H. 반 훌릭 지음, 장원철 옮김, 까치, 2001

고대 중국의 성담론을 최초로 역사학, 사회학, 인류학, 의학 등 과학적 학문의 영역에서 분석하고 소개한 책. 중국의 성의식에 대한 서양의 그릇된 시각을 바로잡고 이후 엘리아데와 니덤 등의 연구에 큰 영향을 미쳤다.

『동양과 서양 그리고 미학』 장파(張法) 지음, 유중하 등 옮김, 푸른숲, 1999

동서양 미학의 차이를 비교문화적인 관점에서 매우 설득력 있게 검토하고 분석한 연구서. 사랑에 관한 동서양의 문학 담론이 왜 그렇게 다른 양상과 결론으로 전개되었는지에 대한 영감과 통찰을 얻을 수 있다.